AUTEURS CONTEMPORAINS

FRANÇOIS CAREZ

Auteurs Contemporains

ÉTUDES LITTÉRAIRES

Paul VERLAINE — Anatole FRANCE
André THEURIET — Maurice MAETERLINCK
Paul DÉROULÈDE

LIÉGE
IMPRIMERIE & LITHOGRAPHIE DEMARTEAU
8, Rue Saint-Michel, 8

1897

A

Monsieur Ferdinand Brunetière

L'auteur dédie ce livre

EN TÉMOIGNAGE

d'une profonde sympathie et d'une sincère admiration.

PAUL VERLAINE

I

L'HOMME

Paul Verlaine resta toujours, même dans la pleine maturité de l'âge, un homme-enfant, indiscipliné, rebelle à toute loi, faible de caractère, incapable de se gouverner, et se livrant à la débauche avec toute l'ardeur de son sang, toute la violence de ses désirs, toute l'impétuosité de ses mauvaises passions. Il ressemble à François Villon, ce bohème naïf mais immoral qui, au quinzième siècle, vécut comme un drôle, écrivit comme un grand poète et se confessa si ingénument dans ses ouvrages.

Par son esprit ainsi que par sa vie, Paul Verlaine a bien des points de similitude avec ce truand célèbre, ce ruffian sans vergogne, dont il eut l'existence pécheresse, le débraillé, l'inconduite scandaleuse, les instincts fangeux et misérables. Chez tous deux, il y avait un tempérament grossier, dont ils ne surent pas se rendre maîtres ; ils obéirent à leurs impulsions bien plus qu'à des règles et méprisèrent toute espèce de joug moral ; ils avaient beau d'ailleurs prendre de bonnes résolutions, être dégoûtés de l'ordure où ils se vautraient ; le désir arrivait tout à coup, qui submergeait et emportait, comme une onde torrentielle, les raisonnements, les résistances, les velléités de bien faire, et qui rejetait ces malheureux dans tous les désordres, les replongeait dans toutes les turpitudes. Ils se perdirent tous deux à plaisir, s'abandonnant à leurs vices, s'étourdissant dans de basses et honteuses jouissances, minant leur santé, ternissant leur réputation, avilissant leur esprit.

Et voici ce qui achève leur ressemblance et les rend vraiment frères par la destinée, par le cœur, par la pensée, par tout ce qu'ils expriment dans leurs vers. Ces poètes libertins avaient, je ne sais comment, une âme d'une douceur et d'une humilité remarquables, une curieuse fraîcheur d'impressions, une imagination belle et mélancolique. On ne comprend guère comment, alors qu'ils enfreignaient si effrontément les lois de la morale ordinaire, ils pouvaient garder, au milieu de leurs dévergondages et de leur dégradante conduite, une irréductible et mystérieuse candeur. Et pourtant ils la gardaient. Celle-ci surnageait toujours, au-dessus de la bourbe de leur vie, comme un lys étrange qui croîtrait sur un fumier.

Oui — chose tout à fait déconcertante ! — ces débauchés qui passèrent la plus grande partie de leurs jours dans les geôles, dans les cabarets, dans les maisons les plus ignobles, conservèrent une âme bonne et charmante, souvent même résignée et pieuse. Ces ivrognes et ces souillés se rendaient bien compte de l'infamie de leurs actes, et du sein des passions coupables qui troublaient leurs yeux et engourdissaient leur âme, ils avaient des réveils soudains de la conscience, se confessaient dans leurs poèmes avec des larmes, étalaient leurs hontes avec une cynique franchise, et, emportés en tout, même dans le repentir, ils ramassaient la boue des chemins qu'ils avaient suivis et se la jetaient au visage.

Rien de plus franc, de plus sincère, de plus douloureux même, que l'aveu qu'ils nous font de leurs pires excès. On sent qu'ils ont connu tous deux la plus noire tristesse, les regrets amers, le dégoût d'eux-mêmes, le repentir profond, mais toujours inefficace. Car ils ne s'échappaient de leurs vices que pour s'y replonger peu après ; et si, à l'heure du remords, ils fréquentaient les églises, ils ne tardaient pas à redevenir des piliers de tavernes et des hanteurs de mauvais lieux. Dans les courts instants où ils se rangeaient, ils écrivaient de brûlants vers religieux où éclatait leur repentir, mais ce n'était pas long, et, après avoir fait monter de quelque page le pur encens de la prière, après avoir jeté quelques beaux cris d'adoration pour le Christ et d'amour pour la Vierge, ils retournaient à la vase d'où ils étaient sortis et, de nouveau, recherchaient leurs inspirations poétiques parmi les corruptions et les puanteurs des bouges.

Villon écrivit la ballade à la sainte Vierge et des morceaux où déborde la repentance de ses fautes, entre des pièces singulièrement polissonnes. Verlaine composa *Sagesse*, ce livre si noblement et si franchement chrétien, entre des ouvrages d'un véhément érotisme, telles que *Parallèlement* ou *Chansons pour elle*.

Lorsqu'il fit les poèmes qu'il intitula *Sagesse*, Verlaine avait péché ; il avait été l'époux indigne d'une charmante jeune femme qui avait dû formuler contre lui une demande en séparation ; il s'était excédé de veilles et d'orgies ; l'ivrognerie la plus répugnante était devenue pour lui une habitude invétérée, et il avait même commis une tentative d'assassinat qui lui avait valu deux années de prison. Ah ! il avait assez de l'horrible existence qu'il avait menée jusqu'alors ; il avait hâte de vomir son passé et de racheter, par une vie honnête et régulière, ses nombreuses ignominies. C'est d'un cœur sincèrement contrit, qu'il écrivit des vers pénitents, d'une dévotion touchante, où il y a des élans de foi, d'ardentes prières, des effusions mystiques, de vrais actes de contrition et de bon propos.

Il adressa à la Vierge des strophes pleines d'onction et de naïve piété :

> Je ne veux plus aimer que ma mère Marie.
> . . . .
>
> C'est pour Elle qu'il faut chérir mes ennemis,
> C'est par Elle que j'ai voué ce sacrifice,
> Et la douceur de cœur et le zèle au service,
> Comme je la priais, Elle les a permis.
>
> Et comme j'étais faible et bien méchant encore,
> Aux mains lâches, les yeux éblouis des chemins,
> Elle baissa mes yeux et me joignit les mains
> Et m'enseigna les mots par lesquels on adore.
>
> C'est par Elle que j'ai voulu de ces chagrins,
> C'est pour Elle que j'ai mon cœur dans les cinq plaies,
> Et tous ces bons efforts vers les croix et les claies,
> Comme je l'invoquais, Elle en ceignit mes reins.

Et d'une voix humble, avec des mots qui peignent bien toute sa confusion, il supplia le Christ de lui pardonner ses crimes. Il y a, dans ces pièces religieuses, quelque chose d'éploré, de tendre, de plaintif, qui pénètre jusqu'à l'âme. Ecoutez comment s'exhale son repentir :

> O mon Dieu ! vous m'avez blessé d'amour
> Et la blessure est encore vibrante,
> O mon Dieu ! vous m'avez blessé d'amour.

O mon Dieu ! j'ai connu que tout est vil
Et votre gloire en moi s'est installée,
O mon Dieu ! j'ai connu que tout est vil.

Noyez mon âme aux flots de votre vin,
Fondez ma vie au pain de votre table,
Noyez mon âme aux flots de votre vin.

Voici mon sang que je n'ai pas versé,
Voici ma chair indigne de souffrance,
Voici mon sang que je n'ai pas versé.

Voici mon front qui n'a pu que rougir,
Pour l'escabeau de vos pieds adorables,
Voici mon front qui n'a pu que rougir.

Voici mes mains qui n'ont pas travaillé,
Pour les charbons ardents et l'encens rare,
Voici mes mains qui n'ont pas travaillé.

Voici mon cœur qui n'a battu qu'en vain
Pour palpiter aux ronces du Calvaire,
Voici mon cœur qui n'a battu qu'en vain.

Voici mes pieds, frivoles voyageurs,
Pour accourir au cri de votre grâce,
Voici mes pieds, frivoles voyageurs.

Dieu de terreur et Dieu de sainteté,
Hélas ! Ce noir abime de mon crime,
Dieu de terreur et Dieu de sainteté ;

Vous, Dieu de paix, de joie et de bonheur,
Toutes mes peurs, toutes mes ignorances,
Vous, Dieu de paix, de joie et de bonheur ;

Vous connaissez tout cela, tout cela,
Et que je suis plus pauvre que personne,
Vous connaissez tout cela, tout cela.

Mais ce que j'ai, mon Dieu, je vous le donne,

Ces balbutiements passionnés, qui sont d'une langue un peu indécise et où l'on remarque des maladresses de forme et des insuffisances d'expression, ont un accent de sincérité qui nous émeut. C'est bien ainsi que parle un pécheur repentant. Il n'est pas jusqu'au rythme martelé et d'une lugubre monotonie, qui ne contribue à l'effet d'ensemble du poème, en lui donnant l'aspect d'une cantilène pieuse et je ne sais quelle vague ressemblance avec certains chants sacrés de l'Eglise.

Mais Verlaine, qui était un esprit déréglé, débordé, étrangement lascif et voluptueux, ne pouvait rester longtemps dans les sentiers de la repentance. Le voilà qui reprend sa honteuse vie avec des drôlesses de bas étage, buvant, se livrant à tous les excès, vivant en un dévergondage effréné, et composant de nouveaux livres dans les fumées de l'alcool et les excitations de la débauche. Sa pauvre tête avait fermenté de rechef et ses passions s'étaient échauffées, au milieu des ivresses des tavernes et de la licence des taudis. Ce fut une rechute ignoble dans le vice.

Mais c'est avec dégoût, avec une répulsion instictive, qu'il recommença à s'empêtrer dans la fange d'où il venait de sortir : le remords le tenaillait, et il se rappelait — non sans amertume — les trop courts instants où il s'était dégagé des étreintes du mal. Une pièce des

Chansons pour elle, adressée à la femme maudite qui l'avait fait retomber, en témoigne éloquemment :

> Je fus mystique et je ne le suis plus,
> (La femme m'aura repris tout entier)
> Non sans garder des respects absolus
> Pour l'idéal qu'il fallut renier.
>
> Mais la femme m'a repris tout entier !
>
> J'allais priant le Dieu de mon enfance
> (Aujourd'hui c'est toi qui m'as à genoux)
> J'étais plein de foi, de blanche espérance,
> De charité sainte aux purs feux si doux,
>
> Mais aujourd'hui tu m'as à tes genoux !

Et il constate sa dégradation profonde, et il en gémit, et il exprime ses regrets cuisants :

> O le temps béni quand j'étais ce mystique !

Ces regrets, hélas, n'étaient que feux de paille qui furent bientôt réduits en cendres.

Si l'on veut savoir quelle fut la conduite de Verlaine durant cette période de son existence, on n'a qu'à ouvrir ses *Confessions*. Combien elles sont tristement significatives ! Elles nous révèlent des choses répugnantes, racontées avec un luxe de détails vraiment pornographiques. Comme l'écrit M. Gaston Deschamps, Paul Verlaine prit un plaisir presque infernal à déshabiller, en pleine rue, ses vices habituels et ses péchés mignons.

Que dire des ouvrages poétiques qu'il composa en ce temps-là ? Ils sont, eux aussi, le sale et repoussant commentaire de sa vie coupable. Les instincts charnels de Verlaine s'y débrident impétueusement — plus impétueusement même qu'avant sa conversion. C'est un débordement d'ignominies.

Et qu'on ne croie pas que j'exagère. Lisez, si vous en doutez, les phrases si nettes et si flétrissantes où M. Deschamps — un critique peu bégueule — juge certains volumes de Verlaine :
« Les *Chansons pour elle* et surtout le recueil intitulé *Parallèlement* sont des chefs-d'œuvre d'impureté provocante, agressive. Les doigts du poète parcourent tout le clavier des pensées mauvaises et des songes fous, toute la lyre où vibra jadis la luxure de Martial, où se démena la fureur de Sapho. Ce n'est pas la grivoiserie bonhomme de La Fontaine ou le jeu polisson de Voltaire. C'est quelque chose de farouche, de forcené, un sombre éréthisme. »

Oh ! que c'est bien cela ! Et comme M. Deschamps caractérise bien ce déchaînement d'idées voluptueuses, cette furieuse et lascive fanfare des passions mauvaises, poussées jusqu'au délire et exaltées jusqu'à la démence ! Parfois, ce malheureux était pris, entre deux orgies, d'un accès de larmes et de repentir et composait de petits vers pour flétir ses grandes fautes, pour s'accuser devant tous, avec beaucoup de virulence, pour se ravaler publiquement et faire voir le dégoût profond qu'il avait de lui-même. Et il s'écriait, l'âme saturée d'un amer mépris :

> Gueuse inepte, lâche bourreau.
> Horrible, horrible, horrible femme !

Et il se remettait à boire pour noyer ses remords :

> Ah ! si je bois, c'est pour me soûler, non pour boire.

Mais il retombait toujours dans les mêmes écarts et continuait, malgré tout, ses relations dégradantes avec des prostituées. A ce régime, on s'use vite, et Paul Verlaine, au bout de quelques années de désordres, finit par s'épuiser. La tuberculose le guettait depuis longtemps ; elle s'abattit sur lui. Il était devenu affreux à voir. Ses traits hâves, son crâne dénudé, bossué, ayant la couleur du cuivre, sa face camuse, son œil terne et oblique, son nez gros et large, sa barbe rare et hirsute, lui donnaient l'apparence d'un faune vieilli, d'un satyre fatigué.

Miné par une maladie incurable, il passait souvent de longs mois sur un lit d'hôpital. Puis, quand son état s'améliorait quelque peu, il recommençait à s'enivrer dans les tavernes.

Mais au fond de son cœur, il restait toujours quelques lambeaux de foi chrétienne. En 1891, devant un philologue hollandais qui était venu à Paris pour l'interviewier, il exaltait la suprême jouissance de la communion ! « de la communion par laquelle, disait-il, je participe au corps de Dieu ! Quiconque croit que ma foi n'est pas sincère, ne connaît pas l'extase de recueillir dans son corps la chair même du Seigneur. Pour moi, c'est un bonheur qui m'étourdit ; c'est une émotion physique. Je sais trop bien que j'en suis indigne : il y a plus d'un an que je n'ose plus aller recevoir l'hostie. La dernière fois que j'ai communié, je me suis senti, un instant, pur et lavé de tous mes péchés, et le soir même... Non, non, j'en suis indigne. »

Il ajoutait :

« Tous les péchés capitaux, je les ai commis en pensée et en action » ; et il s'appelait « un véritable damné ». Mais il y avait encore en lui une étincelle d'espérance : il se confiait en la miséricorde du Christ : « Pour moi Jésus est le crucifié ; il est mon Dieu, parce qu'il a souffert, parce qu'il souffre. Je le vois devant mes yeux, couvert d'horribles blessures, suant l'angoisse suprême comme les petites femmes de Judée l'ont vu dans leurs jours. Agenouillons-nous donc et croyons avec ces pauvres d'esprit. »

Cette foi se réveilla surtout lorsqu'il fut près de sa fin ; elle fut la consolatrice de ses dernières heures, et c'est en chrétien qu'il mourut.

II

LE POÈTE

Assurément, Paul Verlaine fut un poète, — sans cela, il ne vaudrait pas la peine de vous en parler —, mais dans quelle mesure le fut-il ?

Né à la vie littéraire au moment où les parnassiens — successeurs ambitieux des romantiques — visaient à la plasticité et formaient un petit cénacle de joailliers poétiques et d'écrivains impassibles, Verlaine se crut destiné, lui aussi, à faire des joyaux bien ciselés, et il essaya d'ouvrager des sonnets et de courts poèmes, comme les orfèvres florentins sculptaient autrefois, sur des coupes ou des vases en argent, des corps de nymphes et de déesses. Mais qu'il fut maladroit dans cette sorte de travail ! Il n'y acquit jamais aucune maîtrise. Au contraire, il y resta toujours un apprenti assez gauche et sans grandes aptitudes. En vain, s'efforçait-il de donner du relief à ses pensées et à ses sentiments, et de leur prêter, si possible, une forme d'une perfection serrée et concise, il ne put y parvenir. Il n'avait aucune des qualités qu'il aurait dû avoir pour être un bon élève de Leconte de Lisle, et ses prétentions plastiques, dans ses *Poèmes saturniens*, nous font un peu sourire. Et pourtant, ce qu'il y mettait de zèle, de conviction ! C'était un des plus enthousiastes parmi les parnassiens de la première heure. Il cherchait, avec beaucoup de conscience, à éteindre en lui toute sensibilité. L'unique émotion qu'il croyait devoir se permettre, c'était l'émotion esthétique : celle qu'engendre et suscite le beau. Prendre des airs de bonze, se travestir en druide, tâcher, dans ses vers, de parler comme un fakir, telle était alors sa plus chère préoccupation. Le but exclusif de l'art était, pour lui, de dompter le désir jusqu'à n'en plus rien laisser paraître, et de se complaire dans des poses superbement olympiennes :

Çavitri

(Maha-Baratta)

Pour sauver son époux, Çavitri fit le vœu
De se tenir trois jours entiers, trois nuits entières,
Debout, sans remuer jambes, buste ou paupières :
Rigide, ainsi que dit Vyaça, comme un pieu.

Ni, Curya, tes rais cruels, ni la langueur
Que Tchandra vient épandre à minuit sur les cimes
Ne firent défaillir, dans leurs efforts sublimes,
La pensée et la chair de la femme au grand cœur.

— Que nous cerne l'Oubli, noir et morne assassin,
Ou que l'Envie aux traits amers nous ait pour cibles,
Ainsi que Çavitri, faisons-nous impassibles,
Mais comme elle, dans l'âme, ayons un haut dessein.

Disciple fervent de Leconte de Lisle, Verlaine avait l'ambition d'écrire, à son exemple, des vers polis et soignés dont la froideur voulue devait être le plus grand mérite. Il s'appliquait — fort gauchement, d'ailleurs — à piquer dans ses phrases des adjectifs colorés, à y sertir, comme des pierres précieuses, des épithètes qui rutilent, étincellent, flamboient, à ne montrer aucune chaleur de sentiment, à épandre ses strophes comme des nappes d'eau glacée, sans avoir l'air de se douter que ce qui devait donner à sa poésie son attrait particulier et sa saveur originale, ce sont les vraies larmes qu'il verserait et les cris sincères et douloureux qui sortiraient de ses lèvres. Il s'écriait avec une fierté naïve :

Ce qu'il nous faut à nous, les Suprêmes Poètes
Qui vénérons les dieux et qui n'y croyons pas,
A nous dont nul rayon n'auréola les têtes,
Dont nulle Béatrix n'a dirigé les pas,

A nous qui ciselons les mots comme des coupes
Et qui faisons des vers émus très froidement,
A nous qu'on ne voit point les soirs aller par groupes
Harmonieux au bord des *lacs* et nous pâmant,

Ce qu'il nous faut à nous, c'est, aux lueurs des lampes,
La science conquise et le sommeil dompté,
C'est le front dans les mains du vieux Faust des estampes,
C'est l'Obstination et c'est la Volonté.

Libre à nos Inspirés, cœurs qu'une œillade enflamme,
D'abandonner leur être aux vents comme un bouleau;
Pauvres gens ! l'Art n'est pas d'éparpiller son âme :
Est-elle en marbre ou non, la Vénus de Milo ?

Incontestablement, elle est en marbre. Mais la

poésie de Verlaine n'avait qu'en apparence quelque chose de marmoréen. Sous la fausse rigidité de l'auteur, on sentait frémir sa chair, on voyait couler, ardent et chaud, le sang impétueux de la vingtième année. Le vrai genre de Verlaine n'était pas là. Le marbre ne pouvait être le symbole de cet écrivain. Toute sa vie, il fut agité comme les frondaisons qui, sur un arbre, sont à la merci de tous les vents, et le son que rend sa poésie, c'est justement le son triste et mélancolique de la feuille que la bise froisse, secoue et tourmente. Il y a, dans beaucoup de ses vers, des gémissements sourds ; il s'en échappe comme des plaintes. Et l'on trouve bien singulières les juvéniles aspirations de ce poète qui voulut, au commencement de sa carrière, être parnassien, mais qui ne sut guère, en somme, que nous ouvrir son âme, que nous chanter, en un style souvent primitif et assez obscur, ce qui se passait dans le monde confus de ses sensations, dans le chaos de ses pensées, dans les ténèbres impures de son cœur.

Bien loin d'être impassible, il fut de la race de ces poètes personnels qui, spontanément, et parce qu'un impérieux besoin de nature les y excite, se racontent dans leurs vers, y mettent leur conscience à nu, y font la confession de leurs rêves et de leurs chimères, l'aveu public de leurs passions et de leurs vices. Dans la plupart des recueils de Verlaine, sa poésie est la fleur qui naît de sa souffrance ou de ses passions fangeuses : ainsi le nénuphar dresse sa tige au-dessus des eaux. Cette fleur de sa poésie a des tons mornes, tristes, langoureux, sans fraîcheur ni agrément ; et ce qu'on aperçoit le plus souvent au fond de sa corolle, c'est une larme — ou un peu de boue...

> Je suis venu, calme orphelin,
> Riche de mes seuls yeux tranquilles,
> Vers les hommes des grandes villes :
> Ils ne m'ont pas trouvé malin.
>
> A vingt ans un trouble nouveau
> Sous le nom d'amoureuses flammes
> M'a fait trouver belles les femmes :
> Elles ne m'ont pas trouvé beau.
>
> Bien que sans patrie et sans roi
> Et très brave ne l'étant guère,
> J'ai voulu mourir à la guerre :
> La mort n'a pas voulu de moi.
>
> Suis-je né trop tôt ou trop tard ?
> Qu'est-ce que je fais en ce monde ?
> O vous tous, ma peine est profonde :
> Priez pour le pauvre Gaspard !

Ce pauvre Gaspard, c'est lui. Venu sur terre, comme le malheureux Théophile de Viau, «sous une étoile enragée», il ne cesse de s'attendrir sur sa propre destinée, et cette lamentation, simple et lugubre, il la module longuement dans un bon nombre de ses poèmes.

Lorsqu'on ne serre pas de près la poésie de Verlaine et qu'on se laisse bercer, sans trop songer au sens, par la douce mélodie de ses vers, ceux-ci ressemblent souvent pour nous à ces vapeurs blanches et à demi transparentes qu'on voit s'élever, par les belles nuits d'automne, dans les clairières des grands bois. Les pâles rayons de la lune s'y jouent mollement, et l'on aperçoit de loin, dans ces brouillards argentés, des apparitions charmantes mais un peu indistinctes. De confuses silhouettes s'y dessinent peu à peu ; par-ci, par-là, dans des échappées de lumière, on croit saisir des formes fuyantes de nymphes, des corps de fées, légers et flottants... La brise qui murmure dans les arbres, gémit harmonieusement ainsi qu'une harpe éolienne, et, tandis que notre oreille est séduite par la grâce étrange de ces accords, notre œil s'amuse à suivre les ébauches de visions qui s'esquissent, là-bas, pour notre plaisir. N'approchez pas trop de ces vapeurs, car alors, tout s'efface : il ne reste plus qu'une atmosphère trouble et grisâtre, où l'on ne distingue plus rien de l'attrayant spectacle qui avait d'abord enchanté nos regards.

Ainsi en est-il, la plupart du temps, de la poésie de Verlaine, surtout dans ses morceaux symboliques, où rien ne se montre avec des contours bien déterminés, où tout semble baigné de clartés lunaires et noyé dans des flots de brume.

Cependant, il a parfois exprimé ses pensées d'une manière très nette et très compréhensible. Oui, son œuvre, où il y a tant de dédales inquiétants, et sur lesquels règne un jour douteux, vague, indécis, contient aussi des endroits bien éclairés et parfaitement abordables. Il ne faut pas ajouter une foi trop complète à ce que plusieurs écrivains ont dit de ses ouvrages. Ils ont créé, autour de ceux-ci, une légende qui ne laisse pas, à l'occasion, d'être injuste. Pour prouver qu'à certaines heures, Paul Verlaine sut parler une langue précise, correcte, accessible à tout le monde, transcrivons deux pièces aimables, tirées de la *Bonne Chanson* :

> Toute grâce et toutes nuances
> Dans l'éclat doux de ses seize ans,
> Elle a la candeur des enfances
> Et les manèges innocents.
>
> Ses yeux, qui sont les yeux d'un ange,
> Savent pourtant, sans y penser,
> Eveiller le désir étrange
> D'un immatériel baiser.
>
> Et sa main, à ce point petite
> Qu'un oiseau-mouche s'y tiendrait,
> Captive, sans espoir de fuite,
> Le cœur pris par elle en secret.
>
> L'intelligence vient chez elle
> En aide à l'âme noble ; elle est
> Pure autant que spirituelle :
> Ce qu'elle a dit, il le fallait !

Et si la sottise l'amuse
Et la fait rire sans pitié,
Elle serait, étant la muse,
Clémente jusqu'à l'amitié,

Jusqu'à l'amour — qui sait ? peut-être,
A l'égard d'un poète épris
Qui mendierait sous sa fenêtre,
L'audacieux ! un digne prix

De sa chanson, bonne ou mauvaise,
Mais témoignant sincèrement,
Sans fausse note et sans fadaise,
Du doux mal qu'on souffre en aimant.

*_**

La lune blanche
Luit dans les bois ;
De chaque branche
Part une voix
Sous la ramée...

O bien aimée.

L'étang reflète,
Profond miroir,
La silhouette
Du saule noir
Où le vent pleure...

Rêvons, c'est l'heure.

Un vaste et tendre
Apaisement
Semble descendre
Du firmament
Que l'astre irise...

C'est l'heure exquise.

Ces deux poèmes comptent parmi les pièces — trop rares, hélas ! — où le lecteur, fatigué et déconcerté, quand il parcourt les œuvres de Verlaine, par tant de vers incompréhensibles, et dégoûté par la licence effrénée, la luxure, l'obscénité de tant de passages, va se désaltérer comme à des sources fraîches et limpides.

Ah ! que n'a-t-il toujours écrit de ce style ! Mais sa langue a souvent des bigarrures étranges, des incohérences, des dissonances extraordinaires. Ses métaphores sont peu sûres, et, par leur allure plus que bizarre, par la façon singulière dont elles nous sont présentées, elles déroutent notre esprit et le jettent dans un extrême étonnement.

Et puis, on dirait que Verlaine ne connaît pas bien le sens exact des mots : il leur donne des significations qui sont en contradiction absolue avec celles que leur assigne le dictionnaire. Il pétrit quelquefois la langue un peu au hasard, comme les enfants qui, avec de la terre molle, font des figures baroques et invraisemblables. Cela a paru très raffiné et très heureux à certaines personnes et, surtout, à beaucoup de jeunes gens : on a cru voir, dans ces inexactitudes, les caprices délicats et compliqués d'un grand artiste qui manie la langue à sa guise et en fait tout ce qu'il veut. D'autres y aperçoivent plutôt les hésitations et les incertitudes d'un homme qui, ingénument, employait une expression pour l'autre parce qu'il ne trouvait point le mot propre. Ce seraient, d'après eux, jeux d'enfant ignorant et naïf plutôt que fantaisies d'un mandarin savant et d'un abstracteur de quintessence.

Il semble pourtant que ce fut, chez Verlaine, un système et un parti pris de détourner les mots de leur vrai sens et de leur en donner un autre, très douteux et très incertain, qui ne nous permet, dans bon nombre de ses poèmes, que de saisir et de comprendre vaguement les choses, comme nous le ferions dans les vapeurs d'un demi-sommeil. Alors ils auraient donc touché juste, ceux dont je parlais tout à l'heure, qui font de Verlaine un lettré subtil, curieux des préciosités rares, amateur des raffinements maladifs, des sensations les plus extravagantes, des façons d'écrire les plus inouïes et les plus grotesques. Beaucoup de ses morceaux ne seraient donc que des fantaisies déliquescentes, pleines d'excentricités et d'artifices voulus, telles qu'il convient d'en composer dans un temps de décadence, et pour des hommes qui, rassasiés des écrivains clairs et parfaits, recherchent les faisanderies du goût, les détraquements de l'imagination, les folies drôlatiques et stupéfiantes de l'esprit, tout ce qui est à rebours, en somme, de la bonne et saine raison.

Paul Verlaine a émis, sur la poésie, des théories esthétiques qui ont servi d'évangile aux décadents et aux symbolistes. Extrayons-en la substance.

C'est dans un volume intitulé: *Jadis et Naguère*, que nous découvrons un petit poème où il résume ses principes littéraires. Il veut d'abord que la poésie soit une sorte de musique :

De la musique avant toute chose !

s'écrie-t-il avec enthousiasme.

Oui, un vrai morceau de musique qui, dans ses mélodies souples et légères, dans ses suites de sons vagues et harmonieux, nous entraîne et nous berce, voilà ce qu'est pour lui la poésie.

Mais ce n'est pas tout : elle doit être quelque chose de plus. Il faut que, par des assemblages de mots qui, la plupart du temps, hurlent d'être accouplés et violent, par leur union, les lois du bon sens et de la syntaxe, elle nous suggère les nuances les plus fugaces, les plus flottantes, les moins saisissables, de ce qui survient dans notre imagination, dans notre cœur et dans notre esprit. Pas de couleurs bien définies : rien que des demi-teintes aperçues dans une espèce de brume ; — pas de lumière vive sur les objets : rien que du clair-obscur où tout apparaisse un peu voilé et recouvert d'un manteau d'ombre. La précision ne peut être recherchée ; il faut la fuir avec soin. Le poète ne doit connaitre que les colorations ternes, presque effacées, où la forme des pensées et les contours des êtres sont comme noyés dans une pâle et indistincte lueur de crépuscule.

> Il faut aussi que tu n'ailles point
> Choisir tes mots sans quelque méprise :
> Rien de plus cher que la chanson grise
> Où l'indécis au précis se joint...
>
> Car nous voulons la nuance encor,
> Pas la couleur, rien que la nuance !
> Oh ! la nuance seule fiance
> Le rêve au rêve et la flûte au cor.

Il affecte aussi le plus grand dédain pour les jeux d'esprit, pour l'éloquence, pour la richesse de la rime :

> Fuis du plus loin la Pointe assassine,
> L'Esprit cruel et le Rire impur,
> Qui font pleurer les yeux de l'Azur,
> Et tout cet ail de basse cuisine !
>
> Prends l'éloquence et tords-lui son cou !
> Tu feras bien, en train d'énergie,
> De rendre un peu la Rime assagie :
> Si l'on n'y veille, elle ira jusqu'où ?
>
> Oh ! qui dira les torts de la Rime ?
> Quel enfant sourd ou quel nègre fou
> Nous a forgé ce bijou d'un sou
> Qui sonne creux et faux sous la lime ?

Et il termine par ce conseil singulier dont il

n'est pas facile de saisir la portée, car il est assez incompréhensible :

> Que ton vers soit la bonne aventure
> Eparse au vent crispé du matin
> Qui va fleurant la menthe et le thym...
> Et tout le reste est littérature.

Cela constitue un corps de doctrines littéraires qui n'a certes, avec l'*Art Poétique* de Boileau, que de très lointaines ressemblances.

Mais voyons comment Verlaine appliqua ses théories. Il nous suffira, pour le montrer, de citer deux ou trois de ses pièces symbolistes. Il est bien rare que, dans ces poèmes, un bout de phrase vraiment clair surgisse de l'ombre environnante. Jugez-en plutôt :

Crépuscule du soir mystique

> Le souvenir avec le crépuscule
> Rougeoie et tremble à l'ardent horizon
> De l'espérance en flamme qui recule
> Et s'agrandit ainsi qu'une cloison
> Mystérieuse, où mainte floraison
> — Dahlia, lis, tulipe et renoncule —
> S'élance autour d'un treillis et circule
> Parmi la maladive exhalaison
> De parfums lourds et chauds, dont le poison
> — Dahlia, lis, tulipe et renoncule —
> Noyant mes sens, mon âme et ma raison,
> Mêle dans une immense pâmoison
> Le souvenir avec le crépuscule.

Ces vers résonnent, d'un bout à l'autre de ce poème, comme une douce et singulière musique — ce qui prouve que Verlaine était doué du sens de l'harmonie — mais que peuvent-ils bien vouloir dire ? Quel chaos de pensées et quelle mêlée confuse d'expressions qui ne s'accordent pas !

O ma tête ! ma tête ! s'écrierait Sarcey en présence de ces folies. Il ne serait pas moins abasourdi par la lecture de cette autre pièce :

Réversibilités

Totus in maligno positus.

Entends les pompes qui font
    Le cri des chats.
Des sifflets viennent et vont
    Comme en pourchas.
Ah ! dans ces tristes décors
Les Déjàs sont les Encors !

O les vagues Angélus !
    (Qui viennent d'où ?)
Vois s'allumer les saluts
    Du fond d'un trou.
Ah ! dans ces mornes séjours
Les Jamais sont les Toujours !

Quels rêves épouvantés,
    Vous grands murs blancs !
Que de sanglots répétés,
    Fous ou dolents !
Ah ! dans ces piteux retraits
Les Toujours sont les Jamais !

>   Tu meurs doucereusement,
>   Obscurément,
>   Sans qu'on veuille, ô cœur aimant,
>   Sans testament !
>   Ah ! dans ces deuils sans rachats
>   Les Encors sont les Déjàs !

Comme on le voit, c'est une étonnante contrée, pleine de mystérieuses ténèbres, que celle où s'attarde souvent la Muse de Paul Verlaine. Croyez-vous sérieusement que ces vers puissent avoir une signification ? Et ceux-ci en ont-ils davantage ?

>   Je devine, à travers un murmure,
>   Le contour subtil des voix anciennes,
>   Et dans les lueurs musiciennes,
>   Amour pâle, une aurore future !
>
>   Et mon âme et mon cœur en délires
>   Ne sont plus qu'une espèce d'œil double
>   Où tremblote à travers un jour trouble
>   L'ariette, hélas ! de toutes lyres !
>
>   O mourir de cette mort seulette
>   Que s'en vont, cher amour qui t'épeures
>   Balançant jeunes et vieilles heures !
>   O mourir de cette escarpolette !

Goûte qui voudra de pareils morceaux ! Pour ma part, je ne saurais y mordre. Et notez que des pièces de cette espèce fourmillent dans les œuvres de cet écrivain. A sa suite, il s'est formé tout un bataillon sacré de poètes pour qui le suprême mérite est de s'exprimer de la sorte.

Ils s'amusent — comme Verlaine, plus même que lui — à composer force charades que le sphinx le plus habile ne pourrait déchiffrer ; ils déroulent de longues théories de vers qui semblent conçus par le cerveau malade de quelques échappés de Bicêtre.

Et ils appellent ça de la littérature! Et ils veulent imposer leurs divagations à l'admiration du public !

Ah ! mais non ! le bon sens proteste, et l'on se rebiffe devant de telles excentricités. Mieux vaut faire machine en arrière, paraître des rétrogrades et des « momies » classiques, que d'être dans le train avec ces bardes extraordinaires.

Le baroque pavillon, de forme chinoise et d'aspect hétéroclite, qu'ils ont construit dans le domaine des belles-lettres, nous surprend par ses contournements étranges et ses complications de style. Ses ornements architecturaux sont d'une telle cocasserie qu'ils produisent sur nous une impression aussi imprévue que stupéfiante. On n'a jamais rien vu de plus tourmenté, de plus faux, de plus criard et de plus artificiel, que ce pavillon grotesque, dont les symbolistes paraissent si fiers et qu'ils sont si contents d'opposer à la brillante église romantique et au monument déjà ancien, mais toujours solide, du classicisme. Ils sont tout heureux d'avoir fait quelque chose d'impossible, d'invraisemblable, d'inouï, d'une incohérence cherchée et voulue. Grand bien leur fasse ! Je ne leur envie pas leur bonheur.

Eh certes, il est permis à ces disciples de Verlaine d'essayer, ainsi qu'ils disent, des formes d'art ; il leur est permis d'égrener des mots sans suite et d'écrire des vers où la raison et le rythme font défaut ; mais libre à nous, si leurs tentatives nous semblent malheureuses et ridicules, de le déclarer hautement, de déplorer que la langue soit à ce point maltraitée par les symbolistes, et de craindre que le goût et la belle clarté française ne soient bien près de disparaître, si ces innovateurs singuliers se multiplient de plus en plus, étendent leur champ d'action, et parviennent à faire accepter, par un grand nombre d'adeptes, leurs théories poétiques qui sont si absurdes, si bizarres et si dangereuses.

ANATOLE FRANCE

I

C'est un visage caractéristique que celui de M. Anatole France. De forme irrégulière, il est éclairé par des yeux intelligents, où se lit le travail de la pensée et où s'aperçoit, par je ne sais quoi de flottant, la trace du rêve. Le menton est de coupe énergique. Le pli des lèvres est sensuel : elles semblent friandes de choses voluptueuses. Le sourire est gros d'ironie ; la façon de parler et les manières sont d'une politesse raffinée et un peu ondoyante. M. France a bien l'air d'un moine savant de l'abbaye de Thélème. S'il aime le labeur sédentaire et s'il se perd volontiers dans les spéculations intellectuelles, il est également obsédé par des visions féminines, et celles-ci lui suggèrent des idées licencieuses et des images impudiques. C'est dans ces dernières années surtout que ses livres sont devenus des recueils d'écritures, tout imprégnés d'un parfum féminin, qui est capiteux, pénétrant et dangereux à respirer. Tout compte fait, et malgré deux ou trois romans où les Grâces décentes se jouent dans une intrigue honnête, M. France est un des littérateurs les plus dissolvants et les plus immoraux de notre époque.

Et il en est aussi l'un des plus sceptiques. Railleur comme Lucien de Samosate, il est sceptique comme Pyrrhon d'Elée. Ce philosophe ancien n'a pas, de nos jours, de disciple plus convaincu que lui.

Le scepticisme de M. France le conduit à une sorte de bouddhisme épicurien. Dans les théories religieuses qui ont cours ici-bas, rien n'est capable de le satisfaire. D'après lui, le monde est inexplicable, la vérité est cachée au fond d'un abîme, et, puisqu'il n'a la compréhension d'aucune chose, puisque le mot de l'énigme que nous présente l'univers lui demeure inconnu, il préfère se réfugier dans le doute, ne plus chercher à pénétrer l'insondable et à tenir la clef du mystère. Cette philosophie aboutit au plus affreux nihilisme en matière religieuse et morale.

« Je sens, déclare-t-il, que nous sommes dans une fantasmagorie et que notre vue de l'univers est purement l'effet du cauchemar de ce mauvais sommeil qui est la vie. » Et, alors, convaincu que tout n'est qu'apparence trompeuse, spectacle illusoire, chimère d'un instant, il contemple, en une immobilité sereine et avec un dédain non dissimulé, le monde qui remue, l'humanité qui peine, et il ne fait pas plus de cas des événements dont la terre est troublée, que des remous qui se forment à la surface d'un fleuve. Il pourrait prendre pour devise, semble-t-il, ces deux vers de Parny :

> Une paisible indifférence
> Est la plus sage des vertus.

Il laisse couler les jours, sans plus s'inquiéter qu'un fakir, de la marche du monde et du but de l'existence. Au milieu des agitations humaines, il demeure tranquille, observant les jeux de son esprit, les nuances fugitives et variées de ses sentiments, et s'amusant à suivre, avec une attention un peu nonchalante, ce qui se succède dans son âme songeuse et compliquée. Il lit beaucoup. Il chérit les vieux volumes où s'étalent, devant ses yeux ravis, « les formes mystérieuses de la vie passée et toutes sortes de monuments précieux de la pensée humaine ». Dans ces miroirs d'autrefois où les choses anciennes sont souvent réverbérées avec des tons fanés et pâlis, il se plaît à ressaisir quelques traits des époques disparues, quelques reflets des générations mortes. En pratiquant les bouquins, il a pris — à ce qu'il assure — la profonde impression de l'écoulement des choses et du néant de tout, et a deviné que les êtres n'étaient que des images changeantes dans l'universelle illusion.

Les livres sont pour lui un asile heureux où il se réfugie loin des foules turbulentes, loin de leurs vociférations et de leurs misères. Il aime d'ailleurs à se créer des retraites calmes et souriantes où le Rêve, cet oiseau chimérique et charmant, peut venir se poser sans que rien le fasse fuir. Il se plonge dans des extases délicates et des songes de choix. Les livres l'aident à s'y plonger. Il trouve une grande volupté cérébrale à s'enivrer de la vie intellectuelle, qu'il puise abondamment dans les ouvrages de l'esprit.

Mais il comprend combien, à la longue, toutes ces lectures surexcitent, énervent et paralysent, en le grisant de parfums et de couleurs, l'homme qui s'y adonne passionnément : « Ceux qui lisent beaucoup de livres, écrit-il, sont comme des mangeurs de haschich. Ils vivent dans un rêve. Le poison subtil qui pénètre leur cerveau les rend insensibles au monde réel et les jette en proie à des fantômes... Le Livre est l'opium de l'Occident. »

Et c'est pour avoir abusé de cet opium, pour avoir trop respiré les fleurs, belles sans doute, mais souvent vénéneuses, de l'histoire, de la poésie, de la philosophie, de la science, qu'il est devenu un pyrrhonien ironique et un boudhiste très raffiné. Il est un dilettante et un sceptique, parce qu'il a fait le tour des connaissances humaines sans s'arrêter ni se fixer à aucune, parce que ses nombreuses lectures ne sont que des prétextes à « de longues rêveries », à « des retours émus sur lui-même », et qu'il y satisfait « une curiosité vague et légère qui s'attache à tout sans vouloir rien épuiser ».

Lire des livres, c'est pour lui se promener dans les bois sacrés, près des fontaines des Muses ; c'est trouver « l'oubli des vils soins » et se remplir le cerveau d'« images flottantes comme des guirlandes rompues sans cesse et sans cesse renouées »; c'est chercher un plaisir intellectuel, et non ce qui pourrait lui donner des motifs de croire à quelques principes élevés ou lui indiquer une ligne de conduite pour diriger et orienter sa vie. Il s'est appliqué, ainsi qu'il nous en fait l'aveu, « à saisir çà et là quelque saillie ou clarté des choses et à en jouir, sans gâter cette joie innocente, par esprit de système et manie de juger ».

M. France a certes acquis une grande aptitude à tout comprendre, et il s'amuse à jongler — parfois d'une manière très souple et très adroite — avec toutes les idées, toutes les opinions, toutes les croyances ; il s'est exercé à ce jeu délicat qui consiste à butiner habilement dans le champ si vaste des doctrines et des pensées, et à ne prendre de tout que la précieuse quintessence et les sucs les plus exquis ; et c'est pour lui une douce, commode, voluptueuse habitude de parcourir les multiples expériences que l'humanité a faites dans la suite des âges, d'en dégager les conclusions et les enseignements, et de montrer combien ils sont contradictoires.

M. France s'assimile et apprécie les manières de penser les plus différentes ; il constate les métamorphoses successives des opinions religieuses et philosophiques, en fait défiler devant nous le cortège, et il est vrai de dire que ça forme une procession bariolée et peu homogène. Il fait voir que les philosophes et les penseurs qui ont cru écrire leurs principes sur des tables d'airain, n'ont pu leur assurer la durée ; c'est comme s'ils les avaient écrits sur des feuilles d'arbres ou sur des pétales de fleurs ; le vent a tout emporté et le souvenir de la plupart des systèmes du monde, conçus et développés autrefois par de subtils esprits, ne vit plus guère que dans la mémoire des hommes entichés d'érudition. La religion catholique a beau tendre à M. France ses bras puissants qui pourraient le porter à la lumière : il dédaigne de se tourner vers elle. Il préfère se débattre dans les obscurités de l'incertitude et trouve que la suprême sagesse est de douter de tout.

Secouer toute espèce de préjugés; se mettre au-dessus de tous les devoirs et de toutes les lois; ne s'attacher de préférence à aucune doctrine; choisir dans les systèmes philosophiques qui lui agréent le plus, ce qu'il y rencontre de plus séduisant, de plus raffiné, de plus conforme à ses tendances et à ses goûts du moment, et ne pas mépriser pourtant les systèmes contraires, car il pourrait bien les adopter un jour, s'il se fatiguait des premiers, voilà ce qui doit lui sembler piquant, plein de charme, tout à fait propre à lui procurer de fines et délicieuses jouissances.

En jouant ainsi avec les croyances et les opinions, sa volonté s'est peu à peu émoussée : il s'est détourné de l'action, n'a plus fait de part au devoir et a énervé en lui toute puissance morale.

Et comment en serait-il autrement ? M. France n'a guère fait que voyager, d'un air détaché et railleur, à travers les idées ; tout ce qu'il aperçoit n'est que spectacles passagers sur lesquels se projettent des clartés incertaines ; il s'amuse des choses comme on s'amuse devant des tableaux rapides et changeants, et l'univers lui présente de magiques féeries, des fêtes de rayons et d'ombres qui le distraient et lui font passer quelques bonnes heures.

Tout ici-bas est illusion ; nous n'apercevons, à son avis, que des simulacres : « Les pyramides de Memphis semblent, au lever de l'aurore, des cônes de lumière rose ; elles apparaissent, au coucher du soleil, sur le ciel embrasé, comme de noirs triangles : qui pénètrera leur substance intime ? » Puisque nous vivons au milieu de phénomènes fugitifs et de vagues fantasmagories, il n'y a, d'après M. France, rien de sérieux en ce monde ; et nous n'avons vraiment, pense-t-il, que deux raisons de vivre : connaître et jouir. Tels sont bien, résumés en deux mots, les principes de ce littérateur. C'est un nihiliste qui, lorsqu'il descend de la région des doctrines et arrive sur le terrain de la pratique, se transforme en épicurien ; c'est un sceptique plein de curiosité et d'ironie, qui trouve savoureuse et délectable la morale d'Horace.

Quelle autre morale, du reste, pourrait-il embrasser ? Il n'en sait pas de meilleure que celle qui prend l'instinct pour maître : « En morale, dit-il, toutes les opinions ont été soutenues, et, si plusieurs semblent s'accorder, c'est que les moralistes eurent souci, pour la plupart, de ne pas se brouiller avec le sentiment vulgaire et l'instinct commun. La raison pure, s'ils n'avaient écouté qu'elle, les eût conduits par divers chemins aux conclusions les plus monstrueuses, comme il se voit en certaines sectes religieuses et en certaines hérésies, dont les auteurs, exaltés par la solitude, ont méprisé le consentement irréfléchi des hommes. Il semble qu'elle raisonnait très bien, cette docte caïnite, qui, jugeant la création mauvaise, enseignait aux fidèles à offenser les lois physiques et morales du monde, sur l'exemple des criminels et préférablement à l'imitation de Caïn et de Judas. » Voilà des principes de morale bien répugnants et qui conduisent tout droit à la bestialité. Car enfin, s'il nous faut répudier la raison et si l'instinct doit nous servir de guide, ce n'est certes pas vers le devoir et la vertu qu'il dirigera notre marche.

Confiné dans son scepticisme, M. France prend gaillardement son parti des imperfections de notre pauvre et misérable monde ; le mal même ne le gêne nullement ; il le déclare nécessaire : « C'est grâce au mal et à la souffrance que la terre peut être habitée et que la vie vaut la peine d'être vécue. Aussi ne faut-il pas trop se plaindre du diable. C'est un grand artiste et un grand savant. » Pourquoi, d'ailleurs, se tracasser de problèmes troublants et difficiles ? Fuyons les solutions trop précises et trop positives : ne soyons catégoriques en rien, car la vérité nous échappe toujours, et cherchons, dans notre existence éphémère, à cueillir sur l'arbre de la vie les fruits de la science et ceux du plaisir : « A quoi bon, écrit-il, vouloir changer le cours des choses ? La vie est bonne. Couronnons nos fronts de guirlandes fleuries. » Cet auteur ne sait quel chemin nous devons suivre ici-bas : il nous invite donc à choisir les plus agréables, et les routes qu'il préfère, quant à lui, ce sont celles « dont les ormeaux s'élèvent plus touffus sous le ciel le plus riant ».

Les vertus qu'il prône sont peu nombreuses,

d'un caractère tout particulier et n'ont que des rapports éloignés avec les vertus chrétiennes. L'Inquiétude d'abord ; c'est elle qui, pour M. France, donne de l'attrait à la pensée des hommes. Un esprit qui n'est point anxieux l'irrite ou l'ennuie.

Ensuite l'Ironie et la Pitié. Celles-ci lui paraissent deux bonnes conseillères ; l'une en souriant, nous rend la vie aimable ; l'autre, qui pleure, nous la rend sacrée. « L'Ironie que j'invoque, dit-il, n'est point cruelle. Elle ne raille ni l'amour, ni la beauté. Elle est douce et bienveillante. Son rire calme la colère et c'est elle qui nous enseigne à nous moquer des méchants et des sots, que nous pouvions, sans elle, avoir la faiblesse de haïr. » D'un autre côté, c'est par la Pitié qu'on demeure vraiment homme. « Ne nous changeons pas en pierres comme les grands impies des vieux mythes. Ayons pitié des faibles parce qu'ils souffrent la persécution et des heureux de ce monde parce qu'il est écrit : Malheur à vous qui riez ! Prenons la bonne part qui est de souffrir avec ceux qui souffrent. »

Les vertus chrétiennes qui resplendissent d'une pure lumière, qui procurent à l'homme ses titres de noblesse et mettent quelque chose d'élevé, d'harmonieux et de divin dans sa vie, M. France n'en parle même pas. Il ne peut les priser. Elles le gênent. Elles ont été prêchées par le Christ, et le Christ ne reçoit pas ses adorations. Et c'est peut-être parce que la morale, dont les lèvres ardentes de Jésus nous ont révélé la beauté, est assez difficile à suivre, et qu'il préfère marcher dans les sentiers commodes et parfumés du jardin d'Epicure, que M. France ne veut point de la religion catholique. N'a-t-il pas découvert, à ce sujet, le vrai fond de sa pensée dans les imprécations violentes que lance contre le Christ le jeune Hippias, des *Noces Corinthiennes*, à l'annonce du vœu de virginité qui lie, d'un nœud indissoluble, la jeune fille qu'il aime :

> Dieu des Galiléens ! je ne te cherchais pas.
> O fantôme, tu viens te dresser sur mes pas,
> Tu lèves contre moi ta droite ensanglantée !
> Ecoute, prince impur d'une race infestée :
> Je respectais ton nom en mon âme obscurci,
> Et je ne croyais pas, Christ, grâce à celle-ci,
> Ce que disait de toi les vieillards et les sages.
> Je n'ai point écouté la raison, les présages;
> Je t'ai cru bon, pareil à ces Rois de l'éther,
> Qui pensent hautement et pour qui l'homme est cher.
> Je te connais enfin, Esprit gonflé d'envie,
> *Spectre qui viens troubler les fêtes de la vie,*
> Mauvais démon, armé contre le genre humain,
> Qui fais traîner le chant des pleurs sur ton chemin,
> Dieu contempteur des lois, puissant par la magie,
> O Prince de la mort, dont la froide énergie
> *Ne vaut que pour glacer nos vierges en nos bras !*

Dans cette exaltation de sentiments haineux, il y a des mots bien significatifs qui frappent d'eux-mêmes l'attention, et qui peuvent, assurément, se passer de commentaires,

Si M. France est le contempteur de toute morale élevée, il s'amuse aussi, en pyrrhonien railleur, à dénigrer les sciences philosophiques et à en faire toucher du doigt les incertitudes. Pour lui, elles sont bien indécises, ces sciences, peu stables et d'une probabilité fort aléatoire. Bien loin d'éclairer et de conduire ceux qui cherchent à s'orienter dans la vie intellectuelle, elles les perdent dans la région des hypothèses et des équivoques ; elles embrouillent tout ; elles créent la confusion et suscitent le doute.

Suivant M. France, c'est une grande niaiserie que l'axiome de la philosophie grecque : Connais-toi toi-même. Nous n'arriverons jamais à connaître ni nous ni autrui. L'intelligence ne peut nous servir à concevoir l'univers. « Encore moins peut-elle nous servir à juger, selon la justice, les hommes et leurs œuvres ». Elle s'emploie — mais combien vainement ! — « à ces jeux, plus compliqués que la marelle ou les échecs, qu'on appelle métaphysique, éthique, esthétique ».

Les systèmes du monde, même ceux qui sont sortis du cerveau des meilleurs philosophes, ne diffèrent pas essentiellement, dit M. France, de ces *réussites* par lesquelles les femmes trompent, avec des cartes, l'ennui de vivre. Que peut d'ailleurs un métaphysicien ? Il pense. Il se livre « aux silencieuses orgies » de la méditation. Mais qu'est-ce que penser ? Et comment se fait cette opération de l'esprit ? « Nous pensons avec des mots ; cela seul est sensuel et ramène à la nature. Songez-y, un métaphysicien n'a, pour constituer le système du monde, que le cri perfectionné des singes et des chiens. Ce qu'il nomme spéculation profonde et méthode transcendante, c'est de mettre bout à bout, dans un ordre arbitraire, les onomatopées qui criaient la faim, la peur et l'amour dans les forêts primitives, et auxquelles se sont attachées peu à peu des significations qu'on croit abstraites quand elles sont seulement relâchées. » M. France ne pense pas que cette suite de petits cris éteints et affaiblis qui composent un livre de philosophie nous en apprenne beaucoup sur l'univers. La vérité est que nous sommes dans l'impossibilité de rien savoir, que tout nous leurre, et que « la nature se joue cruellement de notre ignorance et de notre imbécillité ».

Les penseurs peuvent donc faire apparaître quelques mirages séduisants dans cet abîme d'apparences qui est l'univers, mais ils ne nous apprennent rien sur les lois du monde et sur la raison des choses. L'intelligence la plus sublime fait ses constructions philosophiques avec des nuages, et certainement quelques métaphysiciens sont d'assez beaux assembleurs de nuées.

Si plusieurs systèmes ont réussi mieux que d'autres, c'est à cause du génie de leurs auteurs, et sans qu'on ait jamais pu reconnaître en l'un d'eux des caractères de vérité qui le fissent prévaloir. Aussi les philosophies ne sont intéressantes que comme des monuments psychiques, propres à éclairer le savant sur les divers états qu'a traversés l'esprit humain. Mais elles seraient bien incapables de nous instruire en rien de ce qui n'est pas l'homme.

Prenez l'esthétique, par exemple. Elle n'a aucun fondement solide. « C'est un château en l'air. On l'appuie sur l'éthique. Mais il n'y a pas d'éthique. Il n'y a pas de sociologie. Il n'y a pas non plus de biologie. » Sur ces diverses sciences, on a bâti nombre de sophismes : parmi ceux-ci, il en est de beaux ; il y en a même d'admirables. Ce ne sont pourtant que des hypothèses, et l'achèvement des sciences est une pure utopie. Celles mêmes qui paraissent les plus simples présentent des difficultés presque insurmontables.

L'histoire, pour n'en citer qu'une, est une science qui, au premier abord, ne paraît pas bien compliquée. Eh bien ! M. France se demande s'il y a une histoire impartiale : « Qu'est-ce que l'histoire ? dit-il. La représentation écrite des événements passés. Mais qu'est-ce qu'un événement ? » Et là-dessus, il épilogue sur la difficulté de trouver les faits notables, ceux qui méritent d'être rapportés. Car comment juger si un fait est notable ou non ? Chaque historien en juge d'une façon arbitraire, selon son goût et ses idées. Ensuite, les faits sont complexes et il n'est pas possible de les présenter au public dans leur complexité ; aussi l'historien doit-il se borner à les faire voir dénués de presque toutes les particularités qui les constituent, par conséquent tronqués, mutilés, différents de ce qu'ils furent. Enfin, il est bien difficile de marquer la relation des faits et leur enchaînement, et de démêler quels sont les témoignages certains auxquels on peut accorder sa confiance. De tout cela, il faut conclure que « l'histoire n'est pas une science, mais un art. On n'y réussit que par l'imagination ».

M. France exécute ainsi, et d'une façon sommaire, presque toutes les sciences. Il imite Tarquin le Superbe qui abattait la tête des pavots. Il abat, lui, beaucoup de sciences humaines ; il les jette par terre et les foule aux pieds. Mais c'est surtout aux systèmes philosophiques qu'il fait la guerre ; il leur refuse le droit de gouverner l'humanité, sans nous dire, d'ailleurs, ce qu'il veut mettre à leur place. Il se contente de montrer combien sont épineux les problèmes capitaux qui nous intéressent ; il ne propose aucune solution et ne débrouille rien par lui-même.

Et il se pose cette question : Après tout, ne sont-ce pas les insanités consacrées par le temps auxquelles il serait sage et utile de se soumettre ?

« Loin de me réjouir, déclare-t-il, quand je vois s'en aller quelque vieille erreur, je songe à l'erreur nouvelle qui viendra la remplacer, et je me demande avec inquiétude si elle ne sera pas plus incommode ou plus dangereuse que l'autre. A tout bien considérer, les vieux préjugés sont moins funestes que les nouveaux : le temps, en les usant, les a polis et rendus presque innocents. »

Pour résumer mon impression sur M. France, je me le représente dans la pose de cet homme qu'on voit pensif, au bord des flots, en un tableau célèbre de Gleyre. Il est penché, lui, au bord du monde des conceptions philosophiques et religieuses; il considère les nombreuses spéculations échafaudées par l'esprit subtil des mortels, et admire la grande ombre que quelques-unes d'entre elles ont laissée sur le Passé. Il contemple, d'un regard amusé, les formes flottantes et diverses où la pensée humaine s'est fixée dans le cours des temps, et se plaît à examiner les doctrines métaphysiques et les théogonies que les hommes ont créées pour y loger leurs rêves, leurs désirs et leurs aspirations.

Parmi tous ces monuments religieux, il ne veut pas discerner le temple auguste, bâti par le Christ, et qui se détache en pleine lumière, baigné de toutes les clartés du ciel. Mettant sur la même ligne l'Eglise de Dieu et le Parthénon païen, il prétend que ce sont là des architectures chimériques et des palais de songes, qui ont été détruits ou se transformeront plus tard avec les changements de civilisation : ils ont procuré ou procurent encore aux hommes des illusions peut-être bienfaisantes, mais vaines, à coup sûr, et peu capables de les satisfaire. En regardant ces constructions spéculatives, il répète le fameux « Que sais-je ? » de Montaigne.

Mais son scepticisme est plein d'ironie : il manque de grandeur et d'idéal. M. France a l'âme païenne. C'est un Pyrrhon couronné de roses et qui prêche la sensualité. Comme certains poètes antiques, cet auteur visite volontiers la grotte des Nymphes ; il y cherche des conseils de volupté et des images lascives ; il s'y entoure d'un cortège de visions impudiques, et celles-ci reparaissent dans plusieurs de ses ouvrages, parées de tous les charmes, de toutes les séductions que peut leur donner son style élégant et fleuri.

II

Comme beaucoup d'écrivains de notre époque, c'est une lyre à la main que M. France est entré dans la carrière des lettres. Lorsqu'on est jeune et qu'on en est encore aux premières griseries de la vie, on ne trouve rien de plus beau que de nuer, iriser, parer sa pensée, de l'assouplir aux lois du rythme et de la soumettre à de mélodieuses cadences. On s'imagine que la poésie est la seule chose qui soit digne d'occuper nos instants, et qu'il n'y a rien de plus sérieux et de plus auguste que d'ouvrer des vers et d'y verser, comme dans une coupe précieuse, nos sentiments et nos rêves. On a le cerveau rempli de projets poétiques; des guirlandes de strophes se tressent dans notre esprit ; des rimes éclatantes bourdonnent à nos oreilles.

M. France a passé par là. Ayant débuté au moment où l'école parnassienne était dans son plein épanouissement, alors que de jeunes artistes s'efforçaient de composer des vers qui fussent tout ensemble froids comme du marbre et chatoyants comme des tapis d'Asie, il fit partie de ce petit groupe d'aèdes, et c'est à l'auteur des *Poèmes antiques*, aperçu par lui à travers les vapeurs dorées des éblouissements juvéniles, qu'allèrent tout d'abord son enthousiasme et son culte. Il dédia à Leconte de Lisle le premier livre qui sortit de sa plume. Sa dédicace est pieuse : on y sent un respect sincère ; il y est parlé de « vive et constante admiration ». Cette admiration devait plus tard perdre de son intensité.

M. France, après avoir exalté l'infaillible perfection de ce poète, son art consommé et la magie de ses vers, fit dans la suite plusieurs réserves et assaisonna ses éloges de quelques grains de critique. Il reprocha à Leconte de Lisle ses contradictions. « Il professe, écrit-il, que les qualités des choses sont des apparences, comme les choses elles-mêmes sont des illusions, mais il ne doute pas que telle rime ne soit bonne d'une absolue bonté. Il a de la poésie une conception dogmatique, religieuse, autocratique. Il déclare qu'un beau vers restera beau quand le soleil sera éteint et qu'il n'y aura plus d'hommes en qui cette beauté puisse encore se connaître. Il juge les plus vieux poèmes d'après des règles qu'il tient pour immuables et divines. » Et M. France nous montre, non sans une nuance d'ironie, ce philosophe incrédule, devenant, quand il s'agit de son art, un croyant zélé et fidèle, un grand abbé, un pape intransigeant, dont la bouche fanatique défend avec éloquence l'orthodoxie du vers.

Mais, au début, M. France ne faisait pas ces remarques et n'avait pas cette clairvoyance. Il rendait pleinement hommage à Leconte de Lisle: il l'avait choisi pour modèle. Il tenait sa forme plastique pour la forme la plus heureuse et la meilleure. Et il tâchait de prendre à ce poète un peu de son ampleur puissante, de son coloris, de sa précision harmonieuse. Mais, sous l'imitation, certaines qualités, très différentes de celles du maître, commençaient à percer. Il avait déjà plus de mollesse dans le contour des phrases, plus de fluidité et de grâce dans le style.

L'invocation à la Lumière, qui ouvre *les Poèmes dorés*, contient des passages d'une originalité manifeste et où l'on ne voit apparaître aucun reflet des *Poèmes antiques* :

> Dans l'essaim nébuleux des constellations,
>   O toi qui naquis la première,
> O nourrice des fleurs et des fruits, ô Lumière,
>   Blanche mère des visions,
>
> Tu nous viens du soleil à travers les doux voiles
>   Des vapeurs flottantes dans l'air :
> La vie alors s'anime et, sous ton frisson clair,
>   Sourit, ô fille des étoiles !
>
> Salut ! car avant toi les choses n'étaient pas.
>   Salut ! douce; salut ! puissante.
> Salut ! de mes regards conductrice innocente
>   Et conseillère de mes pas.
>
> . . . .
>
> Sois ma force, ô Lumière ! et puissent mes pensées,
>   Belles et simples comme toi,
> Dans la grâce et la paix, dérouler sous ta foi
>   Leurs formes toujours cadencées !

Il est certain que, dans ce poème, il y a une forme souple et caressante, qui est propre à M. France et dont Leconte de Lisle n'aurait pu revêtir sa pensée. Celui-ci, sonore et abondant en strophes éclatantes, embouchait presque toujours le clairon : il ignorait les airs de flûte et les modulations d'une douceur discrète, qui sont chers à M. France. Le contraste s'accentue encore dans d'autres morceaux, par exemple dans la *Mort d'une libellule*, où il y a des détails qui se distinguent par une aimable délicatesse :

> Sous les branches de saule en la vase baignées,
> Un peuple impur se tait, glacé dans sa torpeur,
> Tandis qu'on voit sur l'eau de grêles araignées
> Fuir vers les nymphéas que voile une vapeur.
>
> Mais, planant sur ce monde où la vie apaisée
> Dort d'un sommeil sans joie et presque sans réveil,
> Des êtres, qui ne sont que lumière et rosée,
> Seuls agitent leur âme éphémère au soleil.
>
> Un jour que je voyais ces sveltes demoiselles,
> Comme nous les nommons, orgueil des calmes eaux,
> Réjouissant l'air pur de l'éclat de leurs ailes,
> Se fuir et se chercher par-dessus les roseaux,
>
> Un enfant, l'œil en feu, vint jusque dans la vase
> Pousser son filet vert à travers les iris,
> Sur une libellule ; et le réseau de gaze
> Emprisonna le vol de l'insecte surpris.
>
> Le fin corsage vert fut percé d'une épingle ;
> Mais la frêle blessée, en un farouche effort,
> Se fit jour, et, prenant ce vol strident qui cingle,
> Emporta vers les joncs son épingle et sa mort.
>
> Il n'eût pas convenu que sur un liège infâme
> Sa beauté s'étalât aux yeux des écoliers ;
> Elle ouvrit pour mourir ses quatre ailes de flamme,
> Et son corps se sécha dans les joncs familiers.

Où l'imitation de Leconte de Lisle se fait surtout sentir, c'est dans quelques récits légendaires de M. France, tels que *la Fille de Caïn* et

Homaï. Là, vraiment, il y a des réminiscences et comme un écho, tantôt pur et clair, tantôt fort affaibli, de certaines pièces du célèbre poète. Dans ces récits et dans d'autres passages des *Poèmes dorés*, M. France rappelle, par l'allure du vers et le choix des sujets, celui dont le nom est inscrit en tête de son volume. Il le rappelle avec quelque chose de moins largement éployé et de moins fleuri, avec moins de splendeur et souvent plus de charme.

Car M. France, en ce recueil, ne s'est approprié qu'imparfaitement la forme plastique de son premier guide ; il a plutôt dans l'expression comme une grâce flottante et molle, partout épandue, et qu'on retrouvera, bien plus séduisante encore, dans la plupart de ses ouvrages en prose. Sa subtilité de sensations est déjà remarquable. Sa poésie est volontiers méditative ; elle est riche en émotions intellectuelles. M. France pénètre et scrute déjà le monde des pensées et examine l'intérieur des êtres. Il écrit *Ames obscures*, où il fait, de façon experte et agréable, de la psychologie enfantine, et où il nous dit les émerveillements des très jeunes intelligences qui s'ouvrent lentement au contact des choses :

> Tout dans l'immuable Nature
> Est miracle aux petits enfants ;
> Ils naissent, et leur âme obscure
> Eclôt dans des enchantements.

Le reflet de cette magie
Donne à leur regard un rayon ;
Déjà la belle illusion
Excite leur frêle énergie.

L'inconnu, l'inconnu divin,
Les baigne comme une eau profonde ;
On les presse, on leur parle en vain :
Ils habitent un autre monde.

Leurs yeux purs, leurs grands yeux ouverts
S'emplissent de rêves étranges.
Oh ! qu'ils sont beaux, ces petits anges
Perdus dans l'antique univers !

Leur tête légère et ravie
Songe tandis que nous pensons ;
Ils font de frissons en frissons
La découverte de la vie.

Voilà qui est bien exprimé. C'est ainsi que le monde apparaît sans doute à ces petits êtres et que, peu à peu, il leur révèle ses brillants secrets.

En feuilletant *les Poèmes dorés*, il serait curieux de chercher quelle fut autrefois la philosophie de cet écrivain, et comment, dans sa vingtième année, il cherchait à résoudre les problèmes de l'existence. Il ne jette pas alors sur notre globe le regard bienveillant que les êtres jeunes y promènent d'ordinaire ; il ne le colore pas d'azur et de rose tendre ; il n'y voit pas seulement des spectacles agréables. Beaucoup d'adolescents, dans leur joie et leur ivresse de vivre, considèrent le

monde comme une féerie délicieuse; ils le voient
« brillant et léger comme le ballet d'Armide ».
Quant à M. France, c'est d'un œil sceptique et
pensif qu'il contemple l'univers. Il le trouve inexplicable : il a déjà une philosophie de désabusé.
Il comprend l'inanité des désirs de l'homme, la
fugacité de tout, et est envahi par le sentiment
de l'irréparable :

> Je sais la vanité de tout désir profane.
> A peine gardons-nous de tes amours défunts,
> Femme, ce que la fleur qui sur ton sein se fane,
> Y laisse d'âme et de parfums.

Et il se demande avec anxiété :

> Mais la vague beauté des regards, d'où vient-elle ?...
> Et pourquoi rêvons-nous de lumière immortelle
> Devant deux yeux qui s'éteindront ?

Les Poèmes dorés renferment des pièces d'inégale valeur ; l'auteur y essaie ses forces : il n'y
est pas encore passé maître en l'art des divines
harmonies. Sa forme n'est point parfaite. Quoiqu'il sache souvent nous toucher par des métaphores joliment nuancées, par « de lumineuses
images portées sur les ailes du vers » et dont
nous aimons la justesse et l'éclat, M. France a
bien des défauts dans ce premier recueil et on lui
a reproché, avec raison, certaines figures bizarres:

> *Narines qui gonflez vos ailes de colombe* ;

l'abus des épithètes comme en cette strophe où vraiment elles abondent pour décrire un sol aride et ravagé :

> Son front *grondeur* se perd sous une *rouge* nue ;
> Des ruisseaux *dévorants* ouvrent ses mamelons.
> Ainsi qu'une bacchante elle est farouche et nue,
> Et sur ses flancs *intacts* roulent des pampres blonds ;

ou des drôleries d'expression telles qu'il s'en trouve dans ce vers :

> Et les fauves lueurs de ses *yeux de gerfaut*.

Mais à quoi bon insister sur ces faiblesses, ces incorrections et ces surcharges de couleurs? Aussi bien les *Poèmes dorés* n'ont dans l'œuvre de M. France qu'une importance secondaire, et c'est surtout par *les Noces corinthiennes* qu'il faut juger son talent de poète.

Dans son premier recueil, M. France n'aborde qu'en passant les rives enchantées de la Grèce : il ne s'y arrête pas. Son néo-hellénisme est encore latent. Il se déchaîne dans les *Noces corinthiennes*. Cet écrivain aime la Grèce, parce qu'il y découvre, dit-il, la beauté dans sa simplicité magnifique. Il se plaît à promener sa fantaisie sous les myrtes et les lauriers-roses; il se plonge au sein des bosquets sacrés. Au Collège déjà, la littérature attique lui donnait les rêves les plus nobles et les plus doux. Les héros et les héroïnes de l'ancienne Grèce formaient pour lui un monde superbe, d'une ravissante poésie. Il voyait des figures divines, des bras d'ivoire, des profils charmants de femmes; il entendait des voix plus belles que la plus belle musique, et qui s'exprimaient harmonieusement. De ces impressions du jeune âge, il lui est demeuré à la bouche une saveur délicieuse, comme si les abeilles de l'Hymette avaient déposé sur ses lèvres un peu de miel exquis, dont l'arrière-goût lui resterait encore.

Il regrette assurément la disparition des dieux de la Grèce. Mais, en même temps, comme l'atmosphère chrétienne, au milieu de laquelle nous vivons en Europe, l'a pénétré malgré lui de ses souffles et de sa lumière, il joint à ses regrets du paganisme, des idées et des sentiments chrétiens. Cela fait un mélange hétéroclite et bizarre. Il a l'athéisme pieux : certaines personnes peu perspicaces pourraient même, en lisant quelques-unes de ses œuvres, s'imaginer qu'il est imbu des croyances catholiques. Ce serait une singulière illusion que de le penser. Pas d'âme moins attachée au Christ que la sienne. Mais il est hanté souvent d'images religieuses.

Il y a, dans l'histoire du christianisme, une époque qui l'attire particulièrement. C'est celle où le monde païen se transforme à la voix des semeurs de la parole évangélique et est lentement conquis à la doctrine nouvelle.

Ce temps, où de courageux convertis goûtaient en secret et au péril de leur vie, le rafraîchissement du Christ et préparaient le règne de Dieu sur la terre, est celui dont il a fait choix pour servir de cadre à ses *Noces corinthiennes*.

Mais son esprit n'est pas incliné du côté des chrétiens. Au contraire, il se penche vers le paganisme. L'antiquité païenne est pour M. France comme cette jeune vierge que des ouvriers lombards découvrirent à Rome, en 1485, dans un tombeau de marbre blanc. Par l'effet, sans doute, des aromates qu'on avait employés pour l'ensevelir, elle reposait toute fraîche dans sa couche rigide. « Ses joues étaient roses et souriaient, sa chevelure coulait à longs flots sur sa poitrine. Le peuple, ému d'enthousiasme et d'amour, porta dans son lit de marbre, la vierge au Capitole où la ville entière vint la contempler. » Cette vierge, dont la forme admirable triompha de la mort, c'est la beauté antique. M. France l'exhume de sa tombe : il ne se lasse point de regarder son merveilleux visage. Il ne peut se consoler de son trépas.

Ecoutez, à ce sujet, les plaintes mélodieuses qu'il exhale dans le prologue des *Noces* :

> Hellas, ô jeune fille, ô joueuse de lyre !
> Toi dont la bouche aimait les baisers et le miel,
> Ingénieuse enfant qui mêlais ton sourire
> Aux sourires légers de la mer et du ciel,

Tous tes jours s'écoulaient en des heures égales,
Et, quand la grande Nuit argentait les chemins,
Tu méditais, heureuse, au bruit clair des cigales,
Les heures, les saisons et les travaux humains.

O fille de la mer, assise aux plages blondes !
Ton sein a contenu la belle volupté,
Et la sainte harmonie a de ses grandes ondes
Empli ton chant d'amour abondamment jeté.

Moi, cet enfant latin qui te trouva si belle
Et qui nourrit ses yeux de tes contours divins,
J'ai, pour te peindre encore en un tableau fidèle,
Accompli des labeurs qui ne seront pas vains.

D'autres ont exprimé ton enfance tranquille,
Lorsque, de la fontaine où respiraient tes dieux,
Tu revenais, portant au front l'urne d'argile.
Tant de paix convient mal à mon cœur anxieux.

Moi, j'ai mis sur ton sein de pâles violettes,
Et je t'ai peinte, hélas ! alors qu'un Dieu jaloux,
Arrachant de ton front les saintes bandelettes,
Sur le parvis rompu brisa tes blancs genoux.

Dans le monde assombri s'effaça ton sourire;
La grâce et la beauté périrent avec toi;
Nul au rocher désert ne recueillit ta lyre,
Et la terre roula dans un obscur effroi.

Et je t'ai célébrée, ô fille des Charites !
Belle et pleine d'amour en tes derniers moments,
Pour que ceux qui liront ces paroles écrites
En aiment mieux la vie et soient doux aux amants.

Ces plaintes se retrouvent, plus vibrantes encore, dans le songe d'Hippias. Ce jeune homme aperçoit en rêve, deux formes blanches — Artémis et Aphrodite — qui se disent des choses tristes en des strophes alternées, et qui pleurent sur leur fin prochaine :

ARTÉMIS

Je ne donnerai plus la grâce,
La force et l'antique beauté
Au jeune homme, fleur de sa race,
Chaste et pieux dans la cité.

APHRODITE

Les amants dont j'étais la reine
Ne pourront jamais ressaisir
Le don premier : la paix sereine
Dans l'inévitable désir.

ARTÉMIS

La vierge solitaire et tendre
Croîtra sous un Dieu menaçant :
Elle s'étonnera d'entendre
Qu'elle fut impure en naissant.

APHRODITE

Les femmes craindront d'être belles ;
Tous leurs amours seront amers,
Et les fils des races nouvelles
Iront les fuir dans les déserts.

Ces regrets ne sont pas nouveaux. Déjà, à l'époque du romantisme, plusieurs poètes appliquaient à leurs lèvres les pipeaux antiques et chantaient avec ferveur les dieux de la Grèce. Parmi eux, Théophile Gautier se fit remarquer pour la chaleur de ses aspirations païennes. Cet écrivain chevelu et exubérant, à la figure et au tempérament de faune, était poussé par ses instincts sensuels vers la mythologie lascive des anciens Hellènes ; cette religion avait des grâces voluptueuses et une morale libertine où il ne pouvait que se complaire. Musset a résumé les sentiments des néo-païens de son époque dans les interrogations passionnées du début de *Rolla*:

> Regrettez-vous le temps où le ciel sur la terre
> Marchait et respirait dans un peuple de dieux,
> Où Vénus Astarté, fille de l'onde amère,
> Secouait, vierge encor, les larmes de sa mère.
> Et fécondait le monde en tordant ses cheveux ?

Et l'auteur des *Nuits* s'écriait avec enthousiasme :

> Grèce, ô mère des arts...
> Je suis un citoyen de tes siècles antiques;
> Mon âme avec l'abeille erre sous tes portiques.

Paul de Saint-Victor, Henri Heine, Théodore de Banville, se montrèrent, eux aussi, les admirateurs des divinités d'autrefois.

Celles-ci ont rencontré enfin maints servants fidèles dans les plus récentes générations de poètes, parmi les Leconte de Lisle, les Silvestre, les Ménard, les Sully-Prudhomme. C'est à ce dernier groupe que se rattache M. Anatole France. Il est ébloui en pensant à la magie de l'existence grecque ; son cœur se fond en tendresse quand il se rappelle ces siècles de vie élégante, facile et harmonieuse. La suprême beauté est là pour lui,

Sa piété d'artiste pour ces temps lointains est renforcée par la haine qu'il éprouve contre la morale austère et les inquiétudes élevées que le christianisme apporta au monde. Il en veut au Christ de ravir aux hommes, pour les jeter dans ses cloîtres, les vierges les plus suaves et les femmes les plus charmantes. Il dit à propos d'une prise de voile :

> Ainsi, pleurant sur moi, je reconnus, pensif,
> Que tu m'avais repris cette femme, ô beau juif,
> Roi dont l'épine a ceint la chevelure rousse !
>
> Ton âme était profonde et ta voix était douce ;
> Les femmes t'écoutaient parler au bord des puits,
> Les femmes parfumaient tes cheveux ; et depuis,
> Elles ont allumé sur ton front l'auréole,
> Dieu de la vierge sage et de la vierge folle !
> C'est écrit ; pour jamais toi seul achèveras
> Les plus belles amours qu'on essaie en nos bras ;
> Toute femme qui pleure est déjà ton épouse ;
> Tous les cheveux mordus sous notre dent jalouse
> S'en iront à leur tour essuyer tes pieds nus ;
> Dégageant de nos bras leurs flancs mal retenus,
> Jusqu'à la fin des temps toutes nos Magdeleines
> Verseront à tes pieds leurs urnes encor pleines.
> Christ ! elle a délaissé mon âme pour ton ciel,
> Et c'est pour te prier que sa bouche est de miel !

Dans *les Noces corinthiennes*, ce que M. France reproche au christianisme, c'est d'avoir donné à l'humanité des croyances et des soucis d'outre-tombe, des craintes et des pensées religieuses qui ont déformé la nature humaine et l'ont empêchée de s'épanouir encore en toute liberté ; on se tourmente maintenant d'un au delà ; l'idéal de l'homme a changé d'axe ; on n'a plus cette tranquillité de l'âme que possédaient les anciens ; on n'a plus cette joie d'exister, cette ivresse de large vie animale, ce naturalisme grossier et charnel qui étaient l'apanage des vieilles générations, placées sous l'égide des divinités païennes.

Il a beau, dans la préface de son poème, déclarer qu'en touchant aux choses religieuses, en refaisant le rêve des âges de foi, il a voulu se donner l'illusion des vives croyances, traiter avec piété ce qui est pieux et montrer pour les choses saintes un respect sincère ; son livre est celui d'un révolté qui secoue avec impatience la doctrine du Christ, qui a horreur du mysticisme chrétien, et qui célèbre, sur le mode ancien, la douceur et la beauté de la vie grecque, les séductions de la mythologie, le développement harmonieux de l'homme en ces temps primitifs. C'est là ce qui ressort de la lecture de son long poème.

Le drame qu'y déroule M. France est d'une grande simplicité. Il est imité d'un ouvrage de Gœthe, *la Fiancée de Corinthe*. L'illustre auteur de *Faust* en avait pris lui-même l'idée dans un passage de Phlégon le Trallien, historiographe de l'empereur Hadrianus. M. France, à son tour, s'empara du vieux thème, le modifia, le développa à sa façon, et s'efforça de nous peindre, en nous le racontant, « le déclin des dieux antiques et l'aube chrétienne dans un coin de la Grèce ».

Deux amants, Hippias et Daphné, l'un païen, l'autre convertie au Christ, sont fiancés ; ils échangent d'aimables projets :

> Nous connaîtrons la paix, le foyer, l'abondance,
> L'amitié, les enfants, la tardive prudence,
> Et nous vivrons pareils à deux arbres jumeaux
> Qui versent l'ombre fraîche en mêlant leurs rameaux.

Kallista, mère de Daphné, tombe malade, et elle fait vœu, si elle obtient sa guérison, de consacrer à Dieu son enfant, de la vouer à la prière et aux œuvres religieuses. Aucun homme ne dénouera la ceinture de la jeune vierge. Kallista recouvre la santé et fait part à sa fille de ce qu'elle a promis. Daphné se soumet, mais son cœur souffre. C'est tout son bonheur à elle que sa mère a sacrifié. Hippias arrive pour chercher son épouse : Daphné lui dit qu'elle ne peut plus être à lui. Alors le jeune homme s'indigne, supplie, a des paroles enlaçantes et douces auxquelles Daphné finit par se rendre. Elle va fuir avec son fiancé quand Kallista paraît et, avec des imprécations violentes, chasse Hippias de sa demeure :

> Homme impur, sacrilège, anathème au Dieu vrai,
> Je te chasse. Va-t-en de la maison fidèle ;
> Fuis et ne souffle plus tes poisons autour d'elle,

Mais cours honteusement, la tête dans tes mains.
Va chercher pour la nuit, au hasard des chemins,
Des lits dignes de toi, dans d'infâmes auberges.
Hâte-toi, si tu veux ne pas fuir sous les verges.

Et, dans sa colère, elle dit :

Je laverai la dalle
Que toucha de son pied cet homme de scandale.

Mais Daphné, pendant la nuit, rejoint Hippias au tombeau des aïeux où elle lui a donné rendez-vous, et ayant pris du poison, elle expire entre ses bras. L'évêque Théognis vient trop tard pour la dégager du vœu qui la lie aux autels.

Tel est ce livre, tout brodé de soies aux jolies couleurs, et d'un style limpide dans sa délicatesse. La figure de Daphné se détache heureusement sur le fond du poème. Cette pauvre enfant est bien femme par sa faiblesse et par sa candeur. La physionomie d'Hippias est aussi agréablement dessinée : ce jeune homme a tout ensemble de la fierté sauvage et de l'ardeur chevaleresque.

Les beaux vers abondent dans cette œuvre; les périodes y coulent avec l'aisance d'un flot et des murmures cristallins.

Citons ce couplet mélodieux de l'évêque Théognis :

Un vaisseau syrien aux agiles antennes
M'a conduit sans erreur à des rives lointaines.
J'ai vu (mes yeux en sont tout éblouis encor)
La ville égyptienne, Alexandréia d'or,

> Ses habitants nombreux, ses palais, ses images;
> J'ai vu tous les écrits des gentils et des Mages,
> Tels qu'un peuple de morts dans le cèdre étendu;
> Et (gloire au Dieu vivant !) j'ai six fois entendu
> La parole des saints vaincre sous les portiques
> Le murmure confus des mensonges antiques.

Les jolis sons et les molles cadences! Et comme la période a de langueur et de charme ! La grâce attique y respire. Beaucoup de passages analogues seraient à signaler. Il y a aussi des morceaux d'un fin travail dans *Leuconoé* et *la Prise de voile*. Le commencement de cette dernière pièce est une ravissante aquarelle :

> Dans l'ombre de la nef, les pâles Augustines
> A pas silencieux se forment en deux chœurs,
> Et l'orgue fait rouler les prières latines,
> Sur leurs fronts inclinés en de saintes langueurs.
>
> Celle qui vint heurter la dernière à la grille,
> Quand le monde eut blessé son cœur d'un trait mortel,
> L'enfant aux fiers désirs, la belle jeune fille,
> Des fleurs dans les cheveux, s'avance vers l'autel,
>
> Vers l'autel revêtu des fleurs du sacrifice.
> Elle a tenu ses yeux baissés pour ne pas voir
> Son père, se dressant du fond de l'édifice,
> Devant elle, tranquille et blanc de désespoir ..

Mais tous ces mots qui scintillent et toutes ces phrases qui bercent servent à exprimer, le plus souvent, des pensées de révolte contre la religion catholique. *Les Noces corinthiennes, Leuconoé, la Prise de voile*, ne sont guère, sous la gaze de légères fictions, que d'élégants manuels d'impiété et de scepticisme.

III

Dans ce pays de Gaule qui compte tant de romanciers, et de si bons, M. France est certainement un des plus délicats. Il a, comme conteur, des qualités exquises qui le font aimer chèrement d'un grand nombre de lettrés. Les gens de goût l'estiment fort pour les grâces légères et l'ironie subtile de ses récits. Il a ce don des fées qui est l'un des plus précieux qu'on puisse avoir : celui de plaire. Non qu'il plaise à tout le monde, mais il a su séduire une élite ; et s'il n'a pas le succès tapageur de maints romanciers à la mode, dont les œuvres ont de gros tirages et à qui va la faveur de la foule, il a du moins un public trié et choisi. Il faut d'ailleurs, pour se laisser prendre aux charmes de ses livres, pour en apprécier la saveur douce et pénétrante, avoir quelque culture intellectuelle ; les pages de M. France sont destinées à certains gourmets ; ce sont, en général, des friandises trop fines pour qu'elles chatouillent agréablement le palais du vulgaire.

Et il vaut mieux qu'il soit peu lu. Car cet écrivain a usé de son talent avec une perversité coupable. Quelques-uns de ses ouvrages ressemblent à ces mers voluptueuses où chantaient les Sirènes. Ayant une distinction native et toutes sortes d'artifices de langage, il a été très oseur : il s'est mis à traiter les sujets les plus scabreux.

Il s'est délecté, avec concupiscence, en des narrations risquées et des intrigues malsaines. Sans être jamais grossier, il est souvent impur. Dans *Thaïs* et *le Lys rouge*, dans *la Rôtisserie de la Reine Pédauque* et quelques-unes de ses nouvelles, il a des <u>faisanderies</u> élégantes et du sensualisme raffiné. Ses audaces philosophiques ne sont pas moins répréhensibles que ses peintures immorales. Son impiété est railleuse et perfide. C'est vous dire combien, presque toujours, il faut tenir son œuvre en défiance.

Ses débuts dans le roman et le conte n'ont pas été très brillants. Quoiqu'il eût des qualités d'esprit fort rares, il ne savait trop quelle devait être sa voie. Il la cherchait. Voulant vouer sa plume aux ouvrages d'imagination, il perdit son temps en des essais médiocres. Ses premières tentatives n'offrent rien de remarquable. Avec plus de style qu'on n'en a communément dans la jeunesse, il n'arriva point à s'élever au-dessus de l'ordinaire ; il ne marqua son pas dans aucun sentier : il erra à l'aventure et d'une façon hésitante.

On ne peut même dire — tant elles sont différentes de ce qu'il a fait depuis — que ces ébauches l'aient conduit insensiblement aux ouvrages de sa maturité. Ceux-ci ne sont pas sortis de ces ébauches, comme la fleur naît du bourgeon. On ne retrouve pas dans ces essais timides de M. France la semence et les germes de ses œuvres futures, et il a fallu à son talent plusieurs années de fécondation secrète avant qu'il ne s'épanouisse et ne donne enfin son fruit.

Cet auteur s'efforça tout d'abord de composer des intrigues compliquées sur lesquelles flotterait un peu de mystère. A ce moment, la Fantaisie macabre qui inspira Edgard Poë l'avait probablement frôlé de son aile. Il écrivit *Jocaste*. C'est un roman de peu de mérite. Il n'y soutient l'attention que d'une manière languissante ; il n'emporte pas l'esprit au fil de son livre par la poussée de la curiosité ou de la sympathie. Peu de figures y ressortent en saillie vigoureuse : à peine celle de ce pauvre M. Fellaire de Sizac, un homme d'affaires malheureux qui a, sous ses airs roublards, un fond de naïveté et de bonhomie.

Le Chat maigre ne vaut guère mieux : c'est une scène de la vie de Bohême, où traînent, çà et là, quelques lambeaux du bagage de Murger. M. France n'a pas lieu d'être fier de cette production ; il ne parvient qu'à s'y montrer assez inférieur à son modèle. Ce dernier a bien plus d'entrain et de belle humeur. Il nous agite et nous secoue dans les flots de sa grosse gaieté. Il nous fait rire. M. France, dans une forme plus correcte et plus châtiée, est beaucoup moins amusant; il nous présente pourtant plusieurs bonnes physionomies qu'il a enluminées avec beaucoup de soin.

Branchut, entre autres, ce raté qui se dit moraliste, qui est laid et pauvre, qui sait le grec à faire l'étonnement des cafés, vit d'un petit pain, boit aux bornes-fontaines et, ayant terminé son repas d'oiseau, écrit des choses abstruses dans les jardins publics ou, s'il pleut, sous les portes cochères; M. Alidor Sainte-Lucie, important mulâtre d'Haïti, à qui sa richesse donne tant de suffisance; son fils Remi, beau garçon olivâtre, qui roule des yeux ennuyés et semble tendre au hasard sa grosse bouche sensuelle ; M. Godet-Laterrasse, chétif, fripé, crotté, qui porte, empreinte sur son visage, une expression d'emphase naïve et d'orgueil enfantin, et surtout Télémaque, un nègre lippu et chauve, ancien général de l'empereur d'Haïti, actuellement simple gargotier, et dont l'une des plus grandes joies est de revêtir en cachette, pour quelques minutes, son ancien uniforme d'officier supérieur. Mais l'intérêt ne parvient pas à se concentrer autour de ces divers personnages, quoiqu'ils soient dessinés d'un crayon assez ferme.

Les Désirs de Jean Servien sont bien préférables aux deux pâles esquisses dont je viens de parler. Des pages de ce roman, se dresse une figure vivante qui ne manque pas de caractère. C'est Jean Servien, le héros du livre. Fils d'un artisan, il pousse assez loin ses études, et c'est ce qui le rend malheureux. Etant sans fortune, il a des aspirations qu'il ne peut satisfaire. Il vit presque toujours et tout entier dans l'éblouissante procession de ses rêves. Il a des désirs qui ne sont pas ceux d'un jeune homme de sa condition. Et comme il est fort chimérique et trop captivé par ses beaux songes, ses contacts avec la réalité sont pénibles et le meurtrissent douloureusement. Son existence pauvre se déroule misérablement dans une suite d'aventures médiocres. Le peu de science qu'il a recueilli au cours de ses études ne lui sert de rien. Il ne parvient pas même à entrer dans l'Administration. Pion dans un collège, il s'en fait chasser pour sa mollesse dans la surveillance, et il succombe pendant la Commune, tué par le revolver d'une pétroleuse.

Infortuné jeune homme ! il s'était imaginé qu'il marcherait à la conquête de la vie, et voilà qu'il échoue dans toutes ses entreprises. Il poursuit de son amour vain et illusoire une brillante actrice; il se débat inutilement contre la destinée, et si une balle n'avait pas rompu brusquement la chaîne de ses jours, il aurait fini, sans doute, par périr de faim. Toutes ses riches espérances, d'ailleurs, étaient tombées une à une, et, quand la mort le frappa, il ne restait plus que des rêves mutilés sous son front sillonné de rides précoces. Il était temps pour lui de mourir.

On suit, non sans une certaine complaisance, ce mélancolique personnage à travers les diverses et tristes péripéties, où le promène le caprice de l'auteur. On éprouve même parfois un peu d'émotion devant ce type réussi du déclassé. On le considère avec cette satisfaction intellectuelle que donne la peinture des choses vraies.

Le malheur pour M. France, c'est que son héros remet en mémoire, par plus d'un trait, d'autres êtres créés par des romanciers contemporains. *Les Désirs de Jean Servien* évoquent le souvenir du *Bachelier*, de Jules Vallès. Et ils ne l'égalent pas, il s'en faut de beaucoup.

Après ces premiers essais, M. France traversa une période peu fertile où il ne prodigua point les œuvres littéraires. Cependant, il laissa échapper de sa plume paresseuse, mais tout à coup fort affinée, deux ou trois livres qui comptent parmi ses meilleurs. Il n'a jamais été partisan de la production rapide et incessante. Il est ami, au contraire, des loisirs studieux où s'élaborent lentement quelques ouvrages de choix. Quoiqu'il sache qu'il y a beaucoup moins de lecteurs pour les nouvelles que pour les romans — car seuls les délicats sont capables de savourer une nouvelle exquise — il aime à cultiver la nouvelle et à s'essayer dans le conte.

Il n'écrit pas pour les gloutons qui dévorent indistinctement tous les romans qu'ils trouvent à portée de leur main, les bons comme les médiocres, ou même les mauvais. Ce n'est pas son ambition de satisfaire les pauvres d'esprit qui sont affamés de grosse littérature, et qui «avalent jusqu'à la dernière tranche le feuilleton le plus fade ou le plus coriace ». En eût-il le pouvoir, il n'imiterait pas ces fournisseurs ordinaires du public qui ont, dit-il, une habileté incomparable pour fabriquer des romans lourds et compacts comme des pâtés, qui vous bourrent leur clientèle, qui vous la gavent jusqu'à la rendre stupide, n'ignorant pas que le vrai liseur de romans demande seulement qu'on l'abêtisse. « Pour neuf lecteurs sur dix, un roman est un plat dont ils s'empiffrent et dont ils veulent avoir par-dessus les oreilles. » C'est pour eux que les bons faiseurs travaillent.

M. France ne conçoit pas que, dans un but mercantile, des écrivains de talent s'obstinent à produire volume sur volume et s'étudient à dire en quatre cents pages ce qu'ils eussent mieux dit en vingt. Il ne se plaint pas des mauvais romans, faits sans art pour les illettrés. «Tout innombrables qu'ils sont, ils ne comptent pas. » Mais il se plaint, et à juste titre, de voir paraître tant de romans médiocres, écrits par des gens de quelque valeur et lus par un public cultivé. On en met au jour, de ceux-là, trois ou quatre par semaine, et c'est un flot montant qui nous noie. Il admire que des gens de bon sens, intelligents, et qui ne sont pas sans lectures, se flattent d'avoir tous les ans à faire au public un récit en un volume in-18 jésus, et qu'ils se livrent, de gaîté de cœur, à ce genre de travail, sans penser que notre siècle, en le supposant à cet égard plus heureux que les précédents, laissera après lui tout au plus une cinquantaine de romans lisibles. Et il ajoute : « C'est pourtant, si l'on y songe, une excessive prétention que de vouloir imposer, une fois l'an, au monde trois cent cinquante pages de choses imaginaires ! »

Aussi « que le conte ou la nouvelle est de meilleur goût ! Que c'est un moyen plus délicat, plus discret et plus sûr de plaire aux gens d'esprit, dont la vie est occupée et qui savent le prix des heures ! » La première qualité de l'écrivain, ne serait-ce point d'être bref ? La nouvelle devrait suffire à tous. On y peut renfermer beaucoup de choses en peu de phrases. «Une nouvelle bien faite est le régal des connaisseurs et le contentement des difficiles. C'est l'élixir et la quintessence. C'est l'onguent précieux. » Et joignant l'exemple à la théorie, il a pratiqué presque toujours cette sobriété dont il s'est fait si chaudement l'apôtre.

Il a écrit des contes qui sont délicieux. Avec quel soin il les a ouvrés ! Ce sont, en général, de merveilleux petits objets d'art. Il y a tracé de fins visages qui se détachent d'un trait rapide et vif. Ces contes nous remémorent diverses époques de l'histoire humaine. Car c'est un grand plaisir pour M. France de revivre les siècles anciens. Il comprend le charme puissant du passé.

Il a composé des contes bleus comme *Abeille*, qui se reporte à des temps fantastiques. On y voit comment la jeune enfant de la duchesse des Clarides fut enlevée par les Nains qui habitent l'intérieur de la terre, et comment son ami Georges de Blanchelande, s'étant hasardé sur le bord d'un lac mystérieux, aperçut tout à coup de belles têtes couronnées d'algues et de pétoncles, des épaules sur lesquelles se répandaient des chevelures vertes, des poitrines brillantes de perles, et d'où glissaient des voiles. C'étaient des Ondines. Georges voulut fuir. « Mais déjà des bras pâles et froids l'avaient saisi et il était emporté, malgré ses efforts et ses cris, à travers les eaux, dans des galeries de cristal et de porphyre ». M. France narre longuement, dans une suite de chapitres aimables, les aventures fabuleuses de Georges et d'Abeille. C'est la seule incursion qu'il se soit permise dans le monde des êtres chimériques. Elle est amusante et il est regrettable, je crois, qu'il n'ait pas récidivé.

Cet auteur a aussi cueilli la fleur d'or des légendes. Il a beaucoup de goût pour les histoires des vierges martyres, telles qu'elles furent contées au XIIIe siècle, et qui sont pour lui autant de joyaux dont il veut qu'on apprécie à la fois la richesse éblouissante et la naïveté barbare. Il y voit les chefs-d'œuvre d'une orfèvrerie enfantine et merveilleuse. C'est à l'imitation de ces joyaux anciens, qu'il a écrit quelques-unes de ses hagiographies. Ainsi, il nous racontera, avec une simplicité gracieuse, *la Légende des Saintes Oliverie et Liberette* et nous montrera l'existence austère par laquelle elles en vinrent à leur fin bienheureuse. Ou bien, il nous dira les actes de la vie de Ste Euphrosine d'Alexandrie, ou encore les supplices qu'endura Madame sainte Catherine pour passer de ce monde au bonheur céleste. Ces récits sont imprégnés d'une douce odeur de mysticisme et le ton y est en parfaite harmonie avec le sujet. On croirait presque lire des histoires extraites de la *Légende dorée*. Pourtant, par-ci par-là, le bout de l'oreille du sceptique perce dans ces nouvelles pieuses : il semble que l'auteur, en les composant, avait sur les lèvres un petit sourire ironique.

Au moyen âge il a encore emprunté cette jolie légende du pauvre jongleur qui devint moine et qui, pour honorer dignement la Mère de Dieu à laquelle, très ardemment, il avait voué la tendresse de son cœur, faisait devant l'autel de sa patronne, les tours qui lui avaient valu jadis le plus de louanges et jonglait, la tête en bas, les pieds en l'air, avec des conteaux et des boules de cuivre. La Vierge, descendant les degrés de l'autel, vint un jour essuyer, d'un pan de son manteau bleu, la sueur qui dégouttait du front de son jongleur.

Parmi les époques écoulées, une de celles qui l'attirent le plus, c'est le XVIIIe siècle. Les coquets souvenirs de ce temps-là l'enchantent. Les dames d'autrefois, qui étaient si aimables sous la poudre, qui portaient des robes à ramages et avaient des manières si distinguées, lui ont inspiré des pages charmantes. *L'Aube, Anecdote de Floréal, an II, le Petit soldat de plomb, Madame de Luzy*, sont pleins de choses douces et mélancoliques, avec, çà et là, une pointe de libertinage. Une de ses plus longues nouvelles : *Mémoires d'un volontaire*, est également une des plus intéressantes qu'il ait fait paraître. Comme nous l'apprend M. France, toutes les circonstances de ces *Mémoires* sont véritables et empruntées à différents écrits du siècle passé. Il ne s'y trouve pas un détail, si petit qu'il soit, qui n'ait pour point d'appui un témoignage authentique. C'est un curieux tableau des dernières années du règne de Louis XVI et du commencement de la période révolutionnaire.

Dans les contes qui se déroulent à notre époque, je signalerai *M. Pigeonneau*, un récit assez singulier, dont l'attrait subtil est fait d'un peu de mystère, et où le romancier nous relate un étrange cas d'hypnotisme. Une riche et belle américaine, miss Morgan, a comme médecin un homme bizarre, aux yeux verdâtres et magnétiseurs, qui produit des phénomènes hypnotiques à volonté, et dont la jeune fille utilise les facultés étonnantes pour faire faire des bêtises aux gens, comme si sa beauté n'y suffisait pas.

Dans une lecture qu'il fait à une séance publique des cinq académies et qui a pour sujet la toilette d'une dame égyptienne, dans le moyen empire, un vieux savant, suggestionné par ce docteur, introduit tout à coup une brillante improvisation, remplie de considérations philosophiques, où il parle avec poésie de la toilette des femmes à travers les âges. Puis, toujours hypnotisé par le fluide magnétique de ce médecin, et sur l'ordre que lui en a donné la folâtre américaine, il compose, lui l'érudit grave et austère, un conte comique, farci d'aventures baroques et de quiproquos désopilants, pour divertir la jeune miss Morgan qui s'amuse fort de toutes les folies dont elle est la malicieuse inspiratrice.

Je signalerai encore *l'Œuf rouge*. Un jeune homme un peu maniaque, à qui ses parents ont raconté qu'une de leurs poules, le jour où il est né, a pondu un œuf rouge, lit dans l'*Histoire Auguste* de Lampride que même chose advint à la naissance d'Alexandre Sévère : aussitôt il se croit destiné à escalader les marches d'un trône, et l'on est obligé de le conduire dans une maison de santé.

Deux nouvelles considérables : *la Bûche* et *la Fille de Clémentine*, réunies sous la même couverture avec ce titre commun : *Le Crime de Sylvestre Bonnard*, sont, elles aussi, des œuvres modernes, à l'action ténue et peu compliquée, et pour lesquelles ce maître ouvrier, qui a nom Anatole France, a tissé, comme des étoffes soyeuses, ses phrases les plus jolies et les plus délicates. Ce sont des ouvrages vraiment artistiques, et auxquels ne manquent pas de se plaire ceux qui aiment les belles histoires, pleines d'agrément et de finesse.

Le héros de ces deux nouvelles est un vieux savant dont l'auteur nous trace avec amour le curieux portrait. Expressif et vivant, ce personnage est une des plus heureuses créations de M. France. C'est un homme d'une science étendue, un véritable bénédictin que ses travaux ont conduit à l'Institut, et qui, sur la trame de sa vie, a brodé, comme il le dit lui-même, toutes sortes d'illustrations philologiques. Il se plaît à compulser des textes anciens. Son dos s'est arrondi parce que M. Bonnard s'est beaucoup penché sur les livres. Son nez, qui est grand, s'agite à la moindre émotion. Il vit avec une respectable gouvernante dont il a un peu peur : c'est un vieux garçon qui a bien les habitudes et les tics d'un célibataire. La science a développé en lui la faculté d'ironie ; il est narquois, mais avec bienveillance ; car la raillerie, chez lui, se tempère de bonté. Il vit dans le monde de ses réflexions, et l'on a quelque peine à l'en faire sortir. Aussi, lui arrive-t-il d'avoir dans la plupart des transactions sociales, de nombreuses distractions qui, avoue-t-il, se traduisent sur sa physionomie par une certaine expression de stupidité.

M. Bonnard s'exprime avec humour et sagesse; il aime à philosopher, et à propos de rien, il laisse couler de sa bouche, comme d'une urne trop pleine, les eaux de sapience. C'est un Nestor disert, qui a l'élocution harmonieuse et nourrie. Il dira à un pauvre marchand d'almanachs qui veut lui vendre la *Clef des Songes* : « Oui, mon ami, mais ces songes et mille autres encore, joyeux ou tragiques, se résument en un seul: le songe de la vie, et votre petit livre jaune me donnera-t-il la clef de celui-là ?»

Il tiendra à son chat d'agréables discours où flotte quelque chose de la grâce antique : « Hamilcar, lui dis-je en allongeant les jambes, Hamilcar, prince somnolent de la cité des livres, gardien nocturne ! Pareil au chat divin qui combattit les impies dans Héliopolis pendant la nuit du grand combat, tu défends contre de vils rongeurs les livres que le vieux savant acquit au prix d'un modique pécule et d'un zèle infatigable. Dans cette bibliothèque que protègent tes vertus militaires, Hamilcar, dors avec la mollesse d'une sultane. Car tu réunis en ta personne l'aspect formidable d'un guerrier tartare à la grâce appesantie d'une femme d'Orient. Héroïque et voluptueux Hamilcar, dors en attendant l'heure où les souris danseront, au clair de la lune, devant les *Acta sanctorum* des doctes Bollandistes. »

Dans le cœur de ce vieux savant, sont cachés des trésors ignorés de tendresse qu'il n'a pas eu l'occasion de dépenser. Il a même eu — il y a longtemps — son petit roman d'amour. Il a chéri une jeune fille qui jadis lui était apparue avec des joues bien fraîches et des yeux bien doux. Après un quart de siècle, des souvenirs gracieux et clairs remontent de temps en temps à la surface de son âme, et il revoit un minois ravissant, encadré de boucles blondes qui, la première fois qu'il les vit, sortaient d'une petite capote rose. Tous deux étaient jeunes : ils se sentirent attirés l'un vers l'autre. Puis vint la brusque rupture, provoquée par le père de sa bien aimée.

Cependant il n'a point de rancune contre elle, et quoiqu'elle n'ait rien fait pour raccommoder les choses, et qu'elle ait, peu après, accepté un autre époux, il a toujours souhaité qu'heureuse mère, heureuse aïeule, elle se rassasiât constamment, au bras de son mari, du bonheur qu'elle n'avait point voulu goûter auprès du jeune et pauvre savant qui l'aimait.

La puissance d'affection de Sylvestre Bonnard aurait peut-être fini par s'éteindre, faute d'aliment, si une heureuse rencontre ne l'avait soudainement rajeuni. Il retrouve un jour, par hasard, la fille de celle qui avait eu autrefois les élans passionnés de son cœur ; elle est toute gentille et toute belle, mais orpheline, pauvre, soumise à la tutelle d'un méchant homme qui l'a placée dans un méchant pensionnat où elle est fort maltraitée. Il s'intéresse à elle, et sa vie, qui lui semblait n'avoir plus d'utilité, reprend un sens et une raison d'être. Sans se douter de l'énormité de l'acte qu'il pose en toute innocence, et ne trouvant pas d'autre moyen, d'ailleurs, de la soustraire à l'existence pénible qui lui est faite, il enlève la jeune fille et la recueille chez lui. Cet acte charitable est bel et bien un rapt, un détournement de mineure, et le pauvre bonhomme, en agissant ainsi, s'est mis sous le coup de l'application du Code pénal. Mais tout s'arrange pour le mieux, et Sylvestre Bonnard, ayant doté l'aimable enfant, la marie à un jeune érudit, qui s'est vivement épris d'elle.

Le vieux savant se retire à la campagne où les nouveaux époux lui font de fréquentes visites. «Les voici, raconte-t-il, qui reviennent de la forêt en se donnant le bras... Ils sont tous deux brillants de jeunesse et ils se sourient doucement l'un à l'autre, ils sourient à la terre qui les porte, à l'air qui les baigne, à la lumière que chacun d'eux voit briller dans les yeux de l'autre. Je leur fais signe de ma fenêtre avec mon mouchoir et ils sourient à ma vieillesse».

Dans la *Bûche*, nous voyons Sylvestre Bonnard accomplissant un acte de charité qui reçoit sa récompense. Un jour de Noël, il a envoyé à une pauvre voisine qui est en couches, un bon bol de bouillon et une grosse crochetée de bois où se trouvait une maîtresse bûche, une vraie bûche de Noël.

Devenue princesse russe, la jeune femme envers qui il s'était montré charitable, lui offre, dans une bûche creuse et toute tapissée de violettes, un manuscrit rare qui le tourmentait d'envie et que ses faibles ressources ne lui avaient pas permis d'acquérir.

On trouve dans ces deux nouvelles, un épanouissement des qualités délicates de M. France. Ce vieux savant qui déroule, comme un ancien papyrus, le rouleau de ses souvenirs, et qui agrémente ses narrations de tant de réflexions piquantes sur les événements dont il est l'acteur ou le témoin, nous amuse et nous séduit par sa bonté, par sa philosophie, par la tournure de son esprit. On rencontre dans les pages qu'il écrit, l'ironie, la pitié, la tristesse aussi, car, même dans la vie calme d'un vieux savant, celle-ci s'insinue; elle plane, du reste, sur tout ce qui existe, et elle s'exhale, à certains moments, du cœur de chacun de nous, les hommes ayant en eux un fonds d'amertume et sachant qu'ils doivent mourir bientôt. Mais le sentiment qui domine dans ce livre, c'est l'ironie, une ironie d'un charme subtil, qui glisse, légère et alerte, à la surface des phrases, sans jamais appuyer sur rien ; une ironie qui se moque des êtres méchants et qui les dessine d'un trait railleur, avec une petite exagération caricaturale.

On pourrait détacher, du *Crime de Sylvestre Bonnard*, des pages entières d'une poésie pénétrante, des récits où une émotion douce circule, de beaux paysages siciliens, aux lignes harmonieuses et pures.

Mais il faut se borner modestement à ne donner, des choses qu'on juge, qu'une esquisse rapide, car sans cela, les études qu'on ferait prendraient des proportions énormes.

Le Livre de mon Ami se rapproche, par le genre d'inspiration, du *Crime de Sylvestre Bonnard*. Beaucoup de littérateurs, grands, célèbres ou d'une notoriété médiocre, se sont plu à nous conter leur enfance. Parmi eux, il en est qui l'ont fait revivre à nos yeux, un peu arrangée et embellie, disposée selon les règles de l'art, et transparaissant à travers les voiles d'une fiction; d'autres se sont contentés de nous livrer les premiers souvenirs de leur existence, sans en rien déguiser ou atténuer, et avec cette franchise relative que l'on a quand on parle de soi-même. Les deux manières ont du bon, et l'on ne sait trop laquelle mérite la palme. Pourtant, si chacune a été l'occasion de pages aimables, dont l'intérêt et l'agrément sont vifs, M. France croit que ces sortes de confessions sont plus touchantes quand la feinte n'y est point mêlée. Ce qu'on y associe de fictif et surtout de romanesque ne peut que les gâter, tandis que, présentées sous la forme de mémoires, elles ont plus de valeur et prennent l'autorité de témoignages.

Qu'a fait au juste M. France en parlant du matin de sa vie? Sous les noms d'emprunt du *Livre de mon Ami*, a-t-il dépeint des personnages réels, ou bien a-t-il semé de fables le récit de ses jeunes années ? M. France a résolu cette question lorsqu'il a écrit à un homme de lettres, en lui envoyant ce joli ouvrage : « Je vous confie que tout ce qui, dans ce volume, concerne le petit Nozière, forme un récit exact de mon enfance, sous cette réserve que mon père était non médecin, mais libraire sur le quai Voltaire, et que les choses domestiques étaient plus étroites et plus humbles chez nous qu'elles ne sont chez un petit médecin de quartier. Le caractère de mon père n'en est pas moins conservé dans celui du docteur Nozière. Mon père est devenu un homme instruit, presque savant à la fin de sa vie. »

C'est donc bien de M. France qu'il s'agit dans cette œuvre : aucun doute n'est possible. Il y dépeint fort agréablement ce qui se trouve toujours de bizarre et d'incohérent dans les visions du jeune âge ; il montre les jets de clartés brusques qui ont d'abord illuminé son intelligence, mais qui s'éteignaient bientôt et le replongeaient dans une inconscience absolue, tout comme de grands éclairs, qui déchirent la nuit, rendent ensuite l'obscurité plus profonde.

L'avez-vous, en effet, remarqué ? Lorsque nous cherchons dans notre mémoire, l'image de notre enfance, cette image s'offre à nous, vague, confuse, souriante, enveloppée de vapeurs. Cependant, tout n'est pas nuage et chaos. Il est des faits qui, dans nos premières années, nous ont frappés d'une étrange manière et dont nous ne cessons jamais de conserver la notion très précise. Nous ne savons pourquoi ils sont restés gravés si fortement dans notre cerveau, pourquoi nous les revoyons toujours avec une telle intensité, alors que bien d'autres — plus importants peut-être — n'ont laissé en nous aucune trace.

Tout enfant, M. France a eu plusieurs de ces incidents capitaux, qu'il se rappelle aujourd'hui encore avec une netteté parfaite, et qu'il a notés délicatement dans son livre. Les premières pages de celui-ci en sont pleines. Du fond de son passé, certains petits faits surgissent ; il leur sourit de loin, il sourit doucement à son enfance ;

il remue en lui tout un monde qui est enfoui pour jamais sous les cendres accumulées par la mort et par l'oubli, et il voit s'élever dans son âme « comme une poussière embaumée au milieu de laquelle passent des ombres chéries ». C'est son père et sa mère ; c'est « la dame en blanc » qui riait d'une façon si gentille ; ce sont des amis de ses parents, M. et Madame Robin; c'est Alphonse, l'enfant mal élevé qui courait les rues et que le petit Anatole France enviait ; c'est surtout sa marraine, la jolie Marcelle aux yeux d'or, « qui lui ouvrit, avec ses deux bras, le monde infini des rêves », et à qui il a consacré un délicieux chapitre.

Bien d'autres figures apparaissent dans son livre, et il nous les dessine telles qu'il les a vues de ses regards d'enfant. Mais s'il nous présente, avec un charme de vérité qui nous ravit, les hommes et les choses qui l'ont frappé autrefois, on sent bien, pourtant, que c'est un littérateur qui parle et qu'il n'a pu se refaire un cœur et une intelligence d'enfant pour nous les décrire. Il nous les peint d'un pinceau fin et ténu, mais la touche naïve lui manque ; c'est avec un sourire sur les lèvres et un peu d'ironie qu'il examine son petit *moi* de jadis, qu'il considère ce petit être transmué maintenant en une grande personne, cette petite âme frêle, si différente de celle d'aujourd'hui; et dont M. France s'amuse à ranimer la mémoire.

Le spectacle de son enfance est un aimable spectacle qu'il se donne à lui-même, un spectacle qui satisfait ses instincts de philosophe et de mandarin lettré; et ses impressions d'alors nous apparaissent réverbérées dans un esprit compliqué et subtil, qui les rend fidèlement, sans les déformer, mais qui les reflète, en général, avec les teintes qu'y jettent, malgré lui, ses méditations habituelles, les pensées qui le hantent au moment où il écrit, et ses nombreux ressouvenirs d'art, de science et de littérature.

IV

Dans les ouvrages que je viens d'analyser : *le Livre de mon Ami* et *le Crime de Sylvestre Bonnard*, on ne voit pas poindre l'âme de M. France, telle qu'elle se montra dans ces dernières années. Ils se rapportent à une époque de sa vie qui est différente, à beaucoup d'égards, de celle qui suivit, quoique toutes deux se ressemblent par la puissance du rêve, la subtilité de l'ironie et le besoin de philosopher sur toutes choses.

Par certains côtés, M. France, actuellement, est bien resté le même homme qu'autrefois, mais la hardiesse de sa pensée s'est accentuée singulièrement ; le feu d'impiété qui s'était allumé dans son cœur au début de sa vie littéraire, mais qui, depuis lors, s'était assoupi pour quelque temps, a repris de la force et jette de nouvelles flammes ; et cette sensualité tourmentée qui était en germe dans *les Désirs de Jean Servien*, et dont on ne retrouvait plus trace dans *le Crime de Sylvestre Bonnard* ou dans *le Livre de mon Ami*, s'est épanouie tout à coup en fleurs vénéneuses, d'un charme malsain et d'un parfum troublant.

Il s'est fait en lui, à coup sûr, une fort vilaine métamorphose. Pourquoi n'a-t-il pas gardé cette réserve qui, durant une période trop courte de son existence, lui faisait retrancher de ses livres tout ce qui pouvait offenser les yeux chastes ? Je me doute bien que son imagination n'a jamais été très candide, mais au moins, pendant ces quelques années de sagesse, elle ne se colorait point de sensualisme et ne ressentait pas ces troubles charnels, n'avait pas ces tendances lascives, dont plus tard elle fut tout agitée. Qu'est-ce qui a fini par donner aux phrases de M. France leur long frisson de volupté ? Il s'est produit en son âme d'obscurs travaux dont nous ne connaissons guère que les résultats. Pourquoi y a-t-il tout un abîme, au point de vue religieux, entre *le Crime de Sylvestre Bonnard*, par exemple, et *Thaïs* ou *le Lys rouge* ? Ces derniers volumes ne sont pas seulement immoraux : ils ont encore un âcre relent d'impiété. Que s'est-il donc passé dans le cœur et dans l'esprit de cet écrivain ? Nous ne nous chargeons pas de le dire, car nous l'ignorons, et c'est probablement le secret de sa conscience.

Thaïs ouvre la série de ces ouvrages dangereux. C'est là un sujet qui, à considérer les choses sous le seul rapport littéraire, était adapté, on ne peut mieux, au genre de talent de M. France et devait lui permettre de déployer, d'une façon habile et souple, ses facultés de penseur et ses dons d'artiste.

Alexandrie, la captivante et merveilleuse capitale des Ptolémées, une des villes antiques où son esprit se reporte avec le plus de prédilection, est dépeinte par lui dans tous ses enchantements; il nous fait voir les magnifiques portiques de ses temples, ses riches demeures qui semblent assoupies parmi les parfums, et qui forment de belles retraites, où se dressent des statues d'airain, où des jets d'eau, surgissant du feuillage, mettent dans l'air une fraîcheur délicieuse. Ville de plaisir et de fêtes, éprise de philosophie et de débauche, de religion et de scepticisme; cité polie et spirituelle, ayant des curiosités d'art, du goût pour les lettres, des avidités de jouissances nouvelles et d'impressions non encore éprouvées, et aussi des inquiétudes d'incrédules qui, ne sachant plus que croire, sont prêts pour toutes les superstitions.

La société cultivée qui l'habitait était bien une société de blasés, saturée d'expérience, et qui avait trop lu, qui s'était approprié la substance de trop de livres. Cette société bariolée et d'un affinement trop délicat, s'amusait de jolies babioles, prenait feu pour toutes espèces de bagatelles, s'occupait de grammaire, aimait l'histoire, se remplissait la tête de belles images mythologiques, sans accorder du reste, aux dieux antiques, une créance et une foi dont elle n'était point capable. Les occultistes et les sorciers attiraient sa curiosité ; elle se pressait aux jeux du théâtre, où des baladins, des chanteurs, des mimes, des danseuses, des athlètes, tâchaient de procurer à ce public difficile et peu amusable, des sensations inconnues, des émotions tragiques ou des sentiments de volupté. C'était bien une cité de décadence, et dans laquelle se coudoyaient la morale la plus pure et le plus affreux des libertinages, des gens sages et rangés comme de jeunes et vieux fous, des courtisanes célèbres par leurs scandales, aussi bien que des saints d'un mérite admirable. Car cette ville, par son excès de civilisation, par ses mœurs, par l'amalgame étrange de ses défauts et de ses qualités, était favorable à l'éclosion de toutes les vertus et à l'étalage éhonté de tous les vices.

Dans *Thaïs*, M. France s'est représenté lui-même, semble-t-il, sous les traits de Nicias, cet Alexandrin qui occupe une maison assez petite, mais de nobles proportions, soutenue par des colonnes gracieuses comme des jeunes filles, et ornée des bustes en bronze des plus illustres philosophes de la Grèce; Nicias, le lascif épicurien qui se plaît en la compagnie des belles esclaves et des brillantes courtisanes ; le lettré et le penseur qui fait des lectures très variées, qui a une riche bibliothèque dans laquelle il passe de longues heures, et qui considère les systèmes conçus par les sages et les métaphysiciens comme des contes imaginés pour amuser l'éternelle enfance des hommes. Il aime les livres, quoiqu'ils lui paraissent « des rêves de malades » ; il est grand admirateurs des arts, car il a des goûts élevés ; il apprécie toutes les religions, mais il n'en admet ni n'en pratique aucune.

En ce livre, le personnage que M. France poursuit de sa haine, c'est Paphnuce, abbé d'Antionoé. Paphnuce est un de ces nombreux anachorètes qui, autrefois, ont peuplé le désert, priant, chantant des psaumes, gardant la continence, méprisant les biens de ce monde et remplissant les solitudes de l'odeur de leurs vertus.

L'auteur l'exècre véritablement et le crible des flèches de son ironie, parce que cet ermite veut résister aux troubles de son cœur qui est attiré vers la matière et les images charnelles ; parce qu'il ne prête pas l'oreille à la voix des passions qui lui prêchent les jouissances coupables ; parce qu'il ferme les yeux et rabat son capuchon sur son visage pour ne pas apercevoir les belles formes de la vie et tout ce qu'il y a d'attrayant et de gracieux sous le soleil.

Les aspirations païennes de M. France se révoltent contre le genre de vie adopté par ce solitaire qui se baigne dans les eaux de la tristesse et de la pénitence, où le Christ l'invite à se plonger, et qui refuse de savourer les joies terrestres dont la coupe riante lui est présentée par la main des dieux.

Mener une telle existence est, pour cet écrivain, le comble de l'imbécilité et de la folie ; c'est se rendre plus semblable à une bête qu'à un homme. Aussi, fait-il à la fin, de son moine, une sorte de vampire hideux devant qui l'on fuit d'épouvante, et qui se damne en s'emplissant du plus funeste orgueil.

M. France éprouve donc une horreur instinctive pour tous les Paphnuces, tandis que son esprit charmé se porte naturellement vers ceux qui jouissent des plaisirs d'ici-bas, qui pensent librement sur toutes choses et ne sont pas toujours occupés à confondre et à châtier leur chair. Une seule fois, dans *Thaïs*, il a l'air de ressentir quelque admiration pour les chrétiens qui " conservent jusqu'à l'évanouissement final les trésors de la foi, de la haine et de l'amour ". Mais ce n'a que la durée fugace d'un éclair, et pour connaître le vrai fond de sa pensée, on n'a qu'à lire les entretiens de certains riches habitants d'Alexandrie, réunis à la table de la courtisane Thaïs, car on y voit percer, par tous les côtés, le mépris du Christ ; on n'a surtout qu'à prendre les pages où M. France nous décrit une vision de son anachorète :

« Et Paphnuce, se penchant sur le bord de l'abîme, vit un fleuve de feu qui roulait dans l'intérieur de la terre, entre un double escarpement de roches noires. Là, dans une lumière livide, des démons tourmentaient des âmes. Les âmes gardaient l'apparence des corps qui les avaient contenues, et même des lambeaux de vêtements y restaient attachés. Ces âmes semblaient paisibles au milieu des tourments. L'une d'elles, grande, blanche, les yeux clos, une bandelette au front, un sceptre à la main, chantait ; sa voix remplissait d'harmonie le stérile rivage ; elle disait les dieux et les héros. Des petits diables verts lui perçaient les lèvres et la gorge avec des fers rouges. Et l'ombre d'Homère chantait encore.

Non loin, le vieil Anaxagore, chauve et chenu, traçait au compas des figures sur la poussière. Un démon lui versait de l'huile bouillante dans l'oreille sans pouvoir interrompre les méditations du sage. Et le moine découvrit une foule de personnes qui, sur la sombre rive, le long du fleuve ardent, lisaient ou méditaient avec tranquillité, ou raisonnaient en se promenant, comme des maîtres et des disciples à l'ombre des platanes de l'Académie. »

Voilà qui est clair : le « Dieu juif » a remporté le triomphe sur les divinités mythologiques ; mais, dans l'enfer ouvert par la religion catholique, et dans lequel ils sont précipités, les sages des temps antiques continuent à être séduits par les douces illusions qui les captivaient sur la terre ; ils conservent toute leur dignité et tous leurs beaux songes; ils les poursuivent toujours ; et c'est en vain que les démons s'acharnent sur leurs âmes : elles ne voient pas la justice divine qui les frappe ; elles ne sentent pas les tourments qui leur sont infligés, et Dieu même ne peut les contraindre à souffrir.

Dans sa superbe de penseur et de sceptique, M. France a donc entrepris la condamnation du christianisme. Il nous montre à nu son âme d'impie. Il veut que nous demeurions dans l'incertitude et que nous ayons une bienveillante sagesse: « Si ce petit roman de *Thaïs*, dit-il, avait du moins cette vertu de porter parfois mes semblables à douter un peu d'eux-mêmes, de leurs opinions et de leur génie, je croirais qu'il est assez bon et bienfaisant. J'ai rassemblé les contradictions. J'ai fait voir des antinomies. J'ai conseillé le doute. »

Il croit avoir fait là une œuvre très louable. Il s'en glorifie dans son cœur. Selon lui, rien n'est meilleur que le doute philosophique. Et il espère que l'humanité s'y résignera, quand elle parviendra à l'âge adulte : « Le doute philosophique produit dans les âmes la tolérance, l'indulgence, la sainte pitié, toutes les vertus douces. Ce sont les seules aimables. Les autres ne valent pas ce qu'elles coûtent. »

Je ne veux pas prendre la défense du grand Crucifié contre les diatribes de M. France. La doctrine qui a découlé des lèvres du Christ est d'une pureté sublime, et depuis qu'il n'y a des hommes, rien de pareil n'a jamais été prêché. Et ce serait faire trop d'honneur à cet écrivain que de réfuter longuement ses sophismes et ses blasphèmes.

En résumé, cette histoire d'une courtisane qu'un cénobite convertit, et qui se retire dans le désert pour y pleurer ses fautes et conquérir le Ciel, est un pamphlet amer et lascif contre la religion catholique. La sensualité court, ruisseau impur, entre les lignes du volume ; et Thaïs, la lune du ciel alexandrin, comme M. France l'appelle, n'évoque dans nos esprits que des images voluptueuses. Ce livre, qui a un cachet antique et qui ressemble un peu à ces tableaux qu'on peignait à la cire dans l'atelier de certains artistes païens, ou à ces vases polychromés et chargés de figures comme on en faisait autrefois, est une des œuvres les plus condamnables de cet auteur.

On peut porter le même jugement sur *la Rôtisserie de la reine Pédauque.* Ce que M. France nous raconte longuement dans cet ouvrage plantureux et singulier, c'est la vie et les discours de M. l'abbé Jérôme Coignard, professeur d'éloquence au collège de Beauvais, bibliothécaire de l'évêque de Séez, enfin secrétaire aux gages d'un cabbaliste gascon, M. d'Astarac, qui l'emploie à traduire une œuvre de Zozime le Panopolitain. Etrange personnage sur le portrait duquel l'auteur s'étend avec beaucoup de complaisance.

Il le flatte en disant que c'est le plus gentil esprit qui ait jamais fleuri sur la terre. En réalité, il est un prêtre voleur, débauché, tout plein de vices, trichant au jeu sans vergogne, aimant trop les vins généreux, et tenant, dans ses entretiens familiers avec son disciple, Jacques Tournebroche, des propos d'une hardiesse impie et d'un pyrrhonisme très accusé.

Sous prétexte que les préjugés se défont et se reforment sans cesse, avec l'éternelle mobilité des nuées, il bat en brèche les institutions les plus augustes et les plus respectables, émet des sophismes sur une masse de sujets, et, voulant avoir des vues originales sur la nature et sur la société, en exprime surtout de cyniques et de contradictoires. Convaincu que nous sommes tous, d'instinct, de très méchants animaux, il méprise les hommes d'une façon générale, et ne s'excepte pas du souverain mépris que lui inspirent ses semblables. Ce en quoi il a parfaitement raison, car, ainsi qu'il l'avoue lui-même, le livre de sa vie contient certaines pages qui ne sont point, par malheur, aussi nettes et immaculées qu'il conviendrait. M. France estime pourtant, en jugeant son abbé, que celui-ci vécut libre et affranchi des communes erreurs ; il eût été plus exact d'écrire qu'il vécut en véritable libertin : son existence fut fort dévergondée; il préféra la mauvaise compagnie à la bonne, et souilla sa robe de prêtre dans toutes sortes d'aventures malpropres.

Dans un décor Louis XV, M. France nous présente des aventures égrillardes et des considérations irréligieuses. Il nous introduit dans un monde hétéroclite, composé de prêtres et de philosophes voltairiens, de bourgeois et de cabbalistes, de viveurs et de financiers, d'honnêtes femmes et de filles. Et Jérôme Coignard, ce type d'abbé bohème et immoral, dont la physionomie apparaît, vigoureusement dessinée, à l'avant-plan de cette toile fantaisiste, est une création malsaine et polissonne.

Ce livre est un de ceux où M. France déploie le plus d'originalité. Pour raconter les aventures de l'abbé Coignard, il a un genre d'humour qui est fort plaisant. Les discours qu'il lui fait tenir — abstraction faite de leur scepticisme impie — sont savoureux et tout gonflés de substance philosophique.

A côté de Coignard, il nous offre diverses figures qui sont des mieux croquées, du trait le plus pittoresque et le plus léger. C'est donc un roman remarquable que sa *Rôtisserie*, et les vingt-cinq chapitres qu'elle renferme sont presque tous ou rares ou curieux, d'une intrigue simple et agréable, et se distinguent par beaucoup d'art et de style. Ses phrases sont d'une harmonie très douce, et les idées s'y fixent en jolies nuances plutôt qu'en tons vifs et crus. On y voit bien, par-ci par-là, des traces d'artifice et une naïveté un peu apprêtée. Parfois aussi, on trouverait à redire à l'exactitude du cadre où M. France place ses personnages, et son XVIII⁰ siècle n'est pas toujours dépeint avec une précision entière de détails. Mais le plus grave défaut de ce volume, à mon avis, c'est que l'auteur nous y fournit, par la voix de M. d'Astarac, des détails trop nombreux, trop diffus, sur la magie et sur les sciences occultes, ce qui jette un peu d'ennui sur certains passages. Cependant, et bien que ces critiques soient très fondées, ce livre passe, à juste titre, pour un des chefs-d'œuvre de M. France.

Les Opinions de M. Jérôme Coignard ne valent pas *la Rôtisserie* dont elles forment le complément ; car, pas plus que Corneille pour la suite du *Menteur*, M. France n'a réussi à frapper, avec autant de relief que la première fois, la médaille de son héros. Ce n'est plus le récit suivi des actions de son abbé qu'il nous donne : c'est tout simplement plusieurs de ses discours et entretiens qui n'avaient pas trouvé place dans l'autre volume.

Quoique Jérôme Coignard soit parfois plaisant et spirituel dans ses longs devis, et qu'il parle le plus souvent avec une élégance imagée, il est, certainement, trop loquace en ses discours, trop inépuisable en ses multiples dissertations. M. France a beau louer son héros d'avoir le verbe si abondant et comparer son âme toujours épanchée et ruisselante, à l'urne de ces fleuves qu'on voit représentés en marbre dans les jardins. Cet abbé est agaçant, finit même par ennuyer, et ressemble — en laid, car c'est une étrange sagesse qui déborde de sa bouche — à ce Mentor disert que l'ingénieux Fénelon a placé auprès de son Télémaque. La comparaison peut d'autant mieux se faire, que l'abbé Coignard a, tout comme Mentor, un jeune disciple, Jacques Tournebroche, qu'il nourrit du suc de sa doctrine.

Dans *les Opinions de M. Jérôme Coignard*, M. France nous sert, avec moins de grâce et de verve que dans *la Rôtisserie*, les mêmes propos railleurs et sceptiques. Il s'applique de plus en plus, à s'exprimer librement, en sceptique railleur et désabusé, sur diverses matières de politique et de morale, foulant aux pieds les croyances les plus saintes et suivant à la trace Epicure, Pyrrhon, Rabelais et Voltaire. Le plat qu'il nous offre est pimenté ; assurément, il ne manque pas d'épices, mais nul ne contestera qu'il est un peu maigre.

Tout comme les derniers romans de M. France, ses nouvelles et ses contes les plus récents nous montrent un homme qui se livre à tous les caprices d'un esprit sceptique et à toutes les fantaisies d'une imagination dévergondée. Il ricane plus qu'il ne sourit ; il accentue son impiété d'irrévérence railleuse, et s'attachant volontiers aux sujets scabreux, il se plaît à dire avec une grâce perverse ce qu'il ne faut pas dire.

Comme exemple de conte irréligieux, je citerai le *Procurateur de Judée*, où Ponce-Pilate est représenté sous les couleurs les plus fausses. Suivant le récit de M. France, cet ancien gouverneur des Juifs, après sa lâche et indigne conduite envers le Christ, aurait vécu heureux et tranquille, n'ayant aucune espèce de remords et ne se rappelant même point qu'il a condamné Dieu au supplice de la croix.

Un de ses amis, qui s'est trouvé en Judée au temps où ce fonctionnaire y habitait, le rencontre un jour sur une petite plage italienne et cause avec lui des souvenirs que lui a laissés la Palestine.

Entre autres choses, il lui parle d'une Juive de Jérusalem qui dans un bouge, dansait en élevant ses bras pour choquer ses cymbales, et qui avait grand succès parmi le petit peuple, à cause de la beauté de son visage et de la grâce souple de ses danses barbares. « Je la suivais partout, dit-il. Je me mêlais au monde vil de soldats, de bateleurs et de publicains dont elle était entourée. Elle disparut un jour, et je ne la revis plus... J'appris, par hasard, qu'elle s'était jointe à une petite troupe d'hommes et de femmes qui suivaient un jeune thaumaturge galiléen. Il se nommait Jésus ; il était de Nazareth, et il fut mis en croix pour je ne sais quel crime. Pontius, te souvient-il de cet homme ?

» Pontius Pilatus fronça les sourcils et porta la main à son front comme quelqu'un qui cherche dans sa mémoire. Puis, après quelques instants de silence :

» — Jésus ! murmura-t-il, Jésus, de Nazareth ? Je ne me rappelle pas. »

Comme exemple de conte libertin, je citerai deux nouvelles : *la Dame de Vérone* et *l'Histoire de Dona Maria d'Avalos*. Là l'auteur se plaît à nous découvrir le fond fangeux de notre être et à nous dépeindre des impudicités. Je pourrais signaler encore bien d'autres récits. Contentons-nous d'en analyser un seul. Il est très caractéristique. C'est un des contes où l'auteur a mis le plus de sincérité dans le cynisme, et où il exprime des doctrines lubriques, avec une clarté qui ne fait point de doutes. Il est intitulé : *La Leçon bien apprise*.

Au temps du roi Louis XI, vivait à Paris une

bourgeoise nommée Violante, qui était belle et bien faite pour plaire. Mariée, toute jeune, à un avocat du parlement, homme absorbé dans les affaires et âpre au gain, elle ne trouvait guère de plaisir dans sa maison. Son mari la négligeait fort et préférait à sa moitié ses sacs de procès. Elle avait un confesseur qui la réprimandait souvent au sujet de ses toilettes et de ses coquetteries.

Or, ce confesseur, le frère Jean Turelure, fut appelé à Venise pour y prêcher des Turcs nouvellement convertis. Madame Violante lui dit : « Beau petit frère, puisque vous allez à Venise où il y a d'habiles miroitiers, je vous serais fort obligée de m'en rapporter un miroir, le plus clair qu'il se pourra rencontrer. » Frère Jean promit de la satisfaire : il lui rapporta une tête de mort : « C'est là, Madame, votre miroir, lui dit-il. Car cette tête m'a été donnée pour celle de la plus jolie femme de Venise. Elle fut ce que vous êtes, et vous lui ressemblerez bientôt ». Et il l'exhorta à régler désormais sa conduite sur l'idée que cette tête décharnée devait lui inspirer. Elle lui assura qu'elle le ferait.

Mais bien loin d'en tirer des pensées de sagesse, elle en recueillit des aspirations de volupté. Elle fit réflexion qu'elle était pressée par le temps et qu'elle avait eu tort de ne pas jouir davantage de sa jeunesse et de sa beauté. « Mais le bon frère

Jean Turelure m'a donné une leçon profitable. Il m'a enseigné le prix des heures. Tantôt, me montrant une tête de mort, il m'a dit : « Telle vous serez bientôt. » J'en ai conçu l'idée qu'il faut se hâter de faire l'amour et bien remplir le petit espace de temps qui nous est réservé pour cela. »

Cette morale de Madame Violante est bien celle que M. France, actuellement, prêche le plus volontiers. C'est le persifleur aimable et perfide de la vertu. Il pousse au vice par de subtiles et sensuelles analyses de l'amour. Il ne fait pas, des passions criminelles, une peinture violente et grossière. Ah! fi ! ce ne serait digne ni de lui ni de son talent. Non, c'est d'une touche légère et délicate qu'il en fait le tableau ; c'est avec des couleurs chatoyantes et distinguées qu'il nous en offre la vision doucement excitante.

Dans certaines de ses œuvres où il étale, avec tant de coquetterie, les séductions de son style élégant, il ressemble à ce charmant Eros que l'on voit dans un musée et qui porte à la main un pot de fard, destiné sans doute aux belles. Ce pot de fard est un symbole; par lui, Eros dit aux femmes : « Usez de tous les artifices qui peuvent rehausser vos grâces et livrez-vous aux joies enivrantes de l'amour. M. France fait de même : lui aussi, il offre aux femmes les philtres de la passion et les onguents de la beauté ; il les excite à être belles, à séduire et à se laisser aimer. Il leur montre le vice dans un bleu de roman ; il le recouvre d'une légère et jolie couche de romanesque, d'un vernis transparent et fin qu'il étend sur la réalité crue et malsaine. Il exalte la beauté des maladies de l'âme, de ces passions qu'il prétend « plus chères mille fois et plus précieuses que la santé ». Et il fait voir sous un jour faux et inattendu, le rôle que la femme joue dans le monde depuis l'avènement du christianisme.

Ce dernier, à son sens, « a beaucoup fait pour l'amour en en faisant un péché ». C'est lui qui, en montrant la crainte qu'elle doit nous inspirer, a rendu la femme puissante et redoutable. Mais «l'orgueil de celle-ci s'accommode des précautions que l'Eglise prend contre elle... Elle est ravie d'être plus dangereuse qu'elle ne l'eût soupçonné ». « Pour faire de vous, mes sœurs, s'écrie M. France, la terrible merveille que vous êtes aujourd'hui, pour devenir la cause indifférente et souveraine des sacrifices et des crimes, il vous a fallu deux choses : la civilisation qui vous donna des voiles et la religion qui vous donna des scrupules. Depuis lors, c'est parfait : vous êtes un secret et vous êtes un péché ».

M. France ne craint pas de relever les coupables amours par une saveur de sacrilège. Il s'entend à mêler les choses sacrées à celles de la débauche, et il a l'air, bien souvent, de servir le vin de l'orgie dans les vases et les calices de l'autel. Cette profanation des objets les plus saints lui est maintenant familière : elle apparaît surtout dans *Thaïs*; elle est assez fréquente dans *le Lys rouge*.

Dans ce roman, un couple adultère visite beaucoup d'églises, et c'est à Florence, dans les plus beaux monuments élevés à la foi chrétienne, parmi les parfums de l'encens, les odeurs de la cire, des visions de chefs-d'œuvre religieux, de doux tintements d'*angelus*, qu'il se plaît à promener ses amours coupables. A certains passages du *Lys rouge*, on dirait que la prose colorée de M. France a comme un reflet de vitrail; et, autour de l'intrigue lascive, s'enroulent bien souvent des phrases aux formes pieuses, pareilles à des étoles ou à des chasubles délicatement ouvragées.

Ce couple recherche aussi les vieux monastères de Florence. ceux qui sont embaumés de suaves souvenirs ; il aime à errer dans les cloîtres où semble planer, exquise et blanche, l'immortelle figure de fra Angelico; il choisit, pour se donner des marques furtives de tendresse, la cellule où saint Antonin mena sa vie austère. Ces deux amants, dont le cœur est dévot aux églises et ami des anciennes maisons monastiques, trouvent dans les temples et les couvents, de belles retraites où ils se cachent avec délices, et où ils encadrent leurs criminelles amours de toutes les beautés mystiques que l'art religieux a pu enfanter dans cette ville merveilleuse.

Et non seulement les personnages du *Lys Rouge* chérissent les vieilles pierres qui abritent Dieu ou d'humbles moines, mais encore ils ont du goût pour toutes les choses sacrées, pour les exercices du culte et les admirables liturgies. L'Evangile leur est très connu. Leurs lèvres murmurent parfois de vagues prières. La nuit, ils sont hantés de songes édifiants où défilent des vierges et des martyrs. Ils s'aiment devant de saintes images, en présence d'une Madone peinte qui, « dans un ciel pâle, reçoit de Dieu le père la couronne immortelle ». En face de ces objets de sainteté, qui portent le cachet de la foi catholique, ils goûtent en paix tous les charmes de l'amour, toutes les douces et folles sensations qu'il procure. Ils ne redoutent jamais l'aiguillon du remords, car ils s'imaginent — M. France le leur a persuadé — que c'est un vain préjugé d'avoir peur des châtiments dont l'Eglise menace les impudiques.

Singulier ouvrage que celui-là, et dont l'action est brutalement immorale. C'est l'histoire d'une femme mariée, qui n'écoute que ses passions, qui recherche les troubles des sens et les plaisirs de la luxure. Après avoir eu un premier amant, elle en prend un second. Mais l'abandonné se sent pris d'une farouche colère : il vient trouver cette femme et a des explications orageuses avec elle. Des scènes terribles se passent entre eux. L'autre amant a des soupçons qui bientôt se changent en certitude. Dès lors, celle qu'il aime lui devient un objet de haine ; il la repousse et la délaisse. Elle veut reprendre son empire sur lui : il résiste à toutes ses séductions Et ils se quittent définitivement, lui, plein de fureur ; elle, en proie au plus sombre désespoir.

Toute l'intrigue peut se résumer en ces quelques phrases. C'est là un drame d'une grande simplicité, et, par moments, d'une violence extrême. Ces déchaînements de passions adultères ont lieu dans le plus grand monde, dans la classe la plus riche et la plus affinée ; et cette femme qui se livre sans aucune décence à tous les désirs charnels de son cœur et à toutes les fantaisies mauvaises de ses sentiments, c'est une comtesse, Madame Martin-Bellène, épouse et fille de ministres. De ses deux amants, l'un est un sportsman distingué, Robert le Ménil ; l'autre, un sculpteur très fortuné et qui a un talent inquiet et chercheur, Jacques Dechartre.

Et, près des personnages principaux, vivent des personnages secondaires qui appartiennent également à la meilleure société et qui se rencontrent avec eux dans les mêmes salons. Il y a des ministres, des députés, des hommes politiques, des membres de l'Institut, des littérateurs célèbres, des femmes brillantes et courtisées. Ils évoluent dans un joli décor de luxe et parmi les riens exquis de l'élégance. La plupart ont pour loi et pour règle le plaisir. Sous leurs aspects charmants ou décoratifs, ils s'attachent surtout à satisfaire leurs instincts : ils ont des mœurs très relâchées. Bien que le monde leur impose une certaine contrainte, ils ne retranchent rien sur la liberté de leur cœur et de leurs sens. Ils n'ont qu'un but : c'est que les apparences soient sauvées. Moyennant quoi, ils lâchent la bride à leurs passions les plus viles. Car, quel que soit le niveau social, l'homme ne change guère, et il est dans son fond « une assez méchante bête ».

Ce roman, où il y a un mélange de sensuel et d'idéal, de religieux et de lubrique, et dont le titre rappelle la fleur au calice empourpré, qui était l'emblème de la République de Florence, m'apparaît comme le rêve pervers d'un délicat et voluptueux artiste, et il peut exercer bien des ravages dans les âmes des femmes et des jeunes filles. L'amour y est dépeint avec les grâces, les souriants attraits et les enchantements que lui donnent, à bien des yeux, la beauté et la jeunesse des êtres qui s'y livrent; et son héroïne est une séduisante créature, ayant un corps de nymphe, des exaltations de chrétienne et une morale d'hétaïre. On ne peut être plus pieusement impudique que ne l'est M. France en certains endroits du *Lys rouge*.

Au point de vue de l'art, ce volume n'est pas un livre parfait. Il y aurait beaucoup d'objections à faire sur la marche du roman et sur le caractère de quelques personnages. Les épisodes qui se drapent autour de l'intrigue sont parfois trop étoffés et trop importants. Ils voilent un peu trop, en plusieurs passages, l'aventure de la comtesse et de Jacques Dechartre. Enfin certains chapitres, tout agréables qu'ils soient, sont de véritables hors d'œuvre. Mais la forme, dans *le Lys rouge*, est très curieuse ; M. France y parle une langue colorée et musicale ; il n'emploie que de beaux mots et les enchaîne avec une souplesse caressante. En général, le style de ce volume est un tissu abondant d'images, un flot continu de belles mélodies.

L'Orme du Mail a un tout autre caractère que le *Lys rouge*; ce n'est plus un de ces récits où se déroule le long fil d'une intrigue amoureuse : c'est un roman politique et social.

Histoire contemporaine, ce sous-titre qui est inscrit en tête du livre, est bien l'étiquette qui lui convient. L'auteur nous y donne le résultat d'une expérience lentement recueillie, en observant les hommes et les choses de notre fin de siècle.

Il ne s'amuse plus à composer des narrations archaïques qui semblent extraites d'un décaméron ou d'une légende dorée : il n'est plus l'imagier de talent qui rehaussait d'or, d'azur et de carmin des histoires des siècles passés ou quelque conte lascif d'à présent.

C'est de l'actualité qu'il nous offre, et il a choisi, pour nous la décrire, l'actualité la plus proche et la plus vivante. Il n'y a pas de caprices romanesques dans cet ouvrage : l'amour n'y joue aucun rôle. Rien que des peintures — parfois très franches, parfois un peu caricaturales — de la société française telle qu'elle est maintenant constituée. Et il ne l'a pas flattée du tout. Ce tableau du monde particulier qui s'agite dans une petite ville de province est, en quelques parties, d'une ressemblance qui frappe.

M. France en sait long, à coup sûr, sur les hommes politiques qu'on envoie de Paris pour administrer les départements. Son préfet, M. Worms-Clavelin, est impayable. C'est un type nettement campé, modelé avec énergie, et qui personnifie pas mal de fonctionnaires de nos jours. Il a commencé par fréquenter les brasseries de Montmartre où il a, tout en buvant des bocks, écouté des « chimistes politiciens » qui l'ont rendu positiviste. Israélite de naissance, il a épousé une coreligionnaire, Noémi Coblentz, qui a « du tact », et qui l'a « lestement poussé dans l'administration ». Le voilà préfet. Pour bien administrer les masses, il fait de la franc-maçonnerie un rouage du pouvoir civil.

C'est en elle que, par ses soins, toute la vie politique du département est rassemblée et contenue. Les loges maçonniques deviennent, sous sa direction, des espèces de bureaux qui s'occupent de désigner « les candidats aux emplois publics, aux fonctions électives et aux faveurs gouvernementales ». Grâce à ces loges, il a pu recruter « un personnel de sénateurs, de députés, de conseillers municipaux et d'agents-voyers également dévoués au régime ».

Il travaille l'esprit des populations, et il l'a tellement affermi dans ses convictions républicaines, « que les deux députés qui, compromis dans plusieurs affaires financières, se trouvent sous le coup de poursuites judiciaires, ont néanmoins gardé toute leur influence dans leurs arrondissements ». Il s'entend à ne pas tomber avec les ministères. « Sa politique administrative est toute fondée sur cette considération que les ministres passent. Il s'étudie à ne jamais servir un ministre de l'Intérieur avec un zèle ardent. Il se défend de plaire excessivement à aucun, et évite toutes les occasions de trop bien faire. Cette modération, gardée pendant la durée d'un ministère, lui assure la sympathie du suivant. »

C'est ainsi qu'en administrant peu, en correspondant brièvement avec son chef d'un jour, en ménageant surtout les bureaux, il parvient à se maintenir en place. Intègre, il l'est presque, «hors les irrégularités devenues régulières par l'effet d'une mauvaise administration commune à toute la République ». Devant les ecclésiastiques avec qui il lui arrive de causer, il sait, à l'occasion, louer la morale du Christ, mais, comme Voltaire, il se moque des miracles. Dans quelques châteaux de riches «réactionnaires», on le reçoit de temps en temps ; il y assiste à de grands dîners, où il montre tout ensemble et l'importance du fonctionnaire et la familiarité du joyeux convive ; il y prend part aussi à des chasses, et, « quand, avec des airs incongrus et une allure d'écornifleur, il n'a envoyé ni grains de plomb, ni impertinences à la figure des gens, on le trouve adroit, et l'on dit qu'au fond il a du tact ».

Et voilà sous quels aspects peu flatteurs M. France nous présente un préfet de la troisième République. Ce portrait est d'une vérité ! cette satire est d'une force ! cette peinture est d'une maîtrise ! On ne peut que reconnaître en M. Worms-Clavelin beaucoup de préfets d'aujourd'hui, exactement comme ils sont, et décrits avec un sans-gêne très curieux.

Que de personnages non moins réussis M. France nous montre dans sa galerie de fonctionnaires ! S'il ne s'étend pas sur eux avec autant de complaisance, il en fait du moins des croquis vigoureux et fort réjouissants.

C'est le président Peloux, un juge peu honorable, dont le passé est assez malpropre, mais qui se réhabilite et se fait appelé un courageux magistrat parce qu'il montre de l'énergie et de la sévérité lorsqu'il s'agit de condamner des anarchistes ; c'est le premier président Cassignol qui, dans la longue carrière qu'il a fournie, « n'a jamais eu connaissance d'une erreur judiciaire » ; c'est le sénateur Laprat-Teulet qui, gravement compromis dans des affaires louches, bénéficie d'une ordonnance de non-lieu. Et combien d'autres seraient à signaler !

Il est regrettable qu'à côté de ces types si réels, aux traits bien accentués et sincèrement rendus, M. France ait placé quelques caricatures de prêtres, quelques physionomies sacerdotales qu'il fait grimacer méchamment. Ici encore sa haine anti-cléricale l'a entraîné et lui a fait dépasser toute mesure. Mais ces restrictions posées, on doit reconnaître que, dans ce livre, il y a bien des images vivantes, précieuses pour l'histoire de notre temps, et dignes d'être préservées de la poussière dont l'oubli pourrait les couvrir.

V

La critique qui est la dernière en date des formes littéraires, et qui, suivant M. France, finira peut-être par les absorber toutes, a été exercée par lui durant quelques années. Elle convenait très bien, d'ailleurs, à cet écrivain de mérite dont l'intelligence est souple et l'érudition assez vaste.

Elle était parfaitement appropriée à son esprit curieux, affiné, apte à tout comprendre. Mais la façon dont il l'a pratiquée se ressent beaucoup de son manque de principes et de doctrines. Ses appréciations sont celles d'un sceptique ; elles sont, presque toujours, purement impressionnistes. Il n'a voulu faire que de la critique subjective.

On pourrait le comparer peut-être à un étang en qui tout se réfléchit comme dans une glace transparente : le ciel bleu, les nuages blancs, gris, roses ou dorés qui passent dans l'air, les vertes frondaisons, la petite fleur qui se penche sur son eau, les grands arbres qui, près de ses bords, dressent leurs têtes sombres et feuillues ; et cette image qu'il nous donne des divers aspects de la nature est plus ou moins fidèle, mais ce n'est que le reflet des choses sur la surface d'un étang. Celui-ci ne nous apprend point pourquoi les choses sont belles ou laides, pourquoi elles plaisent ou ne plaisent pas. Il se contente de les réverbérer comme dans un miroir, et de nous montrer l'impression que les objets produisent sur lui à un moment déterminé.

Pas plus que l'étang, M. France ne veut rien expliquer. Il ne cherche pas à démonter les chefs-d'œuvre pour faire voir comment ils sont faits. Il nous raconte tout simplement les sensations de son âme au milieu des chefs-d'œuvre. Il nous dit son «doux étonnement devant la beauté» de quelques ouvrages de prix. Quand il lit un livre, celui-ci passe en lui, se réfléchit dans son âme d'une certaine manière. M. France nous rend, par l'écriture, l'image que le livre a fixée en son intelligence, mais il déclare que son appréciation n'a qu'une valeur individuelle, qu'elle repose sur ses seules impressions et non sur des règles immuables d'après lesquelles les œuvres d'art devraient être jugées. Car, à son avis, tout livre a autant d'exemplaires différents qu'il a de lecteurs, et un poème, comme un paysage, se transforme dans tous les yeux qui le voient, dans tous les cerveaux qui le conçoivent.

Comme nous n'apercevons les choses qu'à travers nos sens, et que ceux-ci les déforment et les colorent à leur gré, nous ne parvenons à les connaître qu'imparfaitement, et grâce aux sensations qu'elles nous procurent. Nous ne pouvons donc juger les ouvrages de l'esprit que par le plaisir que nous en recevons, ou par l'ennui qu'ils nous causent.

Aussi, écrit M. France, il n'y a pas de critique objective, « et tous ceux qui se flattent de mettre autre chose qu'eux-mêmes dans leur œuvre, sont dupes de la plus fallacieuse philosophie. La vérité est qu'on ne sort jamais de soi-même. C'est une de nos grandes misères. »

Et M. France, brodant sur ce thème, exprime l'idée qu'il donnerait beaucoup pour voir, pendant une minute, le ciel et la terre avec l'œil à facette d'une mouche, ou pour comprendre la nature avec le cerveau rude et simple d'un orang-outang. « Mais cela nous est bien défendu. Nous sommes enfermés dans notre personne comme dans une prison perpétuelle. Ce que nous avons de mieux à faire, ce semble, c'est de reconnaître de bonne grâce cette affreuse condition et d'avouer que nous parlons de nous-mêmes chaque fois que nous n'avons pas la force de nous taire. »

Les critiques émettent beaucoup d'opinions contradictoires. Quand on veut donner son avis sur les belles pensées et les belles formes littéraires, on ne le fait qu'avec incertitude. Un poème ne sera jamais soumis aux principes absolus d'une science rigide : on ne peut porter sur lui un jugement uniforme et invariable.

Les choses de l'art gardent toujours un fond d'attirant mystère : elles demeurent un peu vagues pour nous et ne nous livrent point tout leur secret. Il faut renoncer à vouloir réduire en formule la poésie de Racine ou de Corneille ; la critique littéraire n'est qu'une science qui restera sans cesse inachevée, et où entrent tout ensemble de l'intuition, de l'hésitation et de l'inquiétude :

« Toute œuvre de poésie ou d'art, dit M. France, a été de tout temps un sujet de disputes, et c'est peut-être un des plus grands attraits des belles choses, que d'être ainsi douteuses, car toutes, on a beau le nier, toutes sont douteuses. »

M. France croit que l'histoire des variations de la critique sur une des œuvres dont l'humanité s'est le plus occupée, *Hamlet*, *la Divine Comédie* ou *l'Iliade*, formerait un ouvrage bien intéressant et bien instructif.

Parmi les idées qu'on a mises autrefois, dans le domaine de l'art, au rang des vérités éternelles, il en est qui maintenant nous semblent ridicules. Nos idées, dans deux siècles, le paraîtront peut-être tout autant. « Il n'est pas en matière de littérature une seule opinion qu'on ne combatte aisément par l'opinion contraire. Qui saurait terminer les disputes des joueurs de flûte ? »

Ce n'est certes pas M. France : il les trouve vaines, inutiles et illusoires. Dans ses appréciations littéraires, c'est son propre sentiment qu'il prétend écouter ; il ne veut rien accorder à l'esprit de système. Il se défend même d'être un critique, dans le sens que beaucoup donnent à ce mot : « Je ne saurais pas, dit-il, manœuvrer les machines à battre dans lesquelles d'habiles gens mettent la moisson littéraire pour en séparer le grain de la balle ». Il se contente de nous exprimer ce qu'il a senti en présence des livres. « J'ai été sincère jusqu'à la candeur. Dire ce qu'on pense est un plaisir coûteux, mais trop vif pour que j'y renonce jamais. Quant à faire des théories, c'est une vanité qui ne me tente point. »

M. Ferdinand Brunetière, ce jouteur robuste, dont l'énergie et la vigueur s'accusent dans ses phrases amples et nerveuses, comme les muscles qui se dessinent sur le corps nu d'un athlète, a pris — avec quelle force et quelle autorité ! — la défense de la critique dogmatique contre les sophismes spécieux de M. France. Il conteste que, chez les critiques, les opinions soient si diverses et les divisions si profondes. Il s'appuie, pour le prouver, sur une phrase de M. Jules Lemaître qui est, comme l'auteur du *Lys rouge*, un partisan convaincu et un défenseur passionné de la critique impressionniste : « Entre mandarins vraiment lettrés, il est établi que tels écrivains, quels que soient, d'ailleurs, leurs défauts ou leurs manies, *existent*, comme l'on dit et valent la peine d'être regardés de près. »

Ainsi, par exemple, Racine et Corneille existent ; Voltaire aussi dans *Zaïre*, *Tancrède* ou *Alzire*; mais Campistron, l'abbé Leblanc et Jouy n'existent pas. De plus, entre les écrivains, il faut fixer des degrés : on ne peut mettre sur le même pied Campistron et Voltaire ; et celui-ci n'a pas la même valeur que Racine. Donner des rangs est donc un devoir de la critique.

M. Brunetière proclame qu'il y a un bon et un mauvais goût, et que l'on dispute des goûts avec fondement. Comme le dit de lui l'auteur des *Contemporains*, « il croit que les œuvres de l'esprit ont une valeur absolue et constante en dehors de ceux à qui elles sont soumises, lecteurs ou spectateurs ; et cette valeur, il prétend la fixer avec précision. Il croit à une hiérarchie des plaisirs esthétiques ».

On doit juger les œuvres et les classer selon leurs mérites. Il y a, chez tout écrivain, des défauts et des qualités. Prenez *Tartufe* ou *Bajazet* : les beautés et les imperfections qui s'y trouvent apparaissent clairement aux yeux attentifs. Il faut les déterminer avec soin. Ce sont des beautés et des imperfections qui sont propres à ces ouvrages, et qu'on ne rencontrerait pas dans une comédie de Dancourt ou dans une tragédie de Campistron.

A la nécessité de juger et de donner des rangs, se joint celle d'expliquer les œuvres, de les rapporter à l'époque où elles ont paru, de montrer à quel moment de l'histoire littéraire, en quel milieu social l'auteur a vécu, parmi quelles préoccupations et dans quelles circonstances son ouvrage a été composé.

La biographie de l'auteur peut nous aider à comprendre ses œuvres. Il ne faut pas la négliger non plus. Certains faits jettent un jour tout nouveau sur la pensée d'un écrivain ou sur ses sentiments. Quelques anecdotes, un détail saillant, un trait curieux suffisent, parfois, à nous révéler tout un homme ou à nous faire voir, dans une lumière inattendue, certains côtés peu connus de son caractère.

Enfin la vraie critique domine de haut les matières dont elle s'occupe ; elle contemple, comme du sommet d'une montagne, les grands courants de l'histoire littéraire ; elle les voit à travers les différents siècles ; elle marque leurs progrès et leurs décroissements ; elle délimite le mieux possible leurs divers contours, et elle y fait rentrer toutes les œuvres qu'elle juge, car aucun ouvrage, pour elle, n'est isolé et tous appartiennent nécessairement à quelqu'un de ces grands courants dont elle étudie la marche.

Il y a donc, ainsi que l'a établi très fermement M. Brunetière, une critique objective et dogmatique. Elle repose sur des théories stables et sérieuses, et cherche à donner, au sujet des ouvrages littéraires, non des impressions fugitives et changeantes, mais des jugements solides et définitifs. Elle veut éclairer loyalement le public sur la valeur des livres, classe ceux-ci d'après leur genre et leur mérite, et s'efforce toujours d'atteindre à la vérité, en recourant à la raison, en se conformant au bon sens, et en s'appuyant sur des principes éternels et immuables. Sans doute, elle peut se tromper, car l'erreur est le propre de l'homme. Mais, malgré les défaillances qu'on constate chez elle, quoi de plus sain et de plus digne d'éloges que cette espèce de critique ? Et ne vaut-elle pas mieux que la critique impressionniste, qui est si versatile et si fuyante, et dont les résultats sont si médiocres, puisqu'elle fournit au lecteur une opinion personnelle, et non une appréciation qui est puissamment déduite de motifs bien arrêtés et bien définis ?

Ce n'est pas de cette façon élevée que M. France comprend la critique. Il avoue qu'il a peu de goût à disputer sur la nature du beau. Il ne se charge pas l'esprit de théories et de dogmes littéraires, et, au sujet des livres qui l'occupent, il n'a point la prétention de rendre des arrêts. Après les avoir lus, il jette sur le papier son impression, avec une sincérité dont il se fait honneur. C'est même à cause d'elle, dit-il, que ses articles ont été accueillis avec bienveillance. « On semble presque aimable, dès qu'on est absolument vrai. » Il croit que, pour s'être donné tout entier, il a mérité des amis inconnus, et que la seule habileté dont il soit capable est de ne point essayer de cacher ses défauts.

Il n'a pas même tenté d'éviter les contradictions. Celles-ci s'entrechoquent souvent dans sa *Vie Littéraire*. Un critique, M. Georges Renard, s'est amusé à en relever quelques-unes. Cela ne gêne nullement M. France. Il revendique le droit pour les pauvres humains, d'avoir un certain désaccord entre leurs sentiments et les maximes qu'ils professent.

Et pourquoi les hommes ne se contrediraient-ils pas ? Quand ils ont embrassé une idée, il se peut qu'après coup, ils adoptent une idée toute différente ; et lorsqu'ils ont opté pour une théorie, rien n'empêche qu'il se tournent ensuite vers une autre et qu'ils abandonnent la première.

M. France veut même que chacun de nous puisse posséder à la fois deux ou trois philosophies ; « car, à moins d'avoir créé une doctrine, il n'y a aucune raison de croire qu'une seule est bonne; cette partialité n'est excusable que chez un inventeur ». Est-ce qu'une vaste contrée n'a point les climats les plus divers ? Pourquoi exigeriez-vous qu'un esprit étendu ne contienne pas de nombreuses contradictions ? M. France n'aime guère les intelligences dont l'illogisme est absent ; elles lui font peur : « ne pouvant m'imaginer qu'elles ne se trompent jamais, je crains qu'elles ne se trompent toujours, tandis qu'un esprit qui ne se pique pas de logique peut retrouver la vérité après l'avoir perdue ».

Il ne faut pas s'imaginer pourtant que la critique de M. France soit tout simplement une série d'impressions, et qu'il ne fasse point parfois du dogmatisme sans le savoir. Avec une souplesse enlaçante et une flexibilité remarquable, il se prête aux formes d'art les plus variées, fait, à l'occasion, un choix entre les œuvres, loue celles-ci, méprise celles-là, établit des rangs entre les auteurs, met hors de pair certains d'entre eux, ou jette le discrédit sur certains autres dont il déclare le mérite fort exagéré.

Ne fait-il pas de la critique, — et à peu près comme en fait M. Brunetière, — quand il dit qu'il faut placer Paul Arène à côté de Guy de Maupassant et que ce sont là deux princes des conteurs? N'en fait-il pas encore quand il exprime l'opinion qu'au point de vue artistique, M. Georges Ohnet est bien au-dessous du pire et quand il intitule l'article où il parle de ce romancier : *Hors de la littérature* ? Voilà assurément de la critique objective, nul ne pourrait le contester.

Et pour déterminer ces degrés différents entre les écrivains, M. France a dû — malgré lui, peut-être, et sans trop s'en apercevoir — s'appuyer sur des règles et recourir à des lois. Il a dû rendre ses jugements au nom du bon goût et suivant des principes littéraires. Ces principes, il a pensé certainement qu'ils sont communs à la généralité des hommes, du moins à tous ceux qui ont l'esprit cultivé et l'intelligence ornée. En affirmant que les romans de M. Georges Ohnet sont dans l'ordre de la littérature ce que sont, dans l'ordre plastique, les têtes de cire des coiffeurs, il a dû croire que ce n'était pas seulement son impression personnelle, mais l'opinion unanime des véritables connaisseurs en matière d'art. Sans cela, il n'aurait pas été aussi affirmatif, aussi tranchant.

Il s'est donc adonné, dans quelques articles, à la critique objective, et bien qu'il s'en soit défendu avec énergie, il ne s'est pas toujours enfermé dans sa subjectivité comme dans une prison obscure, n'a pas toujours flotté, au gré de ses instincts, parmi les contradictions, mais il est sorti quelquefois de lui-même, et s'est servi d'un critérium pour juger les choses de l'esprit.

A dire vrai, il ne l'a pas fait souvent. Il ne met point, en général, dans ses appréciations, autant de rigueur et de fermeté. Il ne déploie ni beaucoup de raison, ni beaucoup de raisonnement. Il nous offre ses impressions, en sous-entendant, qu'elles sont soumises à l'erreur, et que nous vivons au milieu d'une fatale et universelle incertitude. Il fait, comme il l'a écrit dans une préface, des contes avec ses souvenirs, et parle volontiers de lui-même à propos des œuvres d'autrui. « Il a, comme Loti, une âme à images qu'il se plaît à feuilleter ». Il ne répugne pas aux confidences et nous initie à ses goûts; il suit ses fantaisies et se laisse entraîner par ses caprices. C'est sur le ton familier de la causerie qu'il s'entretient avec nous; il garde dans la critique « le pas léger de la promenade », s'arrêtant où bon lui semble et nous faisant, quand il en a le désir, des confessions intimes.

Après qu'il nous a exprimé ce qu'il a senti devant un volume, il s'amuse souvent à nous montrer l'état de son âme lorsqu'il songeait entre les pages, et c'est un genre de critique pour lequel il avoue n'avoir que trop de penchant. Presque toujours, quand il a dit son impression, il se lance dans des digressions considérables. Ses préférences sont — on le sent bien — pour les chroniques qui n'entrent pas dans le cœur du sujet, mais qui le côtoient avec agrément, et son grand plaisir est « de griffonner sur les marges des livres ». Aussi sa critique est-elle assez fantasque.

Comme l'érudition de cet auteur est des plus étendues, il suffit parfois d'un mot qu'il rencontre dans un ouvrage pour le pousser à toutes sortes de hors-d'œuvre. Dès qu'un volume lui en fournit le prétexte, il se livre à des rapprochements imprévus, puise à même en ses souvenirs, se plonge dans son passé avec délices. Les pensées qui, pendant la lecture d'un livre, lui traversent le cerveau, sont piquées par lui dans son article.

« Un feuillet que je tourne, raconte-t-il, est comme un flambeau qu'on m'apporte et autour duquel aussitôt vingt papillons sortis de ma tête se mettent à danser. Ces papillons sont des indiscrets, mais qu'y faire ? Quand je les chasse, il en revient d'autres. Et c'est un chœur de petits êtres ailés qui, dorés et blonds comme le jour, ou bleus et sombres comme la nuit, tous frêles, tous légers, mais infatigables, voltigent à l'envi et semblent murmurer du battement de leurs ailes : « Nous sommes de petites Psychés ; ami, ne nous chasse pas d'un geste trop brusque. Un esprit immortel anime nos formes éphémères. Vois : nous cherchons Eros, Eros qu'on ne trouve jamais, Eros le grand secret de la vie et de la mort. » Et, en définitive, c'est toujours quelqu'une de ces petites Psychés-là qui me fait mon article. Elle s'y prend, Dieu sait comment ! Mais, sans elle, je ferais pis encore. »

Parcourt-il le deuxième volume de l'*Histoire d'Israël*, d'Ernest Renan ? Ce livre où l'auteur traite du peuple de Dieu, ne l'occupe guère, et pour cause. Car voilà que ses « bestioles aux ailes toujours agitées» ses « petites Psychés anxieuses» détournent son attention et lui montrent une vénérable Bible avec estampes, celle que sa mère lui avait mise dans les mains, et qu'enfant il regardait avec tant de curiosité avant même de savoir lire. Et il nous la décrit longuement, cette vieille Bible qui datait des premières années du XVIIe siècle et dont les dessins étaient d'un artiste hollandais. Il nous dit comment celui-ci avait rendu les principales scènes de l'ancien Testament, et les sensations que ces gravures lui faisaient éprouver, les pensées qu'elles suggéraient à son petit cerveau d'autrefois. Il nous peint les délices qu'il a ressenties à feuilleter, le soir, ce volume jauni, « quand ses prunelles nageaient à demi déjà dans les ondes ravissantes du sommeil enfantin ». De l'ouvrage de Renan, il n'en est plus question. M. France revit tout entier dans sa première enfance et compose là-dessus quelques jolies pages, un peu ironiques et de touche légère.

A-t-il à parler du *Songe de l'Amour*, un roman de Paul Meurice ? Il le signale à peine, mais les papillons capricieux qui voltigent autour de sa tête, lui font voir en Paul Meurice un homme de 1848, un revenant de cette étrange époque où un rêve de justice et de liberté s'était emparé de la nation française, où le peuple, ayant devant soi les longs espoirs et les vastes pensées, nageait dans l'idéal et l'idéologie, et affirmait pour tous et pour chacun le droit au bonheur. Le *Songe de l'Amour* est tout à fait oublié par le critique : il s'agit bien encore de ce livre ! Cette période déjà lointaine attire M. France, et il en fait un tableau pittoresque et amusant.

Veut-il parler à ses lecteurs de *Conscience*, un roman d'Hector Malot ? Après avoir déclaré que le nom de cet auteur recommande suffisamment l'ouvrage, voilà que des idées philosophiques bourdonnent à ses oreilles; il les saisit et les épingle dans sa chronique. Il nous développe la théorie de la responsabilité des criminels, nous entretient de certaines doctrines qui tendent à prévaloir de nos jours et résume ce que la nouvelle école anthropologique a exposé sur cette matière délicate de la responsabilité humaine. Maudsley, Cesare Lombroso sont pris à partie par lui; il se met à discuter leurs doctrines. Nous sommes bien loin de *Conscience*; soyez sûr que M. France ne se souvient même plus qu'il a entamé cette dissertation à propos du volume de M. Malot.

Est-ce *Sonyeuse*, un recueil de nouvelles de M. Jean Lorrain, qui lui est tombé sous les yeux ? Il nous dit quelques mots du livre, mais, après avoir constaté que cet écrivain n'est pas quotidiennement chaste, une réflexion, une de ces Psychés ailées dont il nous parle ailleurs, s'impose à son attention. La littérature, pense-t-il, a presque toujours vécu en assez mauvaise intelligence avec la morale, et la plupart des romans, ceux des temps antiques comme ceux d'aujourd'hui, ne sont nullement de nature à contribuer à l'affermissement des mœurs. Et il consacre de nombreux paragraphes à nous prouver que nous ne valons ni mieux ni moins que nos pères, car il y a bel âge que la littérature n'est plus une ingénue.

Ces quelques squelettes d'articles de M. France vous feront saisir, sans doute, son genre habituel de critique. Ce genre a ses inconvénients. Après avoir lu certaines de ses causeries, on ne connaît guère l'ouvrage qui était pourtant le fondement sur lequel la chronique aurait dû être édifiée. Par contre, on a été amusé tout le temps par des hors-d'œuvre qui ne manquent pas, en général, d'agrément ni de charme.

En l'un de ses articles, M. France raconte qu'il est à la campagne et que, de sa fenêtre, il aperçoit de robustes paysans en train de battre des bottes de blé. « Ils se coucheront, dit-il, fatigués et contents, sans douter de la bonté de leur œuvre. » Et il se demande si lui-même a toujours bien rempli sa journée et gagné le sommeil ; si, dans sa grange, il a porté le bon grain ; si ses paroles sont le pain qui entretient la vie. A parler franc, c'est par un non — un non très énergique et très convaincu — qu'il doit répondre. Beaucoup de ses chroniques sont imprégnées du plus fâcheux scepticisme ; on y retrouve le tour d'esprit de Renan, son ironie irréligieuse, son dilettantisme et sa hardiesse de pensée. C'est pourquoi la tâche de M. France ne doit point recevoir d'éloges, et il ne peut se rendre ce témoignage qu'il a bien mérité des hommes, qu'il leur a présenté des aliments sains et des mets fortifiants.

Et presque tous ses volumes, nous l'avons assez prouvé, doivent être enveloppés dans la même réprobation.

Une promenade dans l'œuvre considérable de M. France n'est ni utile ni salutaire. Cette œuvre est comme un grand jardin, où l'on risque, à chaque pas, de tomber sur des bêtes rampantes et venimeuses, cachées entre les pierres ; et, si l'on y rencontre, çà et là, de merveilleux paysages, si l'on y respire le parfum de quelques fleurs délicates, l'odeur exquise de quelques bonnes et belles idées sur l'art ou la littérature, il y a là trop de plantes pleines de sucs empoisonnés, trop d'arbres chargés de fruits corrompus, une atmosphère trop viciée par les miasmes du scepticisme et de l'impiété, pour qu'on puisse entrer dans ce jardin sans crainte ni méfiance. Il vaut mieux s'en écarter prudemment et choisir, pour s'y promener, des lieux plus salubres. Quelques belles pages de Bossuet, de Pascal, de l'aimable Sévigné, sont bien préférables, croyez-moi, à la plupart des pages que renferment les livres de M. France, malgré la jolie prose, chantante et claire, où il a l'habitude de jeter ses pensées.

ANDRÉ THEURIET

I

SA VIE

M. Theuriet n'a pas tracé un sillon très profond dans le champ de la littérature. Ce n'est pas un de ces écrivains qui font époque, et qui concentrent autour d'eux, par l'attraction souveraine de leur génie, les rayons de la gloire. La Renommée, pourtant, ne lui a pas marchandé ses sourires, et, parmi les auteurs de second plan, il s'est créé une place enviable. Disciple heureux des maîtres, il n'est point parvenu à les égaler, mais il s'est mis en bon rang un peu au-dessous d'eux.

Car M. Theuriet est un homme de beaucoup de talent. S'il ne ressemble pas à ces grands génies producteurs qui vont partout semant, avec une prodigalité de nabab, les beaux fruits d'or de leur imagination, son bagage est fort bien fourni et contient des œuvres d'un sérieux mérite. Celles-ci, évidemment, n'ont pas toutes la même valeur, mais la plupart se recommandent par la grâce du sentiment et d'aimables qualités de forme. Il a publié des vers, des nouvelles, des romans; il a même écrit un petit drame : *Jean-Marie*. Par ses ouvrages, il établit solidement sa réputation et passa bientôt pour un romancier agréable et un poète délicat. Il n'attendit pas moins jusqu'à soixante-trois ans avant d'être nommé académicien.

Dans son existence calme et paisible, on trouve peu d'incidents à raconter.

Il est né à Marly-le-Roi, en 1833. Mais sa famille était du département de la Meuse : elle habitait Bar-le-Duc. C'est dans cette ville-ci qu'il passa la plus grande partie de sa jeunesse. Son enfance fut sans orage, et l'histoire de ses premières années est celle d'un petit oiseau au duvet naissant, bien soigné dans le nid paternel, d'un enfant rieur et candide, ignorant le mal et la souffrance, et vivant heureux sous l'aile de sa mère.

L'image de son adolescence est demeurée — très vivace — en son esprit. Il sait qu'il est doux de se souvenir. Il se souvient souvent. Maintenant qu'il a gravi plus qu'aux deux tiers la côte de la vie, il aime à tourner la tête pour jeter un coup d'œil attendri sur le commencement du chemin. Il se plaît à évoquer des fantômes, à faire surgir des ombres chéries de la poussière du passé. Celui-ci est pour lui d'un attrait puissant, et bien des épisodes de son jeune âge chantent encore dans sa mémoire.

Parmi les choses anciennes qu'il fait revivre en lui le plus volontiers, et qui, dans le lointain, lui apparaissent riantes et comme entourées de clartés roses, il y en a une pour laquelle il se sent une prédilection spéciale : c'est le jardin de sa grand'tante. M. Theuriet parle longuement de ce jardin dans ses *Souvenirs de Jeunesse* ; il le dépeint avec une sorte d'effusion. C'était un jardin propret, soigné amoureusement, ayant des allées bien ratissées et qui était tout plein de simples et belles fleurs. Il s'y trouvait des plates-bandes, où des roses trémières, graciles et frêles, dressaient leurs tiges au-dessus des touffes d'œillets et de résédas. Çà et là, des lis, des oreilles d'ours, des jacinthes, des héliotropes, des pieds d'angélique jetaient leurs notes claires et variées. Entre les pommiers, s'étalaient d'énormes buis en boule, et sur les murs de la maison antique, grimpaient des vignes vierges et des jasmins qui cachaient la vétusté des pignons sous une robe de verdure fleurie.

C'est dans cette retraite tranquille que M. Theuriet venait passer ses vacances de collégien. Oh ! les bons moments qu'il a coulés là ! Il y avait un berceau de feuillage où il s'installait souvent en compagnie de ses poètes favoris. Hugo, Musset, Vigny, Lamartine emportaient son âme dans le haut vol de leurs périodes harmonieuses ; les oiseaux avaient un frais gazouillis qui le charmait ; une source bavarde bruissait dans l'herbe. Il était content. Parfois sa tante Thérèse, un sécateur à la main, apparaissait au détour d'une allée. Alors le petit André l'appelait et la faisait asseoir auprès de lui pour lui lire quelqu'une de ces poésies dont les vers le ravissaient. La bonne femme écoutait religieusement, avec une aimable bonté de vieille, puis, quand le morceau était fini, elle baisait au front son lyrique neveu et lui disait d'un ton convaincu : «Toi, tu seras auteur !» Et il l'est devenu comme elle l'avait dit : la prophétie de tante Thérèse s'est réalisée.

Cette prédiction enchantait le jeune collégien ; et chaque fois que sa tante la lui renouvelait, cela sonnait à son oreille comme une douce musique. Devenir auteur, ces mots représentaient pour lui, la plus belle des magies et le plus noble des espoirs. En les prononçant, il voyait la Gloire lui faire signe du doigt et l'inviter à venir vers elle pour recevoir des couronnes. Il avait dans l'existence, l'ardente confiance d'un amoureux ; il pensait qu'il ne pourrait recevoir d'elle, qui souvent est sans pitié, que des choses charmantes et des présents agréables. Il croyait qu'elle le caresserait d'une façon particulièrement amicale et qu'elle lui donnerait tous les trésors qu'il convoitait. Assurément, comme les autres hommes, il a été parfois blessé par la vie ; certaines de ses ambitions, sans aucun doute, n'ont pas reçu leur accomplissement, mais en somme, la vie a été bonne pour lui, et il peut contempler son passé d'un regard satisfait. Oui, lorsqu'il feuillette les pages anciennes de son existence et qu'il réveille en lui tout un monde évanoui de sensations et de pensées, il doit éprouver quelque contentement, car il a tenu en main — réalisés par lui — quelques-uns de ses beaux rêves...

Et déjà, en rhétorique, il faisait des vers. Il composait — en grand secret — des odes, des satires, des épîtres, et c'est dans un de ses cahiers de classe, (celui qui était réservé aux mathématiques,) qu'il transcrivit ses premières productions. Il s'avisa même de faire publier, par un journal de la ville, une de ses poésies. Mais il en fut sévèrement puni. Son professeur, ayant eu vent de la chose, s'amusa en classe à disséquer les vers du pauvre André, et ces frêles papillons, auxquels le collégien avait été si heureux de donner la volée, furent meurtris et mis en pièces par le terrible censeur : il ne resta plus, entre les doigts de celui-ci, que des morceaux informes, des débris décolorés et sans vie.

Cela ne découragea point M. Theuriet. Il continua à donner une bonne partie de son temps aux divines Muses. Ses études moyennes étant terminées, il prit son inscription à la faculté de droit. Mais le Code n'avait pour lui aucun charme et, au lieu de se plonger dans l'analyse aride des lois, il crayonna, sur les marges de ses livres, de jeunes et jolis poèmes. C'est ce qu'on appelle avoir la vocation.

En 1852, l'Académie française mit au concours, pour le prix de poésie, *l'Eloge de l'Acropole*. Le novice auteur crut le moment favorable pour entrer en lice et tâcher de conquérir des lauriers. Mais, voulant s'imprégner de l'atmosphère antique et prendre le ton qui convenait à son sujet, il commença à lire toute la collection des classiques grecs. Avec quel bonheur il se plongea dans ces lectures ! Il dévora Homère, Eschyle, Sophocle, Pindare, Aristophane et surtout Théocrite, dont le parfum champêtre et la fraîcheur exquise le séduisaient. Conduit par eux, il entrait vraiment dans le bosquet des Muses et y cueillait les plus belles fleurs de la poésie grecque. Il comprit, il sentit ces écrivains; il vivait dans un monde enchanté de héros et d'héroïnes ; il voyait toutes sortes d'attrayantes figures, des bras d'ivoire sortant de tuniques blanches ; il entendait résonner des voix douces et mélodieuses. Ce fut une période d'enthousiasme et d'ivresse juvénile. Il traduisit ces auteurs, en fit des analyses, des imitations en vers et en prose, et parmi ces essais, on rencontre des strophes délicates où se trouve quelque chose de la grâce et de la beauté antiques :

> Suivez, mes chèvres, les sentiers
> Où, près d'un vieux chêne,
> L'eau coule sous les oliviers ;
> OEnanthe vient laver ses pieds
> A cette fontaine ;
>
> OEnanthe à l'œil noir et distrait
> Dont les fraîches lèvres
> Fleurent mieux que le serpolet,
> Dont le sein, plus que votre lait,
> Est blanc, ô mes chèvres !...

Mais l'heure d'envoyer son poème à l'Académie était près de sonner ; il composa — avec une ardeur et une dévotion extraordinaires — sa pièce de vers sur l'Acropole, et y déversa le suc de toutes ses lectures et les élans passionnés de son esprit. C'est par une invocation à la Muse grecque que son poème se terminait :

> Sur mes lèvres répands un peu de miel attique,
> De ce miel dont Platon tout enfant fut nourri
> Et, quand les premiers feux de l'aube auront souri,
> Quand tu retourneras, ô ma maîtresse unique,
> Vers l'Ether azuré, l'Ether pur et fleuri,
> Laisse-moi pour adieu ta flottante tunique.

Il adressa son œuvre, qu'il avait merveilleusement calligraphiée, au secrétaire perpétuel de l'Académie française. Le résultat trompa ses espérances. Quelques mois plus tard, les journaux annoncèrent que « l'Académie, après avoir pris connaissance des pièces envoyées pour le concours, les avait jugées insuffisantes et avait décidé que le prix ne serait pas décerné ». Cet échec lui fut sensible; aussi, renonça-t-il momentanément à la littérature; il accepta une place dans l'Enregistrement et fut nommé receveur des Domaines à Auberive.

Après les quelques mois qu'il avait passés en compagnie des plus purs génies de l'antiquité, c'était là, pour lui, une chute cruelle dans la réalité la plus plate et la plus vulgaire. Aligner des chiffres en un bureau qui était installé dans l'unique auberge du village, faire de fastidieuses additions, entendre jurer les charretiers dans la salle voisine, cela manquait de poésie et d'idéal.

Par bonheur, les bureaux du Domaine fermaient le dimanche. Il en profita pour parcourir, sac au dos, le pays environnant. Il fut émerveillé. La nature, dans cette contrée, est superbe et d'un pittoresque délicieux. Il s'inspira des beaux sites qu'il aperçut et se remit à écrire. Il fit un poème qu'il intitula : *In Memoriam*, et le présenta à M. Buloz, le directeur de la *Revue des Deux-Mondes*. Celui-ci, après examen, trouva la pièce à son goût et la publia.

Dès ce moment, M. Theuriet entra dans le chemin de la renommée. Le public fit bon accueil au jeune écrivain qui, voyant qu'il était apprécié, s'abandonna à sa verve, chercha et rencontra d'heureuses inspirations. Vers, nouvelles, romans sortirent avec aisance de sa plume abondante et aimable. Il ne se confina point cependant, d'une manière exclusive, dans le domaine des belles-lettres ; il continua, en même temps, à suivre la carrière administrative, et il y a peu d'années qu'il a donné sa démission. Il se maria, à l'heure propice, avec une jeune fille charmante qu'il avait chantée — en amoureux rossignolant — dans *le Livre de la Payse*. Maintenant il est établi à Bourg-la-Reine, en une jolie villa. Il est maire de sa commune, et l'on dit que le doux poète du *Chemin des bois* est, en politique, un radical intransigeant.

Voilà la biographie de M. Theuriet. Je me suis surtout arrêté au commencement de sa vie. Dans toute existence, ce qu'il y a d'important, c'est le début. On aime à connaître les premiers pas d'un écrivain. Une fois qu'il est célèbre et que sa route est toute tracée, le récit de ce qu'il lui est arrivé devient un peu uniforme. Il poursuit sa voie, il publie des livres, il a des succès, il gagne de l'argent. Les assises de sa vie sont bien jetées ; il n'a plus qu'à bâtir lentement sa maison. Si l'on voulait détailler au long la suite de son histoire, on composerait des pages terriblement fastidieuses. Ce serait une série de petits événements; il faudrait—pour en donner le nombre et la date de publication — parler de ses ouvrages, et encore de ses ouvrages, et toujours de ses ouvrages ! Il faudrait énumérer tous ses succès. Rien de plus monotone à raconter que le bonheur.

II

SES POÉSIES

La Muse de M. Theuriet est surtout une Muse agreste : elle aime les champs et les bois. Elle ressemble à la cigale dont parle André Chénier, et qui,

>amante des buissons,
>De rameaux en rameaux tour à tour reposée,
>D'un peu de fleur nourrie et d'un peu de rosée,
>S'égaie.

Elle a des muguets au corsage, des églantines sur le front, une flûte à la main. Elle soupire de jolis airs qui ont, dans leurs caressantes mélodies, un peu de la douceur virgilienne. Ce n'est pas elle qui éviterait, selon le conseil d'un conteur célèbre,

>Le fond des bois et leur vaste silence.

Elle se plonge avec délice au sein des forêts. Les arbres harmonieux, tout pleins de chants, séduisent son oreille ; l'âme des plantes qui s'exhale dans l'air remplit sa narine d'arômes vivifiants ; les branches qui bourgeonnent, les sources cristallines, les ravins ombreux, l'animation ailée qu'on remarque sous les futaies, tout amuse ses yeux et occupe sa pensée. Dans ses grâces champêtres, elle a d'aimables atours. Elle connaît l'art de l'ajustement et sait se parer avec une certaine coquetterie. Mais elle est parfois quelque peu nonchalante ; comme la Nuit dont parle La Fontaine, elle se couche mollement, et la tête sur son bras et son bras sur le gazon, elle

Laisse tomber des fleurs et ne les répand pas.

Pourtant, dans sa négligence même, elle a des charmes : on regrette seulement que cette Muse riante, qui module, quand elle veut, de si habiles variations sur les sujets sylvains et qui a souvent tant de saveur dans ses vers, tant de fluidité et de fraîcheur dans ses chansons, n'ait pas cherché, tout le temps, à nous donner du fin et de l'exquis.

Car la poésie de M. Theuriet n'est pas sans défaut. Assurément, cet auteur a la souplesse du style, la grâce du vers et une belle couleur dans les paysages ; mais on s'aperçoit, en maints passages de ses œuvres, qu'il s'est trop fié à son aisance d'improvisation, à son abondance pleine de verve, et l'on regrette qu'il ne se soit pas efforcé davantage d'atteindre à la perfection.

Pourquoi ses pensées ne sont-elles pas sans cesse revêtues de l'expression la plus forte, la plus vraie, la plus naturelle ? Quelquefois sa forme est un peu flasque et recouvre mal la pensée, comme une draperie qui retombe gauchement, à plis disgracieux, sur le corps d'une statue. Les termes ont, çà et là, trop peu de vigueur et de relief, et ils n'ont pas non plus toujours toute l'exactitude désirable. Dans certaines strophes, ils sont un peu flottants et indécis, non pas incompréhensibles pourtant — loin de là ! — mais, pour réfléchir les objets qui ont éveillé en lui l'émotion poétique et pour en fixer l'image sur le papier, nous aurions voulu des traits plus nets, plus profonds, plus précis. On ne devrait pas, quand on possède, comme M. Theuriet, une palette si aisée et si heureuse, se contenter d'à-peu près — très jolis parfois — dans sa manière de décrire la nature; on ne devrait jamais, quand on sent si vivement les choses, les rendre d'une façon imparfaite ou insuffisante.

Et il aurait été facile à M. Theuriet, s'il y avait travaillé, d'éviter les faiblesses que l'on rencontre dans plusieurs de ses poèmes; nous en avons pour preuve les pièces charmantes — et elles sont nombreuses — qu'on peut lire dans ses recueils et où ni l'accent, ni le mot propre et imagé, ne font défaillance à l'inspiration. Ces pièces, qui nous révèlent en M. Theuriet une source première de poésie qui ne s'est point tarie au cours des années, une faculté de peindre, agréable et pittoresque, nous montrent jusqu'où il aurait pu parvenir s'il ne s'était pas contenté, trop souvent, du jet de strophes qui avait tout d'abord coulé de sa plume, s'il avait serré un peu plus la forme dont il habillait ses pensées. Mais il n'a pas toujours voulu se donner tant de mal.

Et cependant, malgré tout, il reste un poète et un excellent artiste. La majeure partie de ses volumes (paysages variés, idylles légères ou graves, joyeuses ou mélancoliques) nous offre des œuvres vraiment remarquables. Il y a des moments de la nature bien chantés par le poète. Certains de ses morceaux, tombant sous les yeux d'un habitant d'une grande ville, lui communiquent sans doute les mêmes sentiments nostalgiques, les mêmes élans vers les prés et les bois, qui tourmentaient et agitaient Charles Bovary, le héros de Flaubert, dans son étroite chambre d'étudiant : « En face, au delà des toits, le grand ciel pur s'étendait avec le soleil rouge se couchant. Qu'il devait faire bon là-bas ! Quelle fraîcheur sous la hêtrée ! Et il ouvrait les narines pour aspirer les bonnes odeurs de la campagne, qui ne venaient pas jusqu'à lui. » Plus heureux que Charles Bovary, nous voyons, en compagnie de

M. Theuriet, les champs et les forêts se dérouler sous nos regards; il fait venir jusqu'à nous les bonnes odeurs de la campagne.

Ah ! quand le soleil rit dans les bois, et que tout, sous les futaies, est parfum, chant, lumière; ou quand l'automne a donné aux feuilles de riches teintes, des colorations d'une féerie douce et un peu triste ; ou bien encore quand l'hiver a tendu de blanc les forêts et que le givre pend aux branches dépouillées des arbres, les jolies choses que l'on sait dire lorsque, comme M. Theuriet, on est poète, et que l'on est né peintre, et que l'on absorbe son regard et son intelligence dans la contemplation des beautés sylvestres et des décors variés de la nature !

Dans ses poèmes les mieux réussis, l'auteur nous fait voir et sentir ce qu'il a vu et senti lui-même. Bien qu'on ait à lui reprocher des strophes qui ont été trop vite acceptées comme elles étaient venues, il se trouve dans ses peintures, je ne sais quoi qui parle à l'esprit et qui touche le cœur. Devant ses paysages, nous éprouvons d'assez vives impressions. Ce ne sont certes pas des émotions artificielles que l'écrivain se plaît à nous rendre. Elles ont passé par son âme et l'ont remuée profondément avant qu'il ne les fixe, toutes frémissantes, dans ses petits poèmes.

Veut-on voir les grands bois au soleil, alors que tout vibre, palpite, les oiseaux sur les branches, les fleurs sur leurs tiges, et que la sève court vivifiante au sein des arbres, et que les souffles qui agitent l'espace semblent les frissons légers de toutes les choses forestières ? Avec lui on les voit.

Veut-on sentir la brume d'automne, cette blanche vapeur qui glisse sur les clairières, qui amollit les contours des objets et les fond en de magiques transparences ? Avec lui on la sent.

Veut-on aspirer les robustes senteurs agrestes qui ont un arôme si vif, qui pénètrent les corps et dilatent les poitrines ? Avec lui on les aspire.

Veut-on enfin s'envelopper du silence de la nuit, se remplir du sentiment de la solitude que la mélancolie des soirs verse en nous, apercevoir dans les éclaircies des branches, le clair sourire de la lune ? Avec lui on aperçoit ce reposant spectacle ; on est enveloppé de calme et de mystère.

Il nous procure ainsi d'agréables visions champêtres, et il mêle l'homme à la nature, et il sait tirer à l'occasion, des plus humbles tableaux rustiques, une poésie douce, délicate, impressionnante. Dans *les Chercheuses de Muguet*, remarquez comment l'auteur nous intéresse à deux pauvres créatures, une femme et une petite fille, qui rôdent dans les bois et y cueillent de maigres bouquets qu'elles iront, le soir, vendre à la ville.

Des muguets... pour les vendre ! Au fond de leur demeure,
    Tout est vide : huche et grenier ;
Il ne reste au logis qu'un nourrisson qui pleure
    Dans son étroit berceau d'osier.
La ville, où tout se vend, leur paîra ces fleurettes.
A l'œuvre donc ! muguets aux mignonnes clochettes,
    Répandez-vous dans leur panier !

A travers les fourrés et les herbes mouillées,
    Elles passent, les pieds en sang...
Cependant le soleil glisse sous les feuillées,
    Mystérieux comme un amant
Qui visite en secret, le soir, son amoureuse.
Tout scintille, les fleurs et la mousse soyeuse ..
    Que leur fait le soleil levant ?

Toujours plus loin, toujours, par la chaleur croissante,
    Elles marchent courbant le dos,
Et la mère parfois gronde l'enfant trop lente
    Qui s'attarde au bord des ruisseaux...
Les nids sont pleins de joie et de battement d'ailes ;
Tout chante : rossignols, loriots, tourterelles...
    Que leur fait le chant des oiseaux ?

Il y a là dedans du pathétique concentré. Cette misère de deux pauvres êtres est bien encadrée au milieu des beautés de la nature indifférente. Cela est bien vu, bien imaginé, bien senti. Je recommande aussi au lecteur certaines chansons qui sont d'un tour très joli et d'une forme très alerte. Lisez, par exemple, ce *Chant de noce dans les bois* :

>Pour les grands bois, ensemble,
>Partons au jour naissant,
>Et choisissons un tremble,
>Un tremble verdissant...
>Qu'il soit svelte et superbe,
>O ma brune aux yeux bleus ;
>Abattons-le dans l'herbe,
>   A nous deux.
>
>Il craque, il penche, il plie...
>Victoire !... il est tombé.
>Vite, une bonne scie
>De clair acier trempé ;
>De la racine aux branches,
>Dans le tronc vigoureux,
>Coupons de minces planches,
>   A nous deux.
>
>Avec les planches blondes
>D'où la sève jaillit,
>Pour nos noces fécondes
>Construisons un doux lit.
>La mousse fine pousse
>Autour des saules creux :
>Emplissons-le de mousse,
>   A nous deux.
>
>Puis avec la ramure,
>Préparons un berceau
>Tapissé de verdure,
>Frais comme un nid d'oiseau.
>Pour la couche légère,
>Pour l'oreiller moëlleux,
>Tressons de la fougère,
>   A nous deux.

> Voilà la couche prête,
> Voilà l'enfant venu...
> Dans la bercelonnette
> Il s'endort demi-nu.
> Berçons, berçons ensemble
> Le mignon aux yeux bleus
> Qui sourit et ressemble
>   A nous deux.

Cette pièce prouve que M. Theuriet a l'imagination légère et déliée. C'est délicat et plein de grâce. Une autre de ses chansons, *Brunette*, est composée de cinq strophes : elles sont de si fine qualité que je n'hésite pas à les reproduire :

> Voici qu'avril est de retour,
> Mais le soleil n'est plus le même,
> Ni le printemps depuis le jour
> Où j'ai perdu celle que j'aime.
>
> Je m'en suis allé par les bois.
> La forêt verte était si pleine,
> Si pleine des fleurs d'autrefois,
> Que j'ai senti grandir ma peine.
>
> J'ai dit aux beaux muguets tremblants :
> « N'avez-vous pas vu ma mignonne ? »
> J'ai dit aux ramiers roucoulants :
> « N'avez-vous rencontré personne ? »
>
> Mais les ramiers sont restés sourds,
> Et sourde aussi la fleur nouvelle,
> Et depuis je cherche toujours
> Le chemin qu'a pris l'infidèle.
>
> L'amour, l'amour qu'on aime tant
> Est comme une montagne haute :
> On la monte tout en chantant ;
> On pleure en descendant la côte.

L'oiseau devait tenir une grande place dans les poésies de M. Theuriet. Ce poète sylvain ne pouvait l'oublier. Oh ! l'oiseau des bois, cet être aérien, tout ravissant de grâce, qui, les ailes déployées, la bouche pleine de chants, s'envole dans les immenses chemins de l'air! Comme M. Theuriet aime ce bijou de la création ! comme il l'observe et le décrit! Un corps qui ne tient au sol que du bout de ses petits pieds; une voix qui n'a de sons que pour faire entendre les modulations les plus souples et les plus variées ; une légèreté qui courbe à peine les pointes vertes des gazons ; une vie qui se passe au milieu des forêts, à la recherche d'un rayon de soleil et d'une caresse du zéphir : toute l'animation des espaces éthérés, une des plus belles parures du printemps, un des plus grands charmes de la nature ! On comprend la prédilection de M. Theuriet pour l'oiseau, et l'on n'est pas étonné de voir qu'il lui a consacré des pièces de vers, d'un rythme alerte et sautillant. Il a célébré toutes les espèces d'oiseaux qui habitent nos pays. Il connaît leurs mœurs et a noté leurs chants. Il dit du pinson :

> Fitt ! fitt ! fitt ! Partout à la fois
> Le pinson chante dans les bois.
>
> Son ramage, qui se marie
> Aux voix des merles familiers,
> Annonce à tous les écoliers
> Pâque fleurie.
>
> Fitt ! fitt ! fitt ! Partout à la fois
> Le pinson chante dans les bois.

Il dépeint le roitelet :

> Vers les mers lointaines et bleues
> Les oiseaux frileux sont partis.
> Loriots d'or et rouges-queues,
> Faisant des centaines de lieues,
> Ont pris leur vol loin des pâtis,
> Vers les mers lointaines et bleues.
>
> Un brave oiseau seul est resté.
> Devant la bise qui les fouette
> Quand tous les gros ont déserté,
> Frêle et de taille si fluette,
> Dans la forêt blanche et muette
> Un brave oiseau seul est resté.
>
> O roitelet à crête aurore
> C'est toi !... Tu jettes ton chant clair
> Aux bois que le givre décore.
> Salut, gaîté du vieil hiver,
> Oisillon courageux et fier,
> O roitelet à crête aurore !

Il a très bien observé les gentilles manières de la bergeronnette :

> Dame bergeronnette
> Mire sa gorgerette
>   Au flot clair ;
> En haut, en bas, sans cesse,
> Sa queue avec souplesse
>   Bat dans l'air...
>
> Elle court sur le sable
> Et s'envole, semblable
>   Au Désir
> Qui toujours nous devance
> Et qui fuit dès qu'on pense
>   Le saisir.

Il fait entendre aussi les joyeux refrains du merle :

> En mars le merle, gai siffleur,
> Chante dans les pruniers en fleur.
>
> Malgré les tardives gelées
> Qui poudrent à blanc les prés verts,
> Il sent le printemps à travers
> Le ciel rayé de giboulées.
>
> Longtemps d'avance, il va rêvant
> A des clos remplis de cerises,
> Et, flairant des odeurs exquises,
> Il siffle, la narine au vent.
>
> Et le merle noir, gai siffleur,
> Chante dans les pruniers en fleur.

Il a écrit sur la fauvette un poème très allègre :

> O fauvettes babillardes
>   Et mignardes,
> Joie et charme du courtil,
> Quand l'arbre sans feuille encore
>   Se décore
> Des premières fleurs d'avril ;
>
> Gaîté des vertes lisières
>   De rivières
> Où votre nid sur les eaux,
> Dans une molle indolence
>   Se balance
> Entre trois brins de roseaux ;
>
> Vous avez l'éclat limpide
>   Et rapide
> Des plaisirs vifs et trop courts ;
> Votre leste villanelle
>   Nous rappelle
> Nos printanières amours.

Voilà un oiselier aimable ; il a su renfermer, dans les cages flexibles de ses strophes, toutes sortes d'oiseaux gracieux, et il nous donne, en chantant ces petits êtres, d'agréables concerts. C'est une pluie de sons cristallins, de vers sifflés doucement, de chansons souples et perlées.

C'est ainsi que, notant les ramages des oiseaux et étudiant leurs coutumes, admirant les plantes forestières et respirant leurs senteurs, M. Theuriet a composé des poésies rustiques qui bercent et parfument notre rêverie.

Par malheur, on trouve quelquefois, en ses pièces, des tendances un peu trop sensuelles, dans *Jardin d'amour*, par exemple, ou dans la *Chercheuse de fraises*.

Ce qu'on doit aussi déplorer, c'est que l'idée religieuse soit absente de ses recueils : la Divinité n'est pas reconnue et saluée par ce poète. En vain, Dieu nous parle dans toute la création : dans l'harmonie des mondes et dans la splendeur des soleils ; dans la fleur qui embaume et dans l'oiseau qui chante ; dans l'arbre qui secoue ses feuilles au vent comme dans les magnificences des plus vastes horizons ; dans nous-mêmes enfin, car nos joies, nos désirs, nos souffrances surtout, nous portent invinciblement vers Dieu. M. Theuriet n'en tient aucun compte : il ne voit que l'homme et la nature ; il ne s'élève jamais jusqu'au Créateur.

Dans la pièce intitulée *Carillons de Noël*, il dit de bien jolies choses, mais jamais la pensée chrétienne n'éclaire, de quelque lueur d'idéal, ces strophes d'ailleurs délicates :

> Noël ! sur la ferme là-bas
> Dont la vitre rouge étincelle,
> Sur la grand'route où seul et las,
> Le voyageur double le pas,
> Partout court la bonne nouvelle.
>
> Oh ! ces carillons argentins
> Dans les campagnes assombries,
> Quels souvenirs doux et lointains,
> Quels beaux soirs et quels doux matins
> Ressuscitent leurs sonneries !
>
> Jadis ils me versaient au cœur
> Une allégresse chaude et tendre;
> J'ai beau vieillir et passer fleur,
> Je retrouve joie et vigueur
> Aujourd'hui, rien qu'à les entendre...
>
> Et cette musique de l'air,
> Cette gaîté sonore et pleine,
> Ce chœur mélodieux et clair
> Qui s'en va par la nuit d'hiver
> Ensoleiller toute la plaine,
>
> C'est l'œuvre de ce vieux sonneur
> Qui, dans son clocher solitaire,
> Fait tomber, ainsi qu'un vanneur,
> Cette semence de bonheur
> Sur tous les enfants de la terre...

M. Theuriet, dans cette poésie, ne va pas plus haut que le clocher de son vieux sonneur. Il n'a aucune aspiration vers cette religion catholique dont les carillons de Noël évoquent les plus consolants mystères ; son horizon est borné et bas ; il n'a aucun désir — même vague — de monter jusqu'aux sommets lumineux de la foi, d'où l'on découvre — ô magie éblouissante ! — les enchantements des collines éternelles...

Il faut donc le reconnaître : tant pour le fond que pour la forme, la poésie de M. Theuriet a bien des défauts. Mais, prise dans ses meilleurs moments, elle a également bien des qualités. Elle est agreste et harmonieuse, et c'est de la nature qu'elle tire ses plus vifs attraits. L'auteur nous le déclare avec agrément :

> Voici la verdure profonde
> Et frissonnante des forêts ;
> Plongeons-nous-y comme dans l'onde
> D'un bain fortifiant et frais.
>
> Sentiers où bleuit l'ancolie,
> Sentiers herbeux fuyant sous bois,
> Je redeviens jeune et j'oublie
> Mes cinquante ans quand je vous vois !
>
> Ma chanson a trempé son aile,
> O bois ombreux, dans vos ruisseaux,
> Et si quelque charme est en elle,
> Elle le doit à vos oiseaux !
>
> Ainsi qu'une nourrice antique,
> Dans un beau rêve traversé
> De poésie et de musique,
> La grande forêt m'a bercé.

C'est comme poète sylvain que M. Theuriet

mérite surtout de vivre. Ses morceaux les plus remarquables sont doux à lire : ainsi que le disait Sainte-Beuve après avoir parcouru *le Chemin des bois* : « Cela sent bon ». Oui, cela sent la sauge et la marjolaine. Et quoique l'expression, chez M. Theuriet, soit parfois incertaine et un peu molle, on ne laisse pas d'estimer beaucoup cet écrivain, car il est simple, naturel, mélodieux, et presque toujours, il a le goût sûr, le style délicat, le vers facile et chantant. Les sveltes et fins muguets du poète forestier ne sont point fanés encore : ils gardent leur fraîcheur, et leurs gerbes rassemblées n'ont pas cessé de plaire.

III

SES ROMANS ET NOUVELLES

Si M. Theuriet est un poète d'un rare mérite ; si ses vers sont dans la bonne tradition française, avec un parfum des champs et une saveur rustique qu'on ne peut s'empêcher d'apprécier, il possède aussi, comme prosateur, des qualités aimables, et à ne connaître que ses romans, on sentirait encore qu'il est poète. En sa manière d'écrire, il y a une élégance native, qu'il apporte dans les plus humbles et les plus modestes sujets. Il a souvent la grâce. Il est fertile en ressources. Il est sentimental, et chez lui le sentiment est agréable.

Ses nombreux romans (il en a publié une trentaine et son imagination n'est pas à bout d'inventions romanesques) ont attiré sur lui l'attention du public et inspiré de vives sympathies.

Vue dans son ensemble et embrassée d'un rapide coup d'œil, son œuvre de romancier est comme un vaste panorama où il y a de la verdure et des fleurs, de grands arbres, des sapinières touffues, des vergers bien drus, des fermes bien proprettes, de jolies rivières coulant entre des rives pleines d'ombrages ; çà et là, on y aperçoit des villages aux rues silencieuses, et de petites villes qui ont conservé leur ancien cachet, malgré le frottement inévitable — et si néfaste parfois ! — de la civilisation contemporaine.

On découvre dans ses livres, beaucoup de paysages : ils paraissent sincères et ont un air de vérité qui nous séduit. Oui, ce qui nous frappe particulièrement dans cette œuvre touffue, c'est l'exactitude des décors où les intrigues se déroulent. Ils ont été observés de près par l'auteur : il s'est inspiré directement de la nature et n'a décrit que ce qu'il a vu. Quand M. Theuriet se met à écrire, voilà que, dans son cerveau, la porte s'entr'ouvre aux réminiscences, et il les mêle à la trame de ses romans. Si l'action de ceux-ci est imaginaire, soyez sûr que le cadre, la plupart du temps, n'a rien de fictif, et qu'il en a retrouvé les traits et la couleur dans ses souvenirs d'autrefois.

Ainsi, beaucoup de ses romans — surtout ceux de ses débuts — ont pour théâtre les forêts des Ardennes. C'est que, dans son enfance, son esprit a été obsédé par la vision des grands bois, et que leurs sombre avenues sont gravées pour jamais dans sa mémoire. Il a gardé pour eux le tendre amour qu'il leur portait quand il était adolescent; nul ne les chérit d'une affection plus réelle; nul n'en a rendu les différents aspects avec une verve de pinceau plus communicative.

Il les a visités à toutes les heures du jour. Il nous les dépeint au matin, à ce moment exquis où le paysage a encore son charme virginal. Alors « la fraîcheur de la nuit l'a pénétré d'une vapeur argentée, qui est pour les feuillées comme cet humide velouté déposé à l'aurore sur les grappes mûrissantes. Les sentiers sont noyés dans une ombre moite, et les gouttes de rosée irisent l'extrémité des branches ». En plein midi, il s'est grisé de soleil et de parfums, s'est assis près des sources, et s'y est assoupi doucement au bruit de l'onde jaillissante. Il a pu voir souvent la belle chose qu'est une futaie à l'heure du soir où le soleil glisse ses rayons obliques sous le couvert : «Les hêtres et les chênes élancent droit vers le ciel leurs troncs sveltes et nus, surmontés d'une ramure opaque... Une lumière verdissante et mystérieuse baigne la futaie où les pas et les voix deviennent plus sonores. De tous côtés, les hêtres profilent leurs blanches colonnades. C'est comme un temple aux mille piliers puissants, aux nefs spacieuses et sombres, où, tout au loin, des pluies de rayons lumineux brillent dans l'ombre comme des lueurs de cierges ». Enfin il a goûté dans les bois, le charme des crépuscules et la magie des nuits sereines, quand la lune y filtre ses rayons bleuâtres.

M. Theuriet a parcouru les forêts à toutes les saisons, au printemps qui voit naître les nouvelles pousses et se développer les jeunes verdures, comme à l'automne mélancolique qui jonche le sol de feuilles mortes aux reflets ardoisés, et qui donne aux feuillages une couleur un peu tannée, ou des teintes rougeoyantes, ou encore des nuances d'or fauve. Il s'est promené « au bord des taillis où jaunissent les cornouillers en fleurs, au fond des combes humides où le joli bois épanouit ses calices » ; il a trouvé dans les bois des « coins » charmants qui sont restés dans son esprit et où il a savouré la douceur de vivre. Et par son contact assidu avec les choses sylvestres, il a su dans ses ouvrages. exprimer de la manière la plus heureuse « le sourd frisson qui court à travers la forêt, le murmure mystérieux de l'herbe qui pousse, de la feuille qui se déplie et de de la sève qui monte ».

Parmi les romanciers français, M. Theuriet a

fait entendre une note originale en décrivant ses émotions de faune paisible, épris vivement des beautés forestières. Aussi, aimons-nous la plupart de ses récits rustiques où la poésie agreste — si pénétrante et si capiteuse — des idylles champêtres de Georges Sand, s'allie si bien à la tendresse émue, aux touches délicates et aimables des romans de Jules Sandeau. Les excellentes pages, d'un réalisme sobre et vibrant, où il nous dépeint les mœurs des charbonniers et des verriers de l'Argonne ; ses contes simples, aisés, sans prétention, dont les scènes se passent au fond des bois, et qui sont tout imprégnés des âcres senteurs des fougères et des genêts, tout embaumés du parfum des fraises et des framboises, procurent à ceux qui les lisent des jouissances d'un genre tout particulier, des impressions fraîches et saines qui sont d'une grande douceur.

Cependant, M. Theuriet avait dû quitter les forêts : il était entré dans la carrière administrative. Ce qui s'offrit dès lors et pour longtemps à son regard attentif, ce furent de petites villes où dominait un calme profond, presque absolu, où la vétusté des maisons et le caractère des habitants correspondaient très bien à l'aspect général des rues et au silence morne qui y régnait. Il se laissa gagner par la séduction singulière de ces cités ensommeillées et par la mélancolie qui s'en dégage. Il s'éprit de leur solitude qui est si grande, de leur tranquillité qui est si complète, de leurs vieilles demeures dont les façades sont parfois si pittoresques, et dont les intérieurs sont si curieux à examiner, à cause de leurs boiseries sculptées, et des tons passés, très anciens et très doux, de leurs tapisseries.

Il a bien dû mener l'existence médiocre qui est celle de tous les êtres qui végètent dans ces petits trous de province; il a connu la routine des jours qui se suivent en se ressemblant; il a été mêlé — malgré lui, sans doute — à ces minces événements qui prennent dans ces villes endormies des proportions énormes, parce qu'ils viennent rompre l'uniformité de la vie journalière; il a entendu jaser les mauvaises langues; il a appris par elles les cancans du voisinage; il a été mis au courant des haines de clocher qui sont très vivaces et qui se perpétuent de génération en génération ; et tout cela a été pour lui un champ d'études dont il a largement profité, et sur lequel son attention — toujours éveillée — de romancier en quête de sujets, s'est portée d'une façon toute spéciale.

Cette vie de province, il en a dessiné des croquis d'une vérité piquante. Quel tableau fouillé, dans ce genre, que *la Maison des Deux Barbeaux* ! Ce roman est, pour l'exactitude et la précision des détails, d'une vérité remarquable : l'auteur a su créer à ses personnages une atmosphère : ils ont bien l'air d'appartenir au même groupe restreint, et de dépendre d'un milieu qui les a façonnés, leur a donné leurs travers, leur a inculqué des idées étroites et bornées. En ce livre, la petite ville apparaît, toute palpitante et frissonnante de vie : ses vertus et ses ridicules sont bien saisis; ses verrues sont bien étalées ; ses beautés sont prises sur le vif et mises dans leur jour. C'est là un ouvrage riche d'observations, mais que déparent, malheureusement, quelques scènes un peu scabreuses.

En même temps qu'il s'initiait à l'existence des petites villes, il voyait aussi, de près, ce qui se passe dans les bureaux de l'Administration. Il a coudoyé des employés sans fortune dont la gêne décente et la parcimonie nécessaire ont été très bien décrites dans certains de ses ouvrages, entre autres dans l'*Affaire Froideville*. Il a vu défiler devant lui maints bureaucrates malchanceux, défiants, aimant les potins, et qui, toute leur vie, se sont courbés sur une besogne monotone et ingrate. Il a été témoin des tracasseries dont ils sont les victimes ; il a pu remarquer comment ils sont ployés sous la peur des chefs, quelles petites querelles ils ont avec eux, quelle lutte âpre et difficile ils soutiennent pour obtenir un avancement. Car l'avancement est leur espoir unique, le grand but de leur existence, comme la gratification est le rêve doré qui les berce toute l'année.

Mis en relations par les nécessités du métier avec des employés très nombreux, M. Theuriet a constaté quelle déformation particulière produisent dans le type humain le joug de l'Administration et la discipline à laquelle on y est soumis. Il a croqué, de main très experte, plusieurs physionomies d'employés, et ses tableaux de la mesquinerie et de la routine qui règnent en maîtresses dans les bureaux de l'Etat, sont d'une justesse frappante et d'une exactitude scrupuleuse.

Feuilletez l'*Affaire Froideville*, dont je vous parlais tout à l'heure. L'auteur nous y ouvre des échappées de vue sur un bien drôle de monde ! Il s'exhale, de ce roman, une fade odeur de renfermé et de papier moisi. Tout un échafaudage de cartons verts se dresse devant nous et nous obsède. C'est l'intérieur d'un ministère que M. Theuriet nous y montre, mais qu'il est maussade et ennuyeux ! Oh ! l'affreux séjour, plein de crasse et d'humidité, et combien les êtres qui y coulent leurs jours ont des idées plates et racornies ! C'est un air lourd, étouffant, chargé de miasmes, qu'on respire dans cette geôle administrative, et l'on ne demande qu'à fuir cette demeure lugubre pour se retrouver au milieu de la campagne et s'y remplir les narines d'arômes bons et salubres.

Mais M. Theuriet, depuis plusieurs années,

n'est plus attaché à l'Enregistrement, et, avant de se fixer à Bourg-la-Reine, il habita quelque temps Talloires, sur les bords du lac d'Annecy. L'endroit lui parut délicieux. Il l'a dépeint, d'un pinceau soigneux et aimable, en quelques-uns de ses derniers ouvrages, spécialement dans les *Deux Sœurs* et dans *Amour d'automne*. Il nous montre, sous tous ses aspects, à toutes les saisons, à l'aurore, en plein midi ou au crépuscule, ce joli petit village, entouré de vignobles et de vergers, et dont l'unique rue dresse ses auvents hospitaliers, ses galeries de vieux bois, ses toitures moussues, au sein d'un pays accidenté et coupé de vertes collines !

Il se plaît surtout à nous décrire le lac d'Annecy dont l'eau tranquille, par un gai soleil, est d'un vert lustré et tendre, et que de légers remous, tantôt argentés et tantôt mordorés, moirent à la moindre brise. Il est merveilleux, ce lac, par les douces nuits d'été qui sont toutes baignées de lune. Lisez plutôt cette page où M. Theuriet exerce, avec bonheur, son talent de paysagiste pour rendre les enchantements d'une belle soirée :

« Tout à coup, au-dessus de l'échancrure de la Forclaz, la lune surgit à l'horizon et monta, faisant pâlir les feux tremblants des étoiles. Elle était presque ronde et avait la blancheur nacrée d'un lis. Une partie de la surface sombre du lac s'éclaira, traversée de part en part d'un frisson argenté et intermittent qui s'étendait d'une rive à l'autre, comme un immense filet aux mailles scintillantes. Dans cette lumière bleuâtre, le paysage avait pris un aspect de féerie. En face, les monts de Trélod, pareils à d'énormes vagues figées, confondaient leur double crête en une masse noire et mystérieuse, tandis que les lointaines montagnes du fond semblaient, avec leurs couloirs et leurs gradins baignés d'une claire vapeur opaline, conduire à de fuyantes contrées élyséennes. Et dans le mélodieux silence de cette nuit azurée, au fond de la gorge d'Entrevernes, très loin, une voix de paysan, une voix traînante, s'élevait lentement, comme un rustique chant d'adoration en l'honneur de la lune et des étoiles ».

Voilà comment, dans la longue série de ses ouvrages, M. Theuriet se remémore les impressions qu'il a éprouvées aux diverses époques de sa vie, reconstituant les étapes de son passé, et rattachant les intrigues de ses œuvres aux lieux qu'il lui a été donné de voir et aux paysages qui ont frappé ses yeux.

Dans ces milieux divers qui ont servi de décors à ses fantaisies romanesques, au sein de cette belle nature dont il s'est plu à retracer les splendeurs, M. Theuriet a placé une agréable variété de personnages, et il est très grand, le nombre d'hommes et de femmes que ce romancier, dans ses œuvres, a fait vivre, agir, aimer et mourir. Ses héros ont souvent une solide santé morale; ils jettent sur le monde un regard bienveillant, et ce n'est pas eux qui, comme les pessimistes, se rempliraient la tête de papillons noirs. Les sombres pensées et les décourageantes réflexions ne voltigent pas dans leur esprit; ils n'ont, en général, ni tristesse ni mélancolie.

La nature leur inspire, presque toujours, des idées saines et réconfortantes. Beaucoup d'entre eux vivent dans l'isolement, et celui-ci, tout en leur donnant certaines manies et des allures un peu sauvages, leur enseigne cependant la bonté et l'indulgence. Ils ont leurs travers, leurs tics, des obstinations peu raisonnables, parfois leur grain de folie ou de méchanceté, mais ils restent tout de même sympathiques.

Quelques-uns sont odieux, car il faut des loups dans les idylles, sinon elles risqueraient d'être un peu fades. Mais la plume, volontiers optimiste, de M. Theuriet préfère créer des êtres bien constitués, ayant des âmes bien portantes, et chez qui sont enracinés les meilleurs sentiments.

Il a toute une riche collection de vieux garçons et de vieilles filles, sur qui les yeux s'arrêtent avec complaisance. Habitant la campagne, nichant dans les bois comme les oiseaux, ou demeurant dans de calmes petites villes, ces célibataires des deux sexes nous plaisent par leur caractère qui est original, et par leur fond de nature qui est aimable et bon.

Et ses veuves, et ses vieux gentilshommes sont également délicieux. Oh! les excellentes créatures, pétries d'une certaine façon par la solitude où elles abritent leur existence, mais avec lesquelles, ma foi, on ne serait nullement fâché de vivre !

Ses jeunes premiers sont, la plupart du temps, charmants et honnêtes; ils ressemblent aux ramiers que M. Theuriet a si bien chantés, et font de passionnés duos avec de poétiques et pures colombes. Mais parmi eux, hélas! il en est qui ont le cœur moins bien placé et qui, ressemblant aux vautours carnassiers et cruels, vont troubler la paix des ménages et se complaisent dans des passions adultères. Voyez, par exemple, le Paul Lobligeois, de *Péché Mortel*, ou le Xavier Duprat, de *la Maison des Deux-Barbeaux*, ou le Francis Pommeret, de *Sauvageonne*.

Quant aux jeunes filles et aux jeunes femmes de M. Theuriet, elles sont tout simplement ravissantes. Si cet écrivain n'est pas un subtil analyste de la femme, il en est le peintre délicat. Il y a, dans ses ouvrages, bien de jolis petits êtres, qui sont de gracieux spécimens de ce que Goethe appelle « l'éternel féminin ».

Qui ne se rappelle, pour n'en citer que quelques-unes, l'héroïne de *Sauvageonne*, cette créature un peu étrange, qui a dans l'allure quelque chose d'une faunesse, et dont la tête est d'un attrait si vif, avec ses opulents cheveux, ses narines palpitantes, ses yeux étincelants et ses lèvres vermeilles, souvent entr'ouvertes par un sourire de défi ; — ou bien Raymonde La Tremblaie, qui a une taille svelte et mince, un cou blanc et flexible, une figure d'un ovale élégant, une bouche enfantine d'un rouge vif, des prunelles sombres, piquetées de points d'or, et une chevelure soyeuse aux tons si chauds; — ou encore Mariannette Diosaz qui, avec sa grâce sereine et son regard limpide, semble une émanation de tout ce qu'il y a de fraîcheur et de beauté dans la nature où elle est née et où elle a toujours vécu; — madame Déglise, chez qui, par les contours du visage, les lignes de la bouche et du nez, les longs cils bruns voilant ses yeux, on retrouve l'expression virginale de certaines saintes du Corrége; — et Zélie Delorme, qui a une suavité agreste de rose mousseuse, et Laurence de Coulaines, dont la gracilité est pleine de séduction, et Alice Saintot, la jolie phtisique, si attendrissante avec sa blancheur de neige et son profil de madone...

L'auteur a souvent une façon exquise de nous les présenter. La première fois qu'il nous fait apercevoir, dans *le Mariage de Gérard*, Hélène Laheyrard, sa délicieuse héroïne, elle est assise sur un arbre, entre deux maîtresses branches, tenant d'une main un gros morceau de pain et de l'autre cueillant des reines-Claude. Elle avait grimpé sur cet arbre pour y prendre son goûter, mais ses deux petits frères, qui sont des espiègles rieurs, viennent de lui enlever son échelle. Elle a beau crier après eux : ils se sont enfuis et se tiennent cachés : « Elle était charmante ainsi, tête nue, cheveux au vent, avec une légère teinte rose sur ses traits animés et un éclair dans ses grands yeux. Les rayons épars dans la feuillée promenaient alternativement sur son cou et sur sa figure de rapides touches d'ombre et de lumière; un léger vent qui agitait l'ourlet de sa robe découvrait deux mignonnes bottines... »

Contemplez également, dans *les Souffrances de Claude Bouet*, la gentille Nanine faisant des promenades avec ses amis, par de chaudes après-midi de juin : « Elle était si jolie après une montée rapide sous les hêtres !... Un peu échevelée par la course, ses yeux jetant de vives flammes brunes, ses lèvres entr'ouvertes pour reprendre haleine ; et parfois, dans ses boucles blondes et sur son cou blanc, des pétales semés au hasard, ou une gouttelette brillante, souvenir de la rosée du matin. »

Toutes les femmes que M. Theuriet mêle à ses intrigues sont des amoureuses, les unes ayant, dans leurs tendresses, une grande candeur de sentiment ; les autres cédant à des affections coupables et devenant malheureuses par leur faute, comme Sauvageonne ou la jeune madame Déglise. Car il faut bien le reconnaître, si, parmi les livres de M. Theuriet, il en est plusieurs qui sont conçus dans une note chastement sentimentale, il en est, par contre, d'un ton quelque peu osé et d'un goût assez pervers. *Sauvageonne, Péché Mortel* et quelques autres ne sont pas écrits pour des jeunes filles. Ces romans contiennent l'histoire de femmes qui sont emportées dans l'élan de passions défendues et qui se livrent à des actes répréhensibles, par lesquels elles se souillent et s'avilissent. Mais, à côté de ces récits peu recommandables, il s'en trouve de vraiment délicats, comme *Raymonde, le Mariage de Gérard* et *le Secret de Gertrude*, qui sont d'une intrigue honnête et qui ont l'éclat un peu voilé et la pureté de la perle.

Pour écrire ses romans, M. Theuriet s'est créé une langue agréable et qui lui est personnelle. De tissu solide et très français, son style est parsemé de locutions peu usitées, empruntées tantôt au patois pittoresque des campagnards du Barrois; tantôt au lexique qu'emploient les derniers survivants des vieilles races provinciales et qui contient pas mal de termes surannés ; tantôt encore à l'ancien langage français, trop épuré au dix-septième siècle par Malherbe, Vaugelas et l'Académie.

Il fera voir, étant dans un village, tout ce qu'il

y a de fraîcheur et de beauté aux *entours* ; il montrera le lait qui *fleure* la lavande et le thym, les *avrillées* qui inondent les friches nues vers Pâques-fleuries, les petits pâtureaux qui *dès le fin matin* se glissent pieds nus *emmi* les sauges et les menthes fluviales, au bord des ondes bouillonnantes du *coulant d'eau* ; il parlera des nymphes couronnées de verveine sauvage qui *mènent* grand bruit au travers des halliers épais, peindra les moissonneurs qui, fatigués de leur lourde tâche, vont, sur le midi, s'étendre sur l'herbe molle à la *corne* du bois, et fera dire à l'un de ses charbonniers : le *mitan* de la route.

Toutes ces expressions, choisies d'ailleurs avec soin et placées dans ses phrases avec mesure et réserve, donnent à son style un éclat agreste et une saveur originale. Ce style, en général, est d'excellente qualité : il a de la grâce et de la correction, du nombre et de l'élégance, de l'harmonie et du coloris. C'est le style d'un littérateur qui possède sa langue, qui la façonne en poète et la manie en artiste. Et, fréquemment, on rencontre chez lui de fraîches images, des nuances aimables et délicates, qui jettent dans ses romans des taches riantes et comme des clartés gaies.

Le malheur est qu'il a été trop prodigue de sa prose. Enclin à se répandre, il a multiplié les volumes. Il a de la facilité : ce don charmant lui a été funeste. Ce conteur si sincère et si vrai a produit, d'ordinaire, un livre par an, et parfois même davantage. C'est beaucoup trop, car la pensée finit par se noyer dans ce flot de copie. La fécondité de M. Theuriet me paraît fâcheuse. C'est à cause d'elle qu'il y a, dans plusieurs de ses ouvrages, un peu de diffusion et de mollesse. Et puis, est-il besoin de tant de pages pour exprimer comment nous comprenons la vie ? Est-il nécessaire de remplir tant de lignes pour montrer comment nous sentons la nature ? Ne peut-on renfermer en quelques mots beaucoup de sens et d'observations ? Ecrire d'une façon concise et substantielle, telle devrait être la politesse des auteurs, même de ceux qui ont le plus à dire.

Ça n'a pas été celle de M. Theuriet. Ce romancier actif, plein de force et de sève, a été fort prolixe. Il ne s'est pas condensé en quelques volumes de choix et s'est adonné trop souvent, peut-être, à la fabrication de prose lucrative.

Et nous le regrettons, non seulement pour lui, mais encore pour nous. Armé, comme il l'est, des qualités essentielles qui font les bons poètes et les romanciers de valeur, il n'a pas rempli tout son mérite : il est resté en deçà de ce qu'on pouvait attendre de lui. Ce qu'il a fait n'est pas toujours — loin de là ! — ce qu'il aurait pu faire. Toutes les fois qu'il a publié le résultat de ses observations récentes ou le dernier fruit de sa fantaisie, on se disait : Est-ce pour cette fois ? Va-t-il enfin nous donner le chef-d'œuvre complet que nous sommes en droit d'exiger de son talent ? Ce chef-d'œuvre, il le devait à sa propre renommée. Avec son existence littéraire, si heureusement assise dès le début, avec les qualités naturelles qu'il a déployées depuis sa jeunesse, et dont il avait si vite trouvé l'emploi, M. Theuriet a laissé passer la maturité sans écrire son maître ouvrage, celui qui aurait été sa meilleure recommandation et son vrai titre de gloire auprès de la postérité. Ce qu'il portait, sans doute, d'achevé en lui, il n'a pas su le faire sortir. Il n'a pas obligé son esprit à produire, dans une forme accomplie et parfaite, un ouvrage magistral et durable. Il nous l'a fait attendre toute sa vie. Maintenant il est un peu tard pour oser l'espérer encore. M. Theuriet a dépassé la soixantaine ; c'est un âge où l'Imagination. cette Psyché ailée et divine, commence à nous être infidèle, et la vieillesse n'est pas la saison des chefs-d'œuvre.

M. MAURICE MAETERLINCK

I

Si M. Maeterlinck avait vécu vers la fin du Ve siècle avant notre ère, au temps où Prodicos de Céos composait un apologue resté célèbre : *Héraclès entre la Vertu et la Volupté*, j'imagine que, pour expliquer le « cas » de l'auteur des *Sept Princesses*, Prodicos se serait exprimé à peu près dans ces termes :

« Narcisse courait un matin à la recherche de la Renommée, lorsqu'il rencontra sur sa route deux vierges qui lui souriaient. L'une avait un port plein de noblesse, un front sérieux, des yeux transparents et des lèvres d'une gravité charmante : tout ce qui sortait de celles-ci n'était que clarté et harmonie. L'autre avait des regards un peu fous et une marche désordonnée ; des phrases incohérentes s'échappaient de sa bouche ; comme emblème, elle tenait, dans sa main droite, la queue qu'Alcibiade avait coupée à son chien. Et les deux vierges lui dirent : « Choisis l'une de nous ». Narcisse, après avoir réfléchi, opta pour la seconde : c'était l'Extravagance. La première, qui était la Raison, dit au jeune homme : « Tu réussiras ; la Renommée criera ton nom dans ses trompettes d'airain, car le ridicule ne tue plus aujourd'hui : il aide à vivre. Mais j'aurai un jour ma revanche. » Et elle disparut dans un nuage d'or. »

C'est là l'histoire — ou peu s'en faut — du fameux dramaturge qui a signé *la Princesse Maleine*, de cet écrivain que la Belgique a l'honneur de compter parmi ses enfants, et que M. Octave Mirbeau, dans un grand journal de Paris, a proclamé un Shakespeare contemporain. Oui, un Shakespeare, tout simplement; M. Mirbeau n'aime point à mâcher la vérité. Et il est regrettable que le Shakespeare anglais ait eu le sans-gêne bien britannique de naître près de trois cents ans avant M. Maeterlinck, car, sans cela, il eût suivi dévotement la trace de l'auteur inspiré qui, dans notre fin de siècle, a composé de si admirables chefs-d'œuvre. On n'en doute pas lorsqu'on a lu tout ce qui a coulé de cette plume moderne, à la fois si féconde et si hardie. Ce n'est, suivant l'expression d'un ancien, que miel et que chant de sirènes.

Quelques grincheux trouvent bien qu'il y a dans les drames de M. Maeterlinck beaucoup d'obscurités; que son symbolisme est nuageux et que la plupart des procédés dont il se sert sont d'une puérilité vraiment étonnante. Plusieurs ont l'effronterie de penser que la fille la plus illustre de ce dramaturge, la princesse Maleine, celle qui se promène dans des parcs étranges et qui se fait mouiller par des jets d'eau en compagnie d'un prince angoissé, est une petite créature fort bizarre, et qu'on ne comprend guère tout le bruit qui s'est fait autour d'elle. J'ai même lu, je ne sais plus où, que M. Maeterlinck n'a jamais été plus heureusement symbolique qu'en donnant à un volume de vers le titre énigmatique de *Serres Chaudes,* car ainsi il prévient ceux qui ne sont pas accoutumés à cette littérature exceptionnelle, qu'ils risquent la congestion à s'y aventurer. Mais que peut l'avis de ces gens-là ? Leur opinion ne prévaudra point contre celle de M. Mirbeau, et, de par la volonté de ce dernier, M. Maeterlinck est devenu un des rois du théâtre moderne.

L'article où M. Mirbeau nous fit connaître l'existence d'un nouveau Shakespeare, fut une révélation et une surprise. La nation belge en fut tout ébahie. Elle se mit en frais de coquetterie avec le brillant écrivain qui, dans le ciel de l'art, commençait à scintiller comme une étoile. Sur un rapport très spirituellement rédigé par Gustave Frédérix, et où l'ambiguité des termes cachait une fine ironie, l'Académie royale de Belgique se permit de couronner M. Maeterlinck en la personne de son aimable enfant, la princesse Maleine. Mais vous saisissez tout de suite ce qu'il y avait d'humiliant pour M. Maeterlinck à être traité de la sorte. C'était un péché de familiarité dont il releva vertement l'Académie. Il lui fit comprendre, avec une netteté cavalière, qu'elle eût à réserver ses faveurs surannées pour les simples mortels, car on n'a pas l'habitude de récompenser les dieux. Or, qui ne sait que M. Maeterlinck est dieu depuis que M. Mirbeau s'est fait son prophète ? L'Académie fut forcée d'empocher un refus et de remettre dans sa caisse les billets de banque qu'elle en avait tirés. Elle ne fut pas contente, l'Académie, pas contente du tout. Elle se tut parce qu'elle est bien élevée, qu'elle a des formes et du savoir-vivre; mais on ne la reprendra plus à s'occuper des divinités littéraires, fût-ce pour leur décerner des couronnes.

La leçon que M. Maeterlinck lui infligea était sévère sans doute; on ne peut nier qu'elle était justement méritée. Aussi, ce n'est pas sans appréhension que je vais consacrer une étude à ce dramaturge. Je comprends combien mon audace est grande. Du moins, mettrai-je dans mes paroles beaucoup de respect, ainsi qu'il convient d'en avoir avec un artiste et un poète qui est, assurément, d'une argile supérieure.

II

M. Maeterlinck a dépassé la trentaine, mais ce n'est pas de beaucoup. Il est de ceux à qui, de bonne heure, la Fortune a montré un visage bienveillant. Pas bien âgé encore, il a déjà savouré toutes les griseries du succès. Il a eu la joie d'entendre les louanges qui caressent et qui flattent, et de voir ses ambitions se réaliser très vite. Par un coup de chance, sa réputation a été faite. Depuis, il a marché en vainqueur dans la carrière des lettres. Et vraiment, sa vie a dû être agréable et facile, baignée dans ce jour tiède et doré dont la Destinée enveloppe doucement les existences qu'elle favorise.

Grand, bien bâti, les épaules carrées, la moustache fine, la figure rose encadrée de cheveux blonds, il n'a pas, dans sa physionomie, de traits bien accentués, et celle-ci respire surtout la jeunesse. Pourtant, quelques rides précoces viennent balafrer son front, comme chez tous ceux qui ont connu, très tôt, les longues méditations solitaires.

Il n'a pas le pétillement juvénile, le mordant de l'esprit, la grâce des attitudes, le feu et l'abondance de paroles qu'on remarque chez plusieurs des éphèbes qui, à Paris, font métier de jouer de la flûte poétique. Chez ce Gantois, il y a une sorte de placidité habituelle. C'est bien exceptionnellement que, dans la conversation, la verve et la joie le prennent. La lenteur flamande pèse sur sa langue. Il s'exprime d'une voix indécise et voilée, en petites phrases un peu haletantes qui sortent péniblement de sa bouche Ses lèvres qui tressaillent souvent et, à la moindre émotion, ont de légers soubresauts nerveux, laissent tomber les mots avec une hésitation marquée, et comme si M. Maeterlinck craignait de les prononcer.

Quand il cause, il semble étranger, la plupart du temps, à ce qu'il dit. Son œil bleu reste terne, sans flamme vivace et comme embrumé de rêve. On croirait que cet écrivain est perdu dans la contemplation de choses intérieures, et qu'il a quelque peine à s'en arracher. Son regard ne s'allume qu'à certains moments, lorsqu'on cite à M. Maeterlinck le nom de littérateurs qu'il n'affectionne pas. Et ceux-ci sont assez nombreux. Alors ses prunelles s'animent, et on y voit briller le mépris. En ces rares instants, son visage se creuse d'un sourire plein d'ironie, où ne se dessine aucune indulgence. On lit dans ce sourire les dédains d'un homme célèbre qui a conscience de sa valeur.

Mais, malgré toute la bonne volonté qu'on peut y mettre, on ne devine point en lui, lorsqu'on l'examine ou qu'on l'écoute parler, l'auteur qui éveille dans ses drames des images étranges et qui se répand, sur le papier, en imaginations à la fois bizarres et un peu folles. Il paraît l'homme le plus simple du monde, et même — peut-on le dire ? — le plus ordinaire et le plus banal. Rien ne révèle dans sa tranquille personne l'amateur des intrigues singulières, l'assembleur de symboles, l'ami discret des belles princesses, dont il évoque en ses ouvrages les silhouettes vagues et mystérieuses. Rien ne fait pressentir qu'on a devant soi le Shakspaere belge, à qui sont décernés de si grands éloges dans les petites revues de Paris.

M. Adolphe Brisson, qui a eu l'honneur de déjeuner avec M. Maeterlinck, déclare que les premières minutes qu'on passe à ses côtés sont très pénibles ; « elles sont coupées de longs silences que l'on n'ose pas rompre et qui vous plongent en un réel embarras. On craint d'être importun. On s'imagine que le poète emploie la façon la plus polie de vous congédier, qui est de faire mourir à tous coups la conversation. »

Dans quelle grossière erreur M. Brisson tombe en s'exprimant de la sorte ! Et qu'on voit bien qu'il n'a pas lu, dans *le Trésor des Humbles*, le chapitre intitulé : *Le Silence* ! Il aurait saisi tout de suite que ce silence était une faveur inappréciable qui lui était accordée par l'auteur de *la Princesse Maleine*.

« Nous ne nous connaissons pas encore, écrivait à M. Maeterlinck quelqu'un qu'il aimait entre tous ; nous n'avons pas encore osé nous taire ensemble. » Et M. Maeterlinck avait osé se taire avec M. Brisson ! Et ce dernier n'a pas compris ! Il a même cru peut-être qu'il ennuyait M. Maeterlinck !

Soyez donc gracieux envers un de vos semblables pour en être ainsi récompensé ! Faites donc descendre, entre son âme et la vôtre, ce silence qui est « l'ange des vérités suprêmes» et le «grand révélateur des profondeurs de l'être » ; pour faire plaisir à votre interlocuteur, taisez-vous longuement devant lui, parce que ce n'est que dans le silence « que s'entr'ouvrent un instant les fleurs inattendues et éternelles, qui changent de forme et de couleur selon l'âme à côté de laquelle on se trouve ». Et voilà ce qu'on pensera de vous. On s'imaginera tout simplement qu'on vous est à charge Assurément, le trait est noir.

Il est vrai que, suivant M. Maeterlinck, on ne sait jamais la *qualité* du silence qui naît entre deux êtres. « Si toutes les paroles se ressemblent, tous les silences diffèrent, et la plupart du temps, toute une destinée dépend de la *qualité* de ce premier silence que deux âmes vont former. Des mélanges ont lieu, on ne sait où, car les réservoirs du silence sont situés bien au-dessus des réservoirs de la pensée, et le breuvage imprévu devient sinistrement amer ou profondément doux. Deux âmes admirables et d'égale puissance peuvent donner naissance à un silence hostile. "

Il n'en aura pas été de même pour M. Brisson et M. Maeterlinck : ils se sont quittés bons amis après avoir mangé ensemble quelques pousses de houblon, mais M. Brisson n'a pas bien mesuré la grande portée du silence de cet illustre écrivain ; il n'a pas vu cette chose pourtant si simple, et que M. Maeterlinck énonce en un style où se rencontrent la finesse et la beauté des maximes bien frappées : « Les âmes se pèsent dans le silence, comme l'or et l'argent se pèsent dans l'eau pure, et les paroles que nous prononçons n'ont de sens que grâce au silence où elles baignent ». Après cela, que M. Brisson ne s'étonne plus désormais des longs silences qui creusent des trous, si j'ose ainsi dire, dans les conversations de ce dramaturge ! Je lui en ai fourni une explication dont tout le mérite revient d'ailleurs à M. Maeterlinck lui-même.

Cet écrivain gantois, qui a l'air méditatif, volontaire et doux, est non seulement un silencieux : il est aussi un mystique. Où a-t-il pris ce goût du mysticisme ? Est-ce à Gand, au bord de ces canaux stagnants et mornes, qui portent à la mélancolie, et en écoutant le tintement des cloches qui a tant de tristesse sous le ciel gris ? Est-ce que l'esprit flamand, ami des somnolences et des rêves intimes, prédispose au mysticisme et y fait trouver des délices ? Je ne résoudrai pas la question, n'ayant pas pénétré fort à fond au cœur de cette race.

C'est surtout vers les raffinements mystiques que M. Maeterlinck va de préférence. Il y a eu autrefois une littérature dévote, qui subtilisait les sentiments de l'homme, qui voulait des élans rares vers le Ciel, des ardeurs vives et exquises dans l'amour divin, et qui offrait parfois de singuliers aliments à la piété des fidèles. Il y a eu chez tous les peuples chrétiens une poussée de livres mystiques qui, avant d'éclore, germaient lentement en des âmes ardentes, et dans lesquels celles-ci ont renfermé le suc de leurs méditations quotidiennes. Et ce sont des effusions passionnées, des considérations ingénieuses, et dans certains de ces ouvrages, des idées abstruses qui sont comme enveloppées d'obscurité.

Quelquefois, au milieu de pages médiocres, se rencontrent des pensées d'une puissance ou d'une suavité merveilleuse. Après s'être empêtrés longtemps dans une phraséologie assez vague, plusieurs de ces auteurs, d'un coup d'aile, atteignent des sommets. Le grand charme de ces livres, c'est qu'ils sont écrits dans un esprit d'édification et qu'ils ne laissent point, en général, d'atteindre leur but. Il en est parmi eux qui ont été composés, en excellent style, par de saints reclus, et l'on sait que la solitude est, en matière de mysticisme, une grande initiatrice. C'est dans des cellules de religieux que les ouvrages mystiques les plus remarquables ont été élaborés. Ces auteurs pieux étaient presque toujours des âmes délicates, ivres des voluptés célestes, aimant la douleur qui purifie, entraînées dans le cercle des divins désirs, allant très haut dans l'amour de Dieu, et favorisées des doux ravissements de l'extase.

Ce n'est pas aux maîtres du genre, à ceux qui, comme François de Sales, ont tant de substance et de poésie, que s'adresse M. Maeterlinck. Il ne s'occupe point des robustes et maîtresses branches de l'arbre mystique : sainte Thérèse semble peu connue de lui; Catherine de Sienne, Colette de Corbie, Christine de Stommel, Marie d'Agréda, Louis de Léon, n'ont pas le don de l'attirer et de le retenir.

Qui me dira pourquoi, entre tant d'écrivains de cette espèce, il a été choisir Jean Van Ruysbroeck ? *L'Ornement des Noces spirituelles*, que ce solitaire a composé au XIVᵉ siècle dans une cabane de la forêt de Soignes, à Groenendael, ne procure que peu d'agrément aux personnes qui sont, avant tout, amoureuses de clarté. M. Maeterlinck, qui a traduit du flamand cette œuvre assez nuageuse, a pu être un fidèle traducteur : il n'a su rendre cet ouvrage fort accessible aux simples mortels. Les pensées de ce reclus ne coulent pas toujours dans son livre avec la limpidité d'une eau de roche. L'auteur de *la Princesse Maleine*, qui aime les subtilités mystiques, se plonge dans cette production comme dans un bain d'aromates : il y trouve une délectation extrême.

Il avoue pourtant que cette œuvre n'est pas destinée à la généralité des hommes : il n'en a même entrepris la traduction, dit-il, que pour la satisfaction de quelques platoniciens. Il déclare que tous ceux qui n'ont pas vécu dans l'intimité de Platon et des néo-platoniciens d'Alexandrie, ne pousseront pas très avant cette lecture. « Ils croiront entrer dans le vide; ils auront la sensation d'une chute uniforme dans un abîme sans fond, entre des rochers noirs et lisses ».

Il faut, paraît-il, avant d'avoir la témérité de s'engager en cette suite de chapitres, « être dans un état philosophique aussi différent de l'état ordinaire, que l'état de veille diffère du sommeil». Selon le mot de Porphyre, «on a l'intuition de ces choses-là bien mieux par une absence de pensée que par la pensée ».

Eh bien — l'avouerai-je ? — en parcourant l'*Ornement des Noces spirituelles*, j'étais à peu près dans cette situation ; je ne pensais plus guère; des idées vaporeuses et compliquées erraient confusément dans mon esprit et le remplissaient d'un ennui morne ; mais, malgré cela, je n'ai pas toujours bien compris, et j'ai fermé le livre en désespérant d'être jamais capable de le rouvrir. Peut-être la façon dont M. Maeterlinck a traduit cette œuvre, a-t-elle contribué à me donner cette impression, car on prétend que, dans la langue originale, le livre de Van Ruysbroeck ne manque pas de mérite.

Pour me consoler de ma mésaventure, j'ai lu dans l'introduction de M. Maeterlinck, ce passage où il explique, en des phrases imagées, ce qu'est l'*Ornement des Noces spirituelles*: « Nous sommes ici, tout à coup, aux confins de la pensée humaine et bien au delà du cercle polaire de l'esprit. Il y fait extraordinairement froid ; il y fait extraordinairement sombre, et, cependant, vous n'y trouverez autre chose que des flammes et de la lumière. Mais à ceux qui arrivent, sans avoir exercé leur âme à ces perceptions nouvelles, cette lumière et cette flamme sont aussi obscures et aussi froides que si elles étaient peintes. »

J'ai tout de même regretté de n'avoir pu saisir constamment, comme je l'aurais voulu, le sens de cet ouvrage, car celui qui a la chance d'en bien sonder tous les arcanes y découvre d'étonnantes richesses. Ecoutez plutôt ce que M. Maeterlinck dit de Van Ruysbroeck : « Il sait, à son insu, le platonisme de la Grèce; il sait le soufisme de la Perse, le brahmanisme de l'Inde et le bouddhisme du Thibet; et son ignorance merveilleuse retrouve la science de siècles ensevelis et prévoit la science de siècles qui ne sont pas nés. »

Aussi, suivant M. Maeterlinck, des écrits mystiques de ce genre sont « les plus purs diamants du prodigieux trésor de l'humanité », et « toute certitude est en eux seuls ». Il va peut-être un peu loin dans l'admiration que lui inspire ce livre. Bossuet et, avant lui, Jean Gerson, n'avaient pas tout à fait le même enthousiasme. M. Maeterlinck admet très bien que sa traduction soit inutile, car « l'expérience semble prouver qu'il importe assez peu que le mystère de l'incarnation d'une pensée s'accomplisse dans la lumière ou dans les ténèbres ; il suffit qu'il ait eu lieu ». Le mysticisme le moins compréhensible jouit, d'après lui, d'un privilège extraordinaire : fût-il exposé dans une langue fort ignorée, il conservera tout de même sa force d'expansion et se répandra en dépit de tout. Mais il ne nous dit pas comment.

Ce qui apparaît avec lucidité dans ce que nous expose M. Maeterlinck, c'est son dédain superbe pour les œuvres claires ; lui qui a vécu dans l'intimité de Van Ruysbroeck, n'a que du mépris pour les pensées nettes et les paroles limpides. Son admiration, fidèle et tendre, se porte vers les phrases enténébrées. Et c'est pourquoi il a tant de plaisir à se promener dans l'œuvre de Van Ruysbroeck où il fait, comme il dit, « normalement noir ».

M. Maeterlinck avait vu « miroiter à l'horizon des œuvres de Van Ruysbroeck les pics les plus bleuâtres de l'âme »; il trouva dans celles de Novalis « les crêtes aiguës et souvent dangereuses du cerveau »; mais il aperçut « des retraites pleines d'une ombre délicieuse entre les inégalités verdoyantes de ces crêtes », et l'atmosphère qu'il y respira lui parut « d'un inaltérable cristal ». Il loue beaucoup un volume de ce littérateur, *les Disciples à Saïs*, qu'il appelle un admirable roman physique, et dont il écrit qu'il est peu d'œuvres plus mystérieuses, plus sereines et plus belles.

Et voici le résumé qu'il donne de ce petit ouvrage : « On dirait que l'auteur a gravi je ne sais quelle montagne intérieure que lui seul a connue; et que du haut de ces cimes silencieuses, il a vu à ses pieds la nature, les systèmes, les hypothèses et les pensées des hommes. Il ne résume pas, il purifie; il ne juge pas, il domine sans rien dire. »

Ce roman de Novalis, traduit de l'allemand par M. Maeterlinck, est un livre d'un mysticisme assez confus, où des pensées philosophiques, qui ne sont guère orthodoxes, s'expriment dans une langue un peu flottante et molle. Il y a là des idées imprécises, aux contours peu saillants et peu arrêtés, et qui, lorsqu'on cherche à les saisir, se fondent sous vos doigts et vous échappent, semblables au corps de Biblis alors qu'il se changeait en eau. Non vraiment, il n'y a pas de quoi décerner tant d'éloges, et l'élixir philosophique que Novalis nous présente dans ce livre étrange, n'est pas digne d'être recueilli par l'humanité, comme ces essences précieuses qu'on renferme avec soin dans des vases d'or.

Ayant lu attentivement les préfaces placées par M. Maeterlinck, en tête des œuvres de Van Ruysbroeck et de Novalis, et l'étude dont il a fait précéder sept Essais d'Emerson, j'aurais voulu en extraire les idées philosophiques de notre auteur. Ce n'est pas très aisé. Il est un disciple fervent des mystiques; il est partisan du mysticisme le plus ardu et le plus sublime. Il professe qu'« une pensée qui communique d'une certaine façon avec l'infini est une pensée mystique » ; et il ajoute qu'« il faut rechercher en tout lieu des pensées de ce genre, car ce sont les seules dans lesquelles notre âme vive véritablement ». Il a la nostalgie des montagnes; il veut atteindre les hauteurs les plus inaccessibles, celles où l'esprit humain se sent pris de vertige, et où il ne voit, quant à lui, que des pensées mal déterminées, des images indécises, des aspirations peu définies et d'une grande imprécision. Il monte volontiers vers des plateaux élevés qui sont entourés de vapeurs opaques. En somme, la philosophie de M. Maeterlinck, ce sont des idées aux formes vagues, se dessinant à demi sur des sommets brumeux.

III

Un poète et un horticulteur se cachaient sous ce mystique. Voyez plutôt quelle collection de plantes bizarres M. Maeterlinck nous offre dans ses *Serres chaudes*. On a déjà dénombré les poètes pour les ranger en différentes classes. Parmi eux, il y a des orfèvres dont les poèmes sont des aiguières merveilleusement ouvragées ou des coupes d'un travail délicat ; il y a des peintres chez qui tout est couleur, des musiciens chez qui tout est harmonie, des sculpteurs chez qui tout est formes arrêtées et comme taillées en plein marbre par le ciseau d'un artiste. D'autres sont des parfumeurs : chacune de leurs pièces ressemble à un flacon d'odeur fine.

M. Maeterlinck est un jardinier, — non pas un de ces jardiniers simples et robustes qui cultivent dans des parterres bien dessinés, des fleurs charmantes et vivaces, amies du soleil, baignées d'air pur et recherchant la caresse des brises folles — mais un jardinier étrange, allant fourrager dans les champs mystérieux du symbolisme, et en rapportant toutes sortes de plantes singulières, dont les fleurs ont des tonalités anémiées et mourantes : des rouges passés, des violets pâles, des bleus effacés, des ors éteints, teintes flétries et chagrines qui conviennent à son esprit nébuleux et tout rempli d'obscures mélancolies.

Et dans les serres où il les assemble, il étend, par je ne sais quelles bouches de vapeur, des brouillards épais, dont les plis lourds glissent le long des corolles, s'accrochent aux pétales, assombrissent l'atmosphère, ne laissant deviner que des silhouettes indistinctes, comme pour dérober à nos yeux la tristesse de ces fleurs étiolées.

Cette «végétation de symboles», comme l'appelle M. Maeterlinck, est d'un aspect lugubre et bien propre, semble-t-il, à donner le spleen. Les feuilles d'arbres qui, en la saison automnale, prennent des nuances atones de pierreries éteintes, ont des couleurs claires et joyeuses à côté de cette végétation funèbre. On y voit les «nénuphars mornes des plaisirs», des « mousses froides », des « lianes molles », les « palmes lentes des désirs », des « lys pâles et rigidement débiles », des « feuillages douloureux», les «roses des attentes mortes», « l'herbe mauve des absences », « les tiges rouges des haines » qui se dressent « entre les deuils verts de l'amour », et sur toutes ces plantes symboliques, glissent lentement « les serpents violets des rêves ».

Et je n'ai pas énuméré tout ce que contient cette flore étonnante. Je n'ai rien dit des « feuilles mortes des fièvres », ou des « songes lilas », ou des «lys jaunis des lendemains», ou des « flammes végétales »; ou des « éjaculations obscures de tiges obscures » ; je n'ai pas décrit

> Les grandes végétations
> Dont l'oubli nocturne s'allonge
> Immobilement comme un songe
> Sur les roses des passions.

Je n'ai pas mentionné les mains de M. Maeterlinck qui sont « les lys de son âme » —que de lys, soit dit en passant, dans les vers de cet auteur! — j'ai laissé dans l'ombre ses prières qui sont de « faibles fleurs dans un verre d'eau », où les pauvres petites ont bien besoin qu'on en « ait pitié » ; je n'ai point signalé le « lin des lombes » qui « entoure de gestes bleus » ce merveilleux poète.

M. Maeterlinck nous avertit que nous ne devons pas toucher à ces plantes :

> N'en soulevez jamais aucune,

s'écrie-t-il. Et il nous en fournit une raison bien profonde :

> On en a mis plusieurs sur d'anciens clairs de lune.

Si cette raison — pourtant grave — ne vous suffit pas, d'autres motifs très péremptoires s'y opposent également :

> On en a placé sur d'anciennes neiges,
> On en a placé sur de vieilles pluies.

Cette prescription draconienne : « N'en soulevez jamais aucune » ressemble à ces règlements inscrits sur des poteaux, à la porte des jardins publics : « Défense de toucher aux fleurs et arbustes ».

C'est donc à cause de la position plus que fantasque où se trouvent les plantes de ses *Serres chaudes*, que M. Maeterlinck se montre aussi sévère et aussi impitoyable. Du moins ses explications semblent nous l'indiquer. Mais je n'en suis pas très sûr, car les vers de ce poète ne se laissent pas pénétrer aisément. C'est une fatalité du symbolisme de rester inintelligible à ceux qui ne sont pas initiés à ses mystères. On ne communie point facilement avec lui, et il est fort malaisé — nul n'en disconviendra — de saisir le sens des gentillesses tarabiscotées qui sont de mode dans les petites écoles. Cette compréhension des poésies et des proses décadentes, bien peu d'hommes peuvent se vanter de la posséder parfaitement. On y doit faire, je crois, une part à la divination. Il faut un flair spécial et des aptitudes toutes particulières pour découvrir ce qui demeure noyé — aux yeux des profanes — dans le crépuscule vague des livres symbolistes.

Cet art, ce don — appelez-le comme vous voudrez — on aurait à l'exercer souvent en lisant les poésies de M. Maeterlinck. On aurait, presque à chaque page, à faire sortir la pensée des limbes obscurs où elle est emprisonnée par la main de l'auteur. Loin d'être disposées avec exactitude et déduites selon les règles de la logique la plus élémentaire, les idées flottent, indéterminées et confuses, dans le courant des phrases rimées. Le lecteur est déconcerté devant l'indécision de ce verbe décadent ; il est rebuté par un symbolisme compliqué et difficile. Dans les *Serres chaudes*, où se dressent, ainsi que nous l'avons vu, tant de fleurs étranges aux nuances pâles et à l'aspect extraordinaire, examinez n'importe quelle collection de strophes : ce sera, certes, de l'ahurissement que vous éprouverez en remarquant la structure bizarre de ces plantes de songes. *Amen*, que je prends au hasard, en est un exemple curieux :

> Il est l'heure enfin de bénir
> Le sommeil éteint des esclaves,
> Et j'attends ses mains à venir
> En roses blanches dans les caves.
>
> J'attends enfin son souffle frais,
> Sur mon cœur enfin clos aux fraudes;
> Agneau-pascal dans les marais,
> Et blessure au fond des eaux chaudes.
>
> J'attends des nuits sans lendemains,
> Et des faiblesses sans remède ;
> J'attends son ombre sur mes mains,
> Et son image dans l'eau tiède.
>
> J'attends vos nuits afin de voir
> Mes désirs se laver la face,
> Et mes songes aux bains du soir,
> Mourir en un palais de glace.

Il y a là de l'inachevé et du mystère. Pour ceux qui tâchent de saisir quelques rapports entre les choses, ce petit poème est comme un papyrus égyptien, orné d'hiéroglyphes. Après avoir parcouru des poésies analogues, M. Jules Lemaître déclarait que, plutôt que de chercher à les comprendre, il préférait passer son temps à regarder les caractères gravés sur l'obélisque de Louqsor ; car, du moins, écrivait-il, l'obélisque est proche d'un fort beau jardin, et il est rose, d'un rose adorable, au soleil couchant... Et il ajoutait : « Si ces vers n'ont pas plus de sens que le bruit du vent dans les feuilles ou de l'eau sur le sable, fort bien. Mais alors j'aime mieux écouter l'onde ou le vent. »

Ce propos est bien d'un homme qui n'est pas symboliste pour un sou. Moi non plus — je l'avoue à ma honte — je ne le suis pas davantage. Heureusement, il est des personnes — surtout des jeunes gens — qui sont mieux douées que nous et qui parviennent à goûter de tels vers. Un des beaux privilèges de la jeunesse est de pouvoir admirer sans avoir besoin de comprendre. Un autre de ses privilèges est de voir des clartés là où nous n'apercevons que des ténèbres. Elle a des intuitions que, lorsqu'on avance dans la vie, on ne possède plus.

M. Iwan Gilkin, en analysant les *Serres chaudes*, a donné des explications très nettes sur cet ensemble de poèmes où la pensée, pour nous, paraît assoupie et presque morte. Parmi les diseurs de sérénades et les étincelants ciseleurs de strophes, M. Gilkin place très haut M. Maeterlinck : il trouve à son recueil une poésie pénétrante et charmeuse. Ce n'est qu'«au lecteur superficiel» que les *Serres chaudes* «offrent un amalgame incohérent de métaphores désorbitées».

Y a-t-il rien qui se rapproche plus complètement de l'idéal que la poésie symboliste ? Les vers qu'on a composés avant la formation des petites écoles contemporaines — ces vers qui se distinguaient par la précision des contours et la franchise des couleurs — ne sont plus — qu'on me passe le mot — « au goût du jour». Le symbolisme seul, avec son incertitude d'idées et d'images, est capable de satisfaire nos aspirations : il ne nous montre rien de jeune, rien de clair ni de lumineux ; il a des délicatesses morbides et des subtilités maladives qui sont en harmonie avec les tendances de notre fin de siècle.

Très différentes et très opposées sont la poésie d'à présent et celle d'autrefois. Certes, ce sont les mêmes mots qu'on emploie, les mêmes tournures, la même langue ; mais cette langue, qui étalait hier toutes ses richesses d'expressions et se donnait pour mission de rendre dans une forme transparente les pensées et les choses, a maintenant un tout autre but. Ne lui demandez plus

« de vous peindre des tableaux vraisemblables avec des couleurs justes ». Si c'est cela que vous voulez, ne vous adressez pas aux poètes symbolistes. Est-ce qu'ils s'inquiètent de pareilles bagatelles? Leur dessein est bien supérieur. M. Gilkin le dit en bons termes : « Tout, chez eux, — couleurs, lignes, personnes ou objets, et composition d'ensemble, — toutes ces choses ne sont que des synthèses de signes et ne valent que par leur signification. »

Pour M. Maeterlinck, « le monde extérieur n'existe plus qu'à l'état de fantômes ou d'images. Les êtres sont, non plus des réalités subjectives, mais seulement des figures, des hiérogrammes qui traduisent les mouvements de sa conscience».

Ce que nous prenons pour des rébus proposés par un sphinx, M. Gilkin en a le mot. Il reconnaît à M. Maeterlinck « une faculté de conception plastique d'une vigueur peu commune ». Et il fait pleuvoir les éloges sur l'auteur des *Sept Princesses*. Sa langue? Elle est « ferme et claire ». Ses images ? Elles sont « puissantes et sévèrement choisies dans un ordre d'analogie unique : elles sont toutes réductibles à l'idée-mère qui obsède l'âme du poète et qui fait l'âme de son livre ».

Cette idée-mère, d'après M. Gilkin, rien n'est plus facile que de la trouver; elle apparaît très translucide à travers ses poèmes. La voici :

« Tout, dans l'univers comme dans ma vie, manque sa destinée : le but n'est jamais atteint ; il n'y a que dévoiement, déséquilibre, dissonance, désharmonie. Moi, qui étais appelé à rester pur, je suis rempli de tentations et de péchés, et je me lamente dans une étouffante solitude au lieu de vivre ma vie au clair soleil. Et à travers l'anomalie de mon existence, m'est révélée l'anomalie universelle des choses du monde ambiant. »

Vous ne vous doutiez pas que c'était là le thème des variations musicalement symbolistes de M. Maeterlinck. C'est que vous n'avez pas l'oreille assez exercée pour vous reconnaître et vous diriger dans cette symphonie de pensées décadentes, où l'auteur emploie une sourdine qui modère les accents et adoucit les sonorités tapageuses jusqu'à ne plus nous faire entendre qu'un susurrement très confus. Mais dans ces susurrements, dans ces balbutiements indécis, M. Gilkin retrouve toujours l'idée-mère. Il ressemble à ce poète exquis qui, sur les fleurs tardives et flétries d'automne, croyait voir voler encore « l'âme des papillons défunts ». Même dans les poèmes les plus étranges de M. Maeterlinck, dans ceux qui sont enveloppés de voiles sombres et pesants, et où nous ne parvenons, quant à nous, à rien distinguer, M. Gilkin voit encore voltiger l'idée-mère et, grâce à celle-ci, il prétend que nous pouvons tout comprendre.

L'auteur nous parle-t-il des « pensées d'une

princesse qui a faim », ou « d'une ambulance au milieu de la moisson », ou « des filles du roi qui errent, un jour de diète, à travers les prairies » ? Nous montre-t-il « une énorme flotte sur un marais », ou « des corsaires qui attendent sur un étang », ou « des lions qui sont noyés au soleil » ? Ne nous demandons pas ce que veulent dire toutes ces images. Recourons à l'idée-mère, car, d'après M. Gilkin, « cette idée donne la clé de toutes ces visions dont la bizarrerie n'est qu'apparente ».

Où cette idée apparaît avec le plus d'évidence, c'est dans la longue pièce intitulée *Hôpital*. Ce poème, dit M. Gilkin, « symbolise la pensée fondamentale avec une rare intensité ». Citons-la donc : nous allons enfin apercevoir dans tout son jour cette idée importante, qui est comme la synthèse de tous les vers de M. Maeterlinck :

> Hôpital ! hôpital au bord du canal !
> Hôpital au mois de juillet !
> On y fait du feu dans la salle !
> Tandis que les transatlantiques sifflent sur le canal !
>
> (Oh ! n'approchez pas des fenêtres !)
> Des émigrants traversent un palais !
> Je vois un yacht sous la tempête !
> Je vois des troupeaux sur tous les navires !
>
> (Il vaut mieux que les fenêtres restent closes,
> On est presque à l'abri du dehors.)
> On a l'idée d'une serre sur la neige,
> On croit célébrer des relevailles un jour d'orage !

On entrevoit des plantes éparses sur une couverture de laine,
　　Il y a un incendie un jour de soleil,
　　Et je traverse une forêt pleine de blessés.

　　　Oh ! voici enfin le clair de lune !

　　Un jet d'eau s'élève au milieu de la salle !
　　Une troupe de petites filles entr'ouvre la porte !
　　J'entrevois des agneaux sur une île de prairies !
　　Et de belles plantes sur un glacier !
　　Et des lys dans un vestibule de marbre !
　　Il y a un festin dans une forêt vierge !
　　Et une végétation orientale dans une grotte de glace !

　　　Ecoutez ! on ouvre les écluses !
　　Et les transatlantiques agitent l'eau du canal !

　　　Oh ! mais la sœur de charité attisant le feu !

Tous les beaux roseaux verts des berges sont en flammes !
Un bateau de blessés ballotte au clair de lune !
Toutes les filles du roi sont dans une barque sous l'orage !
Et les princesses vont mourir en un champ de ciguës !

　　　Oh ! n'entr'ouvrez pas les fenêtres !
Ecoutez : les transatlantiques sifflent encore à l'horizon !

　　On empoisonne quelqu'un dans un jardin !
　　Ils célèbrent une grande fête chez les ennemis !
　　Il y a des cerfs dans une ville assiégée !
　　Et une ménagerie au milieu des lys !
Il y a une végétation tropicale au fond d'une houillère !
　　Un troupeau de brebis traverse un pont de fer !
Et les agneaux de la prairie entrent tristement dans la salle !

　　Maintenant la sœur de charité allume les lampes,
　　　Elle apporte le repas des malades,
　　　Elle a clos les fenêtres sur le canal,
　　　Et toutes les portes au clair de lune.

En parcourant cette pièce, vous vous demandez : Est-ce que cela peut bien avoir un sens ? Peut-être allez-vous jusqu'à soupçonner qu'il y a des troubles graves dans l'intelligence de ce poète ? Ce long morceau vous fait l'effet d'une chambre close où vous ne pouvez pénétrer. Ces images incohérentes qui se succèdent sans esprit de suite et de continuité et entre lesquelles vous ne remarquez aucune correspondance intime, vous plongent sans doute dans la stupeur. C'est que vous n'avez pas en main l'idée-mère qui est la clé du livre. Avec elle vous pourrez entrer et voir clair dans cette pièce somptueuse et bizarre. Mais je ne suis guère symboliste et j'ai peu la compréhension des poésies décadentes. Je suis donc mal fait pour expliquer M. Maeterlinck. Il faut bien que je recoure à M. Gilkin, que rien ne déconcerte et qui sait écrire des subtiles exégèses sur les endroits difficiles et les coins les plus mystérieux des *Serres chaudes*. Lisez sa glose : elle est intéressante :

« Un hôpital s'élève au bord d'un large canal où passent des transatlantiques. Dans la salle, pour se réchauffer, les malades, malgré les chaleurs de juillet, ont besoin de feu. De leur lit ils entendent les sifflets des steamers et le bruit des écluses, et voici que dans la vaste chambre obscure et morne entrent confusément les images du dehors, mais attristées, déformées par les caprices maladifs des cerveaux détraqués.... des émigrants traversant un palais... un yacht sous la tempête... des troupeaux sur les navires... une forêt pleine de blessés... — Le clair de lune, si pur et si adoucissant, épand soudain sa clarté bienfaisante ; aussitôt les images deviennent virginales et étrangement pâles. Mais que la Sœur de charité attise le feu : excitées par les flammes, les visions se montrent poignantes et terribles. Et toutes, douces ou cruelles, expriment l'éternelle incohérence, — que ce soit « un festin dans une forêt vierge », — et une « végétation orientale dans une grotte de glace », ou bien « un bateau de blessés ballotté par la lune », « des princesses qui vont mourir en un champ de ciguës ».

M. Gilkin est un homme précieux, et son commentaire est une merveille d'ingéniosité. On serait mal avisé de rejeter son explication. Il est né éxégète, et les phrases qu'il a consacrées à *l'Hôpital*, de M. Maeterlinck, sont un exemple heureux de ce qu'il peut faire dans ce genre d'études. Il est impossible d'avoir plus de netteté et de précision. Croyons-le donc lorsqu'il nous dit tant de belles choses sur ce poème ardu. Ah ! que n'a-t-il, dans les *Serres chaudes*, tout commenté et tout expliqué ? Pourquoi, entre autres, n'a-t-il pas employé ses doctes et utiles veilles à creuser le sens de ces vers sibyllins :

> Et tandis que mon cœur expire
> Les bulles des songes lilas,
> Mon âme, aux frêles mains de cire,
> Arrose un clair de lune las ;

> Un clair de lune où transparaissent
> Les lys jaunis des lendemains ;
> Un clair de lune où seules naissent
> Les ombres tristes de ses mains.

Voilà qui est d'un style joliment entortillé. Moi qui ne vis pas dans le sanctuaire et qui ne suis point parmi les dévots du maître gantois, je désirerais beaucoup que ses vers ne gardassent pas si bien leur secret. Et que dites-vous de ces deux autres strophes :

> Mon Dieu, mon Dieu, des fleurs étranges
> Montent au col des nénuphars ;
> Et les vagues mains de vos anges
> Agitent l'eau de mes regards.
>
> Et leurs fleurs s'éveillent aux signes
> Epars au milieu des flots bleus ;
> Et mon âme ouvre au vol des cygnes
> Les blanches ailes de mes yeux.

Combien d'autres passages de même espèce je pourrais citer ! Et ce qui me désole, c'est que, dans la plupart de ces poèmes, il n'y a point d'intervalles entre les ombres, de ces lueurs qui font oublier les obscurités environnantes et qui sont comme ces éclairs brillants que projettent les diamants et les pierres fines. Chez certains littérateurs symbolistes, il y a de ces éclats passagers, de ces vives et brèves illuminations qui disposent à l'indulgence et font passer légèrement sur le reste. M. Maeterlinck, dans ses *Serres chaudes*, n'en a presque pas. Les beautés sont rares en ces poésies, et il serait bien difficile à cet auteur de se faire entendre en dehors du petit cénacle qui l'admire. Oserai-je lui remettre en mémoire le distique de Boileau : }

Aimez donc la raison : que toujours vos écrits
Empruntent d'elle seule et leur lustre et leur prix,

ou cette réflexion de Vauvenargues : La clarté orne les pensées profondes ? Je crois que M. Maeterlinck n'aura que du dédain pour de semblables aphorismes. Il est dieu, et comme les divinités antiques, il se plaît à planer sur des nuées. Son volume de vers est très pénible à lire. On pourrait comparer celui-ci à une île abrupte et beaucoup trop escarpée pour qu'on y aborde aisément; aussi, la généralité des lecteurs préféreront aborder à des rivages plus hospitaliers et plus accessibles, à ceux qui sont baignés dans une atmosphère lumineuse, et qui rappellent ces plages riantes de Virgile, aimées des alcyons.

IV

Le poète des *Serres chaudes* ne pouvait, en faisant des pièces de théâtre, s'astreindre à imiter la nature. De même qu'il s'affranchissait, dans ses vers, des lois de la raison et du sens commun, de même il s'affranchit, dans ses drames, des lois du monde réel. C'est un audacieux qui ose tout parce qu'il peut tout, et qui s'amuse à recréer l'univers au gré de ses caprices bizarres. Son cerveau est rempli de songes et de symboles et il nous les offre en spectacle. Son imagination qui aime à voltiger au-dessus des chimères, n'est point faite pour être retenue captive dans la cage étroite du bon sens. Elle s'y casserait les ailes, ses pauvres ailes d'oiseau triste et fantasque. Elle se délivre des chaînes de la logique pour errer librement parmi les aventures étranges. Et elle les fait passer devant nos yeux comme un rêve incohérent et rapide.

Ne sondez pas les fictions de M. Maeterlinck : elles ne sont pas destinées à être examinées de près, car elles contiennent peu de substance. Ce qu'elles nous présentent, ce sont des apparitions fugitives, s'esquissant dans de vagues et vaporeux décors; ce sont des intrigues un peu obscures, sur lesquelles planent la terreur et le mystère; ce sont des événements qui, semble-t-il, se déroulent très loin de nous, et qu'on aperçoit, atténués et estompés par la distance, à travers des voiles de fumées grises.

De vieux châteaux, des paysages dont les contours peu précis sont comme noyés dans un fond de brouillards, un ciel parfois bleuâtre, plus souvent terne et plombé, les sombres colonnades des arbres qui se prolongent à perte de vue dans des forêts immenses, des cavernes féeriques, des fontaines profondes, une succession de petites scènes imprévues et presque toujours inexpliquées, le jeu confus des passions humaines, le défilé brusque d'aventures singulières, tel est le pêle-mêle de choses que nous montre la plume de M. Maeterlinck, un pêle-mêle bigarré qui se brouille et s'enchevêtre dans des intrigues sinueuses et irrégulières, et qui égare notre esprit en un labyrinthe d'obscurs symboles.

Des êtres assez fantasques s'agitent dans ces drames. Mais que sont, au juste, ces personnages? M. Maeterlinck, qui est quelquefois bien inspiré dans ses titres — nous l'avons déjà constaté pour les *Serres chaudes* — n'a-t-il pas fait choix d'un titre suggestif qui conviendrait parfaitement à l'ensemble de ses pièces, lorsqu'il a mis en tête d'un de ses volumes : *Trois petits drames pour marionnettes* ? Ce titre n'est-il pas une vue en raccourci de tout son théâtre ? Celui-ci semble avoir été conçu et accommodé pour elles. C'est en pensant à des poupées articulées que M. Maeterlinck a écrit, sans doute, la *Princesse Maleine* et ses autres ouvrages dialogués. J'en suis presque sûr. Et c'est ce qui explique leur insuccès relatif quand ils ont été montés sur de grandes scènes. Ils ne leur étaient pas destinés. Ils étaient destinés à de petits acteurs de bois, et ces derniers sont seuls dignes de donner une forme aux rêves de l'illustre dramaturge.

M. Maeterlinck n'a pas à rougir, d'ailleurs, de la préférence qu'il témoigne aux marionnettes. Aux yeux de quelques esprits ingénieux de notre époque, tels que MM. Anatole France et Paul

Margueritte, elles sont bien supérieures aux actrices et surtout aux acteurs vivants. Lorsqu'elles sont faites avec un certain art, par une main pas trop malhabile, la grâce se joue en leurs formes légères. Il y a un air de poésie sur leur visage, tandis que l'on sait combien il est malaisé aux acteurs véritables d'avoir, dans leur extérieur, quelques attraits poétiques. Elles ont bien plus de prestige et de séduction que les comédiens les plus renommés. Elles sont les sœurs aimables des statues ; elles sont de la famille de ces idoles peintes qu'on vénérait autrefois chez les Athéniens et qui souriaient mystérieusement dans une attitude hiératique. Et puis, si l'on en croit Charles Magnin qui a composé leur histoire, elles auraient une origine auguste : elles seraient sorties du sanctuaire. D'après lui, la marionnette ou *mariole* fut primitivement une statuette pieuse, une figurine représentant la vierge Marie. La rue de Paris, où l'on débitait jadis ces saintes images, se dénommait rue des Mariettes et des Marionnettes. Depuis, elles ont perdu leur caractère religieux, en montant sur des tréteaux. Mais leur naissance n'en fut pas moins vénérable.

Il n'est donc pas étonnant que ces petits êtres sculptés, revêtus de soie et de laine, aient attiré l'attention de M. Maeterlinck et qu'il leur ait réservé ses œuvres de théâtre. Du reste, il a façonné ses personnages à la manière de ces grêles pantins. En effet, ces personnages, dans leurs mouvements, ont une gaucherie — parfois aimable, mais toujours raide — qu'aucun homme n'aura jamais : une gaucherie de marionnettes. Ils ont des gestes sommaires et simples, réglés par une eurythmie un peu mécanique : des gestes de marionnettes. Ils ont, dans leurs regards vagues et dans leur physionomie, une expression constamment la même et qui est fixée sur leurs traits comme un masque de comédie antique : une expression de marionnettes. Ils possèdent une vie mystérieuse, une existence falote et artificielle, ressemblant à celle des fantoches qui évoluent sur une scène minuscule. Et ils laissent tomber de leurs lèvres, en petits flots susurrants, des phrases courtes et bizarres, pleines d'enfantillages, d'incohérences, de balbutiements, et comme des marionnettes pourraient en émettre, si elles savaient parler.

Tous les personnages de M. Maeterlinck sont des marionnettes symbolistes, aux gestes menus et rares. Même ses jeunes filles n'ont pas les sourires, la coquetterie mutine, les jolis mouvements, le caquetage frais et sonore des vraies jeunes filles. Voyez la princesse Maleine ou la pauvre Mélisande. Il est impossible d'avoir une petite mine plus immobile, d'être plus automatiquement naïve ou amoureuse, d'être plus poupée, plus ingénue de bois et de carton, plus joujou enchanté, mû par des ressorts. Elles sont bien davantage les filles du rêve que de la réalité. Elles ne sont taillées sur le patron d'aucune femme existante. Elles sortent bien du cerveau d'un homme qui est enclin aux songes bizarres et qui a l'esprit fleuri de symboles.

Si vous prenez les propos que tiennent ces personnages, vous saisirez aisément que ce ne peut être des hommes en chair et en os qui s'épanchent en de tels discours. Du long monologue que, dans sa chambre, une nuit, débite la princesse Maleine, découpez ce petit morceau : « Si je pouvais m'endormir un moment... — Mon Dieu ! Mon Dieu comme je suis malade ! Et je ne sais pas ce que j'ai ; — et personne ne sait ce que j'ai ; le médecin ne sait pas ce que j'ai ; ma nourrice ne sait pas ce que j'ai ; Hjalmar ne sait pas ce que j'ai... (*Ici le vent agite les rideaux du lit.*) Ah ! on touche aux rideaux de mon lit ! Qui est-ce qui touche aux rideaux de mon lit ? Il y a quelqu'un dans ma chambre ! — Il doit y avoir quelqu'un dans ma chambre ! — Oh ! voilà la lune qui entre dans ma chambre ! — » Cela vous paraît ridicule ? A moi aussi, assurément. Mais, au lieu de faire réciter cette mélopée étrange par une actrice, placez-la dans la bouche d'une gentille marionnette, sculptée naïvement, comme par un imagier du moyen âge, peut-être ces phrases vous sembleront moins baroques et même bien appropriées, qui sait ? à la petite bouche peinte de cette figurine.

Ce qui pèse sur tous les êtres que M. Maeterlinck fait mouvoir dans ses drames, c'est le Destin, cette Fatalité inexorable que les auteurs anciens faisaient planer au-dessus de leurs héros, et qui remplissait les antiques tragédies d'une vague épouvante. Les personnages de M. Maeterlinck ont peur du Destin. C'est lui qui préside à tous leurs actes et qui les pousse irrésistiblement à leur perte. Ils sentent que cette puissance aveugle et inintelligente les entraîne, malgré eux, là où ils ne voudraient pas aller. Ils n'osent lutter contre elle, car ils savent bien qu'elle les écrasera. Ils sont faibles, et leur faiblesse, dont ils ont conscience, les rend résignés. Ils pourraient dire avec la gravité triste et mélancolique d'un coryphée des *Oiseaux* : « Faibles hommes, semblables à la feuille, vaines créatures pétries de limon et privées d'ailes, malheureux mortels condamnés à une vie éphémère et fugitive, ombres, songes légers... » Toute force de résistance est annihilée en leur âme, parce qu'ils connaissent que tout effort est inutile et ira se buter contre l'inévitable. D'ailleurs, l'abîme vers lequel ils se dirigent, les fascine et les attire : ils s'y précipitent, tête baissée, sans réfléchir, sans penser, et n'ayant pas même une velléité de combat.

Ils marchent dans les ténèbres; ils vont vers un but qu'ils ignorent. Leur âme est pétrie d'incertitude; à chaque instant, ils disent : « Je ne sais pas ». Leur volonté est pleine d'irrésolution : quand ils doivent agir, ils se demandent toujours : « Qu'allons-nous faire ? ». La vérité leur est cachée, ils ne parviennent pas à la voir.

Pour eux tout est mystère inquiétant. Pas un homme qui ne leur paraisse une énigme insoluble : « C'était, dit de Mélisande le vieil Arkel, un petit être mystérieux comme tout le monde. » Et c'est bien ce que M. Maeterlinck pense de chacun de nous. Voici comment il nous dépeint dans une phrase des *Aveugles* : « Nous ne nous sommes jamais vus les uns les autres. Nous nous interrogeons et nous nous répondons, nous vivons ensemble, nous sommes toujours ensemble, mais nous ne savons pas ce que nous sommes. »

D'après cet écrivain, la créature humaine baigne de tous côtés dans l'invisible; elle a avec lui des rapports intimes et troublants dont elle ne peut se rendre compte. Il y a un monde secret auquel nous sommes liés par d'obscures attaches. L'inexpliqué de nos actions, les influences lointaines qui agissent sur nous, l'inconnu qui nous entoure de toutes parts et auquel de fortes agrafes nous retiennent, tout cela est bien fait pour nous inspirer de la crainte, nous communiquer la fièvre et nous jeter dans l'angoisse. Les personnages de M. Maeterlinck sont impressionnés péniblement par le mystère des choses et des êtres : devant lui, ils éprouvent une sensation douloureuse qui se distingue par son acuité maladive. Ils sont dans un état habituel d'énervement et de trépidation. Un grain de folie est dans leurs cervelles.

Cette sensation de mystère domine tout le théâtre de M. Maeterlinck. Pour la rendre, il se sert de procédés parfois agaçants. Ses œuvres sont comme la toile de Pénélope : elles ne sont jamais achevées. Pour les faire encore plus incertaines, il les complique d'étranges symboles. La rigidité singulière des figures, la gaucherie et la raideur voulues des scènes, le manque de liaison entre celles-ci, les paysages artificiels et les châteaux bizarres où elles se déroulent, le langage incohérent des personnages, donnent aux ouvrages de ce dramaturge une indécision et un indéterminé qui, pour beaucoup de leurs admirateurs, font les trois quarts de leur mérite.

Nul art de composition dans ces pièces. M. Maeterlinck en fait peu de cas. Ces ordonnances exactes, ces savantes constructions que bien des dramaturges s'efforcent de réaliser dans leurs œuvres, l'auteur de *la Princesse Maleine* n'a pour elles que du dédain. Quand on a du génie comme lui, peut-on s'embarrasser de pareilles vétilles ? Et alors qu'on a tant d'autres ressources, est-il besoin de recourir, pour exciter l'intérêt, au mécanisme ingénieux d'une action bien combinée ? Il faut laisser aux petits esprits le soin de fixer l'attention sur une trame bien serrée et bien suivie.

M. Maeterlinck n'a pas l'envie d'aller droit vers un but déterminé. Il découpe les scènes à sa fantaisie, avec une hardiesse de bon aloi.

Il a l'air de dire à ses lecteurs : « Désirez-vous tant savoir ce qui arrivera ? Est-ce que le babil enfantin et précieux de mes personnages ne suffit pas pour vous retenir ? Ecoutez le feu roulant de leurs conversations, les naïves manifestations de leur pensée ; regardez leurs mouvements et leurs gestes. Les noires catastrophes de mes drames sont entremêlées de petits incidents qui sont tendres ou jolis, ou souriants. Suivez-moi là où mon imagination vous conduit : élevez ou abaissez votre âme au niveau changeant de mes inspirations ; vagabondez avec moi dans la sphère des symboles et des images ; reposez-vous en ma compagnie dans l'irréel et l'impossible. Ne scrutez pas mes drames pour savoir comment ils sont bâtis. Ils sont fondés sur l'invraisemblance. N'y prenez pas garde. Complaisez-vous dans le monde où je vous mène sans vous inquiéter de savoir s'il est absurde. Il est incohérent, je ne l'ignore point. Mais mon dessein n'a pas été de vous retenir dans les mailles d'une intrigue compliquée ; je veux vous bercer par des mélodies d'une douceur délicate ou d'une gravité attristante, vous faire rêver avec la musique de ma prose rythmée, vous donner des émotions assez vives par des événements terribles dont vous ne pénétrerez qu'à demi le mystère. »

C'est bien là, je crois, ce qu'a voulu M. Maeterlinck : reste à connaître de quelle façon, dans son théâtre, il a donné corps à son projet. Pour nous en rendre compte, il faut étudier en détail chacune de ses pièces ; examinons donc, une à une, les perles aux tons grisâtres et à l'éclat voilé que renferme son célèbre écrin dramatique.

V

L'Intruse et *Les Aveugles* sont les deux premières pièces de M. Maeterlinck. Quand il les fit, il était encore bien jeune, mais,

Chez les âmes bien nées,
Le talent n'attend pas le nombre des années.

Ce sont deux contes dialogués où, de même qu'Edgar Poë dans ses nouvelles, M. Maeterlinck veut nous donner le frisson de la peur. Ils sont écrits dans la manière noire. L'auteur a cherché à les rendre infiniment tristes, à en dégager une impression mélancolique qui enveloppât le spectateur comme une brume et dont le goût pénétrant, le parfum amer, lui restât dans la bouche.

L'*Intruse* est donc un petit drame lugubre. M. Maeterlinck y évoque la Mort au moyen d'une vision symbolique. Cela se passe « dans une salle assez sombre, en un vieux château ». Là, quelques personnes sont assises autour d'une table : l'aïeul qui est aveugle, le père, l'oncle, les trois filles. Ils viennent, sans doute, de dîner, et le père avait proposé d'abord de s'installer sur la terrasse. Mais l'oncle n'y a pas consenti. Il a objecté qu'il a plu toute la semaine et que les nuits sont humides et froides. La fille aînée a eu beau hasarder : « Il y a des étoiles cependant », l'oncle, qui décidément craint les rhumatismes, a répondu : « Oh ! les étoiles, ça ne prouve rien ». Pour ne pas le contrarier, on est resté dans la chambre. Les voilà qui se mettent à causer. Ils parlent de la malade. Car il y a une malade dans la maison. C'est la pauvre mère qui est au lit depuis ses couches et dont la santé est profondément ébranlée. Elle va mieux, à ce que dit le père, « il n'y a plus de danger, elle est sauvée », et les médecins ont affirmé que désormais on pouvait être tranquille.

Tranquille, l'aïeul ne l'est pas du tout ; il s'agite, il croit que sa fille ne se porte pas très bien. On essaie de le rassurer : vains efforts ! Il ne veut pas entendre raison, et exprime longuement ses inquiétudes. Il personnifie dans la pièce le Pressentiment, avec l'effroi vague et pénible qui l'accompagne toujours. Je ne sais pas ce que j'ai, dit-il. Un rien suffit pour le troubler. On attend la sœur de la malade ; elle ne vient pas : il voudrait qu'elle fût arrivée. Un peu de vent s'élève dans l'avenue : ça ne lui semble pas naturel. Les rossignols se taisent : c'est un fait qui lui paraît bizarre. Il en parle plusieurs fois ; il dit à sa petite-fille : «Je n'entends plus les rossignols». Et un peu plus tard : «Est-ce que les rossignols ne recommencent pas à chanter, Ursule ?» La petite répond que non. Sur quoi l'aïeul : «Il faut que ce soit un inconnu qui les effraie, car si c'était quelqu'un de la maison, ils ne se tairaient pas.»

L'oncle que tout ce babillage agace quelque peu, s'efforce de calmer l'aïeul : « Allez-vous vous occuper des rossignols à présent ? » Le vieillard se rejette sur autre chose. « Il fait froid dans la chambre.» On veut fermer la porte vitrée qui donne sur le jardin : elle ne ferme pas hermétiquement. L'aïeul est de plus en plus inquiet : « Qu'y a-t-il donc à la porte, mes filles ?» L'oncle, qui représente probablement le bon sens, intervient : « Il ne faut pas dire cela d'une voix extraordinaire. » Et le fait est qu'il a raison. Car il le constate, c'est à cause de l'humidité que les gonds de la porte jouent si mal.

On croit l'aïeul apaisé ; soudain il s'écrie :

« Oh ! » Il a entendu le bruit d'une faulx qu'on aiguise au dehors. Ça l'a fait tressaillir. Le père raconte que le jardinier va faucher l'herbe parce qu'elle est très haute et que le lendemain est justement un dimanche. L'aïeul ne peut s'empêcher de faire cette réflexion sinistre : « Il me semble que sa faulx fait beaucoup de bruit. » Est-il possible qu'une faulx produise un sifflement si aigu ? Evidemment, ça n'annonce rien de bon.

Après quoi, l'aïeul s'endort, mais ce n'est pas pour longtemps. A peine éveillé, il demande : «Il n'y a personne à la porte vitrée? » — Mais non, grand-père, répond une des petites-filles. Il reprend : « Je croyais que quelqu'un attendait. » Puis il déclare qu'il n'entend plus rien, puis, tout à coup, qu'il y a du bruit dans l'escalier. On lui fait savoir que c'est la servante qui monte : « Il me semble qu'elle n'est pas seule », dit-il. Les autres n'entendent que la servante. Mais l'aïeul s'obstine : son ouïe a bien perçu deux bruits de pas.

La servante vient parler au père : elle est un peu essoufflée. Cet essoufflement agite l'aïeul : « Qui est-ce qui soupire ainsi ? » Et il ne tarde pas à recommencer sa litanie de petites questions : Est-ce qu'on éteint la lumière ? — Est-ce que la servante est entrée ? Il s'imagine qu'elle s'est assise à la table. En vain lui assure-t-on que personne n'est entré. Il reste sceptique. Il prétend qu'on veut le tromper, qu'on a éteint la lampe et qu'on a introduit quelqu'un dans la chambre.

« Il ne faut pas essayer de m'en faire accroire, je sais ce que je sais ! Combien sommes-nous ici ?»

— Nous sommes six.

Il n'est pas convaincu. Il y va de sa petite enquête.

— Vous êtes tous autour de la table ?

— Oui, grand-père,

— Vous êtes là, Paul ?

— Oui.

— Et vous, Olivier ?

Olivier, c'est l'oncle. Il répond avec impatience qu'il est à sa place habituelle.

— Tu es là, Geneviève ?

— Oui, grand-père.

— Tu es là, Gertrude ?

— Oui, grand-père.

— Tu es ici, Ursule ?

— Oui, grand-père, à côté de vous.

— Et qui est-ce qui s'est assis là ?

— Mais nous ne sommes que six !

Il n'en démord point : il y a un septième. Il veut qu'il se nomme. Tous lui jurent qu'il n'y a pas un chat. Il insiste : il sent bien qu'on lui cache la vérité. Il devient de plus en plus funèbre dans ses propos. Le moindre bruit l'effraye et redouble sa terreur. Soudain il est pris d'une grande épouvante : « Qui est-ce qui s'est levé ? — Je ne me suis pas levé, dit l'oncle. — Je ne me suis pas levé, dit le père. — Nous non plus, ajoutent les jeunes filles. L'aïeul en tient pour son idée : « Il y a quelqu'un qui s'est levé de table !» Quelques secondes après, la porte s'ouvre ; une sœur de charité paraît sur le seuil et annonce, d'un geste lent et triste, que la mère vient de mourir.

Et c'est tout. Cette fantaisie macabre est longue. Avouons-le : un ennui lourd et cruel nous a pris au milieu de ces scènes fastidieuses. Oh ! je sais bien ce que l'écrivain a voulu. Il a essayé de mettre en action la métaphore bien connue : « La mort est entrée dans cette demeure. » Il a voulu, au moyen de petites phrases incohérentes, tombant comme goutte à goutte, et avec une monotonie lugubre, nous remplir d'un trouble toujours croissant et, par des artifices symbolistes, nous faire sentir le frôlement de la Mort.

Mais ses effets de terreur sont manqués. Ce fantôme qui erre dans tout le drame, cette visiteuse funèbre et insaisissable qui devrait hanter notre esprit, nous ne sommes pas obsédés par sa présence. Ce drame n'a pas l'arome amer qu'aurait voulu lui donner l'auteur. Nous ne partageons pas les inquiétudes de l'aïeul aveugle. Nous ne sommes pas agités, comme l'aurait désiré

M. Maeterlinck, par de petits frissons, par une suite de sensations brusques, énervantes et douloureuses. Que dis-je ? bien que le sujet ne soit pas de nature à nous procurer une paisible allégresse, *l'Intruse* nous prédispose plutôt à la gaieté. Il nous est impossible d'entrer dans la tristesse de cette mort et de prendre au sérieux ce stupéfiant dialogue. Pourquoi, devant ce spectacle, notre âme n'est-elle pas en deuil ? Et pourquoi rions-nous, alors qu'il nous faudrait gémir ? Cela me jette dans une perplexité très grande et je me sens malheureux, à coup sûr, de ne pouvoir goûter pleinement ce merveilleux chef-d'œuvre !

Les Aveugles sont, comme *l'Intruse*, une œuvre désolée. Elle a été faite par M. Maeterlinck pour nous émotionner vivement pendant trois quarts d'heure, pour crisper et tendre nos nerfs, pour produire sur nous un effet de malaise et de crainte. C'est un ouvrage plus hardi que *l'Intruse*, car dans cette première pièce, l'auteur ne nous montrait qu'un aveugle, très intéressant, il est vrai, et plus disert que Nestor, mais, enfin, il était tout seul. Ici, il nous présente encore des aveugles, mais par douzaine, comme les petits pâtés. Et ce n'est pas, vous pensez bien, un novice dans l'art d'écrire qui pourrait se risquer à faire ainsi évoluer une douzaine d'aveugles.

Car ils sont douze, six hommes et six femmes, et ils sont assis sur l'herbe ou sur de grosses pierres, au milieu des arbres d'une très ancienne forêt. Si vous me demandez ce qu'ils font là, je vous dirai qu'ils ont été se promener sous la conduite de l'aumônier de leur hospice; que ce prêtre leur a dit, après les avoir installés dans ce lieu : « Attendez-moi : je reviens », et qu'il n'est pas encore revenu. Ils l'attendent toujours. La nuit est tombée, une nuit baignée de lune. Ils trouvent le temps long. Ils sentent les brises humides du soir les pénétrer lentement. Ils ont froid. Ils devisent entre eux, mais sans entrain.

Il y a dans le nombre, des aveugles-nés ; un vieillard qui parvient à distinguer, au soleil, une ligne bleue au bas de sa paupière ; une aveugle folle qui allaite son enfant et qui ne cesse de pousser des sanglots ; de vieilles femmes qui, d'une façon mécanique, récitent des prières.

L'une des aveugles — la plus jeune — rappelle quelques-uns de ses souvenirs : « Je viens d'un grand pays où il y avait d'étranges fleurs. Ici il n'en est pas de pareilles; il y fait trop sombre et trop froid. » On lui fait compliment sur sa grâce : « Il paraît que vous êtes très belle. » Elle répond : « Je ne me suis jamais vue. »

Les aveugles perçoivent, dans la forêt, toutes sortes de bruits ; parfois quelque chose les frôle, ou bien ils entendent passer sur leurs têtes des oiseaux nocturnes.

Ils ont peur, ils ont faim, ils ont soif; ils voudraient bien s'en aller, mais ils n'osent. Et l'aumônier ne revient pas encore ! Douze heures sonnent à un clocher lointain. Est-ce midi ou minuit ? Ils ne savent. Ils comprennent vaguement que cela est anormal et que le prêtre, depuis longtemps, devrait être au milieu d'eux; ils ont le pressentiment d'un mystère affreux qui leur échappe.

Le plus sensé de la bande dit aux autres : « Allons du côté d'où vient le son. » Il n'est pas écouté. C'était pourtant un avis raisonnable. On continue la conversation qui devient de plus en plus pénible ; les sons s'échappent, rares et oppressés, de ces pauvres bouches d'aveugles.

L'un d'entre eux finit par se lever et va buter contre un corps froid : c'est un cadavre. « Il y a un mort parmi nous », s'écrie-t-il. Les aveugles se comptent: ils sont tous là. C'est donc le prêtre, leur guide, qui s'est éteint subitement, tout près d'eux... Ils se sentent envahis par le désespoir.

Mais on entend des pas. Qui arrive ? On élève en l'air le petit enfant de la folle: il se tourne du côté où les pas résonnent. Tout à coup il vagit fortement. « Il voit ! il voit ! dit la jeune aveugle. Il faut qu'il voie quelque chose puisqu'il pleure ! » Qu'aperçoit-il ? Nul ne peut s'en faire une idée. Les pas s'arrêtent bientôt dans le groupe des abandonnés. « Qui êtes-vous ? demande l'un de ceux-ci. Personne ne répond.

Ayez pitié de nous, murmure la plus vieille aveugle d'un ton déchirant. Pas de réponse encore. Et tous continuent à se lamenter dans la nuit... La toile tombe.

Un symbole se dissimule dans l'interminable guirlande de ce dialogue. On a prétendu que cela nous représentait l'humanité aveugle qui marchait autrefois, conduite par la Religion. Celle-ci a cessé de la guider, et les hommes ne savent plus maintenant que gémir au milieu des ténèbres. C'est bien possible, après tout ; et ce n'est pas moi qui essaierai de le contester.

Quoi qu'il en soit, cet ouvrage n'atteint pas le but qu'a poursuivi M. Maeterlinck; il ne trouble guère le spectateur et il est, comme l'*Intruse*, trop long de moitié — pour le moins. Et connaissez-vous ce que M. Francisque Sarcey, avec un sans-gêne étonnant, écrivit sur cette œuvre dans une de ses chroniques théâtrales ? Il déclara que M. Maeterlinck lui faisait l'effet d'un fumiste, et sa pièce, d'une mystification. Fumiste ? Un si grand dramaturge ! Je suis tout suffoqué d'une pareille audace. C'est d'une irrévérence! Pour ma part, je me garderai bien de le dire... Mais je suis tout près de le penser.

VI

M. Maeterlinck composa ensuite *la Princesse Maleine*. Il y continue la série de ses drames cruels. Plus que jamais, dans cette œuvre, il veut être un des princes de la littérature tragique et régner sur nos âmes par la terreur. C'est à peine s'il y corrige parfois, suivant le précepte d'Aristote, la terreur par la pitié. Il tâche d'enserrer notre esprit dans un réseau d'aventures sinistres. Et vous ne pouvez vous faire une idée, si vous n'avez lu cette pièce, de la férocité tumultueuse de ce jeune écrivain. Les meurtres, les incendies, les massacres, les suicides, les empoisonnements qui s'y succèdent, montrent qu'il n'épargne rien pour nous épouvanter. Son plus grand bonheur, je crois, serait de nous faire claquer des dents. Il nous convie à des orgies sanglantes, éclairées par des torches fumeuses. Et si l'habitude était encore, comme pour les tragédies antiques, d'annoncer dans un Prologue l'action qui va s'ouvrir, M. Maeterlinck pourrait dire à ses spectateurs, au seuil de sa pièce : « Mon œuvre est écrite avec du sang et des larmes. » En parlant ainsi, il ne dirait rien que de véritable. Reste à savoir si ces scènes lugubres agissent sur nous fortement et si l'horreur répandue par M. Maeterlinck sur tout son ouvrage, s'insinue dans l'âme du spectateur et y verse un réel et mystérieux effroi.

Il faut bien le reconnaître, l'effet de cette œuvre dialoguée est médiocre. M. Maeterlinck y poursuivait un dessein qu'il n'a pu atteindre. Ce n'est pas faute pourtant de bonne volonté.

Pour être mieux à même de nous remplir de crainte, il s'est inspiré de Shakespaere. On n'ignore pas combien le grand Will sait dresser dans ses drames, avec une puissante maîtrise, des images terribles et impressionnantes. Son art d'évocations violentes et sombres est vraiment unique. Il manie, d'une façon géniale, tous les ressorts des passions sauvages. Sans doute, sa manière a quelque chose de brutal et de massif qui sent l'ale et le gin. Mais nul ne connaît, comme lui, ce qui secoue les nerfs, ce qui peut donner la sensation de la peur.

Parmi les situations que M. Maeterlinck nous présente dans *la Princesse Maleine*, s'il en est deux ou trois qui sont les filles barbares de son délire tragique, la plupart ne sont que des emprunts faits cyniquement par lui au célèbre dramaturge anglais. Il l'a pillé sans vergogne. Il a dépecé *Hamlet*, *Macbeth* et *le Roi Lear*. Il a plagié avec effronterie la scène de la terrasse d'Elseneur; son prince Hjalmar est une espèce d'Hamlet; le roi Lear se retrouve dans son roi Hjalmar ; sa reine Anne a des points de ressemblance avec lady Macbeth et elle est, comme celle-ci, la farouche conseillère des crimes ; le meurtre de Duncan, les tableaux qui, dans *le Roi Lear*, ont pour théâtre une lande désolée, la tempête furieuse qui accroît l'horreur de ce drame, les rires funèbres du fou, les gémissements du vieux roi devant le corps inanimé de Cordélia, toutes ces scènes ont leur équivalent dans *la Princesse Maleine*. C'est peut-être pour cela que M. Octave Mirbeau, dont l'esprit est familier avec ces chefs-d'œuvre, a pu, devant l'ouvrage de M. Maeterlinck, pousser son cri fameux : « Mais c'est du Shakespeare ! »

Seulement, en plagiant Shakespeare, M. Maeterlinck a eu deux torts : d'abord, celui d'avoir pris, pour chercher ses inspirations, le chemin de sources trop connues et trop fréquentées. Ensuite, celui d'avoir très affaibli son modèle et de ne nous avoir montré qu'un fantôme fort pâle des superbes créations de cet auteur. Tandis que Shakespeare, grâce à ses dons extraordinaires, sait détacher dans ses œuvres des figures tellement vivantes, si bien taillées en pleine humanité, qu'elles sont inoubliables ; tandis qu'il fait saillir, avec un relief vigoureux, le caractère de ses héros, leur tempérament, leur physique, leurs manières et même leurs gestes, M. Maeterlinck nous dessine des personnages qui, sous l'enveloppe grêle et la fine maigreur de leurs corps, ne cachent aucun caractère distinct, n'ont pas de vie propre et bien marquée. Sous leurs formes sèches, derrière l'inertie à peine expressive de leurs visages, il y a une âme obscure dont on ne peut démêler la personnalité. C'est au moyen de quelques traits rudimentaires, pareils à ceux dont usaient les Primitifs, qu'il accentue une physionomie. Ce sont des êtres raides et gauches, peu déterminés, d'une tournure indécise, et que nous ne parvenons pas à nous représenter fort exactement. Aussi flottent-ils devant notre esprit plutôt qu'ils ne s'y fixent. Nous les apercevons, vagues et inachevés, comme si nous les voyions dans un rêve...

Tout ce que M. Maeterlinck nous offre dans *la Princesse Maleine* n'est que la fumée de ses songes et l'ombre projetée dans son esprit par ses lectures. C'est une pièce assez irréelle. Le drame qui s'y déroule, est synthétisé dans quelques images rapides et quelques symboles bizarres. C'est par des propos incohérents, des paroles terrifiées, des mouvements brusques et d'une inconscience singulière, que l'auteur nous exprime les impressions de ses personnages.

Ce drame de guerre et d'amour, où la traîtrise emploie le meurtre pour arriver à ses fins, où sont entassées tant d'abominations, ressemble à une pièce de Shakespeare, racontée par un jeune enfant, avec les ressources d'imagination et de langage que lui fournirait son petit cerveau. C'est M. Max Nordau qui en a fait la remarque. Elle est très exacte. Oui, certainement, un enfant qui serait tout juste en état de suivre la conversation de grandes personnes et devant lequel on aurait lu des œuvres de Shakespeare, narrerait peut-être de cette façon, à ses petits frères et à ses amis, ce qu'il aurait entendu lire. Et il les émotionnerait bien fort, parce qu'il leur ferait un conte noir, tout rempli d'épouvante. Mais les gens instruits et sensés souriraient à ce récit naïf et n'y verraient pas un chef-d'œuvre. C'est là, cependant, ce que certains critiques et maints jeunes hommes ont voulu voir dans *la Princesse Maleine* : ils la considèrent comme un joyau artistique, comme une merveille de joaillerie, telle que des orfèvres en faisaient au moyen âge. Ils s'extasient devant elle. Nous avons l'admiration moins facile, et nous sommes enclins à l'ironie, quand nous suivons, dans leurs évolutions tragiques, les petits personnages, les êtres falots et fantastiques, que M. Maeterlinck agite là, devant nous, en une suite de tableaux sombres. A quoi pensent-ils ? On ne sait. Qu'y a-t-il dans leur âme ? Elle paraît vide. Pourquoi font-ils certains actes ? Ils agissent, dirait-on, par pur instinct, cédant à des suggestions obscures qu'on ne s'explique pas. Ce refrain d'une chanson de nourrice leur convient à ravir :

> Les petites marionnettes
> Font, font, font
> Trois petits tours
> Et puis s'en vont.

Telle est, résumée très simplement, toute la

psychologie des personnages qui évoluent dans *la Princesse Maleine*. Mais assez de préliminaires. Analysons maintenant ce drame et donnons son intrigue en raccourci.

Il y avait une fois une petite fille qui était très belle, bien qu'elle eût un visage blanc et même verdâtre et des cils d'un blanc étrange. Elle s'appelait la princesse Maleine. Elle avait comme parents le roi Marcellus et la reine Godelive, qui gouvernaient une partie de la Hollande. Marcellus et Godelive n'avaient que cette enfant. Un autre roi, nommé Hjalmar, qui étendait son autorité sur une autre partie de la Hollande, n'avait qu'un fils. Celui-ci portait le même nom que lui. Et Hjalmar résolut d'unir ce jeune prince à la fille de Marcellus. En conséquence, il vint, accompagné de son fils, au château qu'habitait le père de Maleine. A peine s'étaient-ils vus que les jeunes gens s'aimèrent. On fit un grand banquet en l'honneur du roi Hjalmar. Mais, pendant le festin, tout à coup, les fenêtres du château volent en éclats; on entend des cris, des rumeurs, du tumulte; la princesse Maleine se sauve, échevelée et tout en pleurs; le roi Hjalmar s'écrie : « Ignoble Marcellus ! Vous avez fait une chose monstrueuse aujourd'hui. » Et il demande ses chevaux, et il s'en va suivi de tous ses courtisans. Qu'avait donc commis Marcellus pour déchaîner cet orage ? On ne nous le dit pas.

Le méchant roi Hjalmar étant parti, la princesse Maleine continue à aimer son prétendu d'un jour. Or, il faut vous apprendre que, dans la famille de Marcellus, on a coutume d'enfermer en une tour les infortunées princesses qui ne veulent pas renoncer à des amours réprouvés par la politique du royaume. Tel va être le sort de Maleine, la pauvre petite amoureuse. Elle s'en doute et elle regarde souvent, les yeux pleins de larmes, le chemin qui conduit à la tour. C'est ce que nous expose sa nourrice. La reine Godelive se désole. Le roi Marcellus est furieux. Il tance sa fille avec sévérité. Puis il lui dit, croyant l'avoir convaincue : Eh bien, Maleine ?

— Sire ?
— Tu ne comprends pas ?
— Quoi, Sire ?
— Tu me promets d'oublier Hjalmar ?
— Sire...
— Tu dis ?... Tu aimes encore Hjalmar ?
— Oui, Sire !
— *Oui, Sire* ! Ah ! démons et tempêtes ! Elle avoue cela cyniquement, et elle ose me crier cela sans pudeur.

Alors il se fâche de plus belle, le roi Marcellus, et il exhale tout ce qu'une pareille conduite lui met sur le cœur. Il s'irrite contre la nourrice qu'il qualifie d'entremetteuse, et il la fait sortir de la chambre ainsi que sa femme. Après quoi, seul à seul avec Maleine, il lui demande : Me promets-tu d'être raisonnable ?

— Oui, Sire.

— Ah ! tu vois ! alors tu ne songeras plus à ce mariage ?

— Oui !

— Oui ? — c'est-à-dire que tu vas oublier Hjalmar ?

— Non.

— Tu ne renonces pas encore à Hjalmar ?

— Non.

— Et si je vous y oblige, moi ? et si je vous enferme ? et si je vous sépare à jamais de votre Hjalmar à face de petite fille ?

Maleine ne répond que par des pleurs... Et le roi, comme il l'avait déclaré, la fait conduire à la tour, où elle est tenue captive avec sa nourrice.

Pendant que Marcellus avait cette conversation avec sa fille, le roi Hjalmar faisait de grands préparatifs de guerre. Il envahit soudain le royaume de son ennemi, y met tout à feu et à sang, incendie le château où habitait Marcellus ; celui-ci est tué, et la reine Godelive suit de près, dans la tombe, son malheureux époux.

Quant à Maleine, elle est encore dans la tour. Sa fidèle nourrice, avec ses ongles, parvient à desceller une pierre, et les deux femmes s'échappent. Elles sont bien surprises de ne pas retrouver la cité où régnait Marcellus. « Il n'y a plus, déclarent-elles, de maisons le long des routes ; il n'y a plus de clochers dans la campagne ; il n'y a plus de moulins dans les prairies. » Ah ! le roi Hjalmar n'a pas perdu son temps, et en trois jours — car c'est depuis trois jours seulement que Maleine est renfermée — il a tout saccagé, il a rasé une ville et détruit tous les villages. « Il n'y a plus, dit la nourrice, un homme ni une bête dans les champs ! Il ne reste plus que les arbres ! » « Mais alors ? » s'écrie Maleine. « Ah ! » répond la nourrice. Et cet « Ah ! » est gros de choses.

Maleine ne sachant où aller, se décide à prendre le chemin d'Ysselmonde. C'est là qu'habitent le roi Hjalmar et son fils. La nourrice a beau lui faire entendre qu'elle sera mal reçue par le jeune prince, quand il la verra venir, « la peau sur les os, pâle comme une fille de cire et pauvre comme une qui n'a rien du tout. » Maleine s'obstine dans sa résolution de le rejoindre. Elle traverse avec sa nourrice une forêt mystérieuse, où il fait noir, noir, noir. Elle se perd et rencontre des mendiants, avec lesquels sa nourrice tient des conversations fort décousues. Elle arrive enfin à un village où elle s'installe à l'auberge du *Lion bleu*. Là, des hommes s'éprennent d'elle et se battent, avec de grands couteaux de cuisine, pour l'amour de ses beaux yeux.

Le prince Hjalmar passe par ce village, entrevoit Maleine et, sans la reconnaître, la déclare une personne admirable. Il court la proposer comme suivante à la princesse Uglyane. Celle-ci est la fille de la reine Anne de Jutland qui, dépossédée par ses sujets, a trouvé un asile dans le château du roi Hjalmar. Et la reine Anne est méchante, méchante, méchante. Elle a de l'ambition. Elle enjôle le roi, devient sa maîtresse et pour faire de sa fille une reine, désire la fiancer à l'héritier de la couronne. Le roi Hjalmar est faible, faible, faible. Il n'a pas de volonté. Il veut tout ce que demande cette femme. En conséquence, il dit à son fils qu'il doit épouser Uglyane. Mais Hjalmar répugne à l'idée de ce mariage. Il aime toujours Maleine et reste fidèle à sa mémoire. Car il croit qu'elle a été tuée par son père dans la campagne féroce où celui-ci a détruit le royaume de Marcellus. Ce qu'il y a d'étonnant, c'est qu'il continue à ne pas reconnaître la petite princesse sous les habits de suivante dont on l'a revêtue. Cependant, son visage pâle et même verdâtre et surtout ses cils blancs étaient des marques suffisantes pour qu'il la reconnût. Mais il a probablement un bandeau sur les yeux.

Un jour, le prince Hjalmar prend une grande résolution : il se décide à épouser Uglyane et lui donne un rendez-vous, pour le soir même, dans le parc du château. C'est la princesse Maleine qui y vient, car elle a raconté à Uglyane qué Hjalmar était dans la forêt et n'arriverait pas au rendez-vous fixé. Et dans le parc, il fait obscur, obscur, obscur. Et il y a, tout près de l'endroit ou se tiennent Maleine et Hjalmar, un grand jet d'eau. Le dialogue qu'ils ont là est tout à fait surprenant. Citons-en quelques passages : Hjalmar dit à Maleine : Venez. — Pas encore, répond-elle. Il s'approche d'elle : Uglyane ! Uglyane ! murmure-t-il doucement. Il l'embrasse, mais le jet d'eau, agité par le vent, se penche et vient retomber sur eux.

MALEINE. — Oh ! qu'est-ce que vous avez fait ?...

Quoi ? Que suppose-t-elle ? ... Hjalmar s'excuse; il dit : C'est le jet d'eau.

MALEINE. — Oh ! oh !

HJALMAR. — C'est le vent !

MALEINE. — J'ai peur !

HJALMAR. — Ne songez plus à cela ; allons plus loin. Ne songeons plus à cela. Ah ! ah ! ah ! je suis tout mouillé !

MALEINE. — Il y a quelqu'un qui pleure ici.

HJALMAR — Quelqu'un qui pleure ici ?

MALEINE. — J'ai peur!

HJALMAR. — Mais n'entendez-vous pas que c'est le vent ?

MALEINE. — Mais qu'est-ce que tous ces yeux sur les arbres ?

HJALMAR. — Où donc ? Oh ! ce sont les hiboux

qui sont revenus ! Je vais les chasser. (*Il leur jette de la terre*). Allez-vous en ! allez-vous en !

Maleine remarque qu'il y en a un qui ne veut pas s'en aller. Il est sur un saule pleureur. Hjalmar tâche de le chasser, il ne s'en va pas. Puis il lui jette de la terre.

MALEINE. — Oh ! vous avez jeté de la terre sur moi !

HJALMAR. — J'ai jeté de la terre sur vous ?

MALEINE. — Oui, elle est tombée sur moi !

HJALMAR. — Oh ! ma pauvre Uglyane !

MALEINE. — J'ai peur !

HJALMAR. — Vous avez peur auprès de moi ?

Maleine voit des flammes entre les arbres : ça la terrifie. Hjalmar la rassure : « Ce n'est rien ; — ce sont des éclairs ; il fait très chaud aujourd'hui. »

MALEINE. — J'ai peur ! Oh ! qu'est-ce qui remue la terre autour de nous ?

HJALMAR. — Ce n'est rien ! C'est une taupe, une pauvre petite taupe qui travaille.

MALEINE. — J'ai peur !

Quelle drôle de scène d'amour ! Pour comble de malheur, voilà Maleine qui, tout à coup, saigne du nez. — Vous saignez du nez ? demande le prince. — Oui, dit-elle, où est mon mouchoir ? — Allons au bassin. — Oh ! ma robe est déjà pleine de sang. — Est-ce fini ? — Oui. — Puis un silence. A quoi songez-vous ? dit Hjalmar qui est fatigué de se taire. Maleine déclare qu'elle est triste. « Je songe à la princesse Maleine. »

HJALMAR. — Vous dites ?

MALEINE. — Je songe à la princesse Maleine !

HJALMAR. — Vous connaissez la princesse Maleine ?

MALEINE. — Je suis la princesse Maleine.

HJALMAR. — Quoi ?

MALEINE. — Je suis la princesse Maleine.

HJALMAR. — Vous n'êtes pas Uglyane ?

MALEINE. — Je suis la princesse Maleine.

HJAMAR. Vous êtes la princesse Maleine ! Vous êtes la princesse Maleine ! Mais elle est morte.

MALEINE.— Je suis la princesse Maleine.

La lune — qui est une très bonne lune — passe à ce moment même ses rayons entre les arbres et éclaire la petite princesse. Hjalmar la reconnaît enfin. Il y a mis du temps. Il commence à exhaler sa joie par des phrases extravagantes. Il dit qu'il est « dans le ciel jusqu'au cœur ! » «Moi aussi », s'exclame Maleine. Tous les deux sont donc dans le ciel jusqu'au cœur et ils y resteraient peut-être longtemps si le jet d'eau, soudain, n'était mort avec un étrange sanglot.«Oh!», s'écrie Maleine effrayée. Et comme une enfant capricieuse, elle déclare qu'elle veut s'en aller. — « Il est mort, dit Hjalmar ; allons ailleurs ! »

Elle est stupéfiante, cette conversation. Toutes les puérilités, toutes les niaiseries qui s'y enfilent, montrent à toute évidence que ce prince et cette princesse sont deux parfaits idiots. Ils ne comprennent rien à la première fois ; les remarques les plus simples n'entrent dans leur cerveau qu'à coups répétés. Ils sont d'une stupidité extraordinaire. Et que conclure de cette scène grotesque, sinon que Maleine est bien poltronne, Hjalmar bien maladroit, le jet d'eau étonnamment facétieux, la lune très obligeante, et que c'est fort désagréable de saigner du nez quand on a perdu son mouchoir ?

Hjalmar, après cette reconnaissance, sent renaître en lui la joie de vivre : il est tout heureux d'avoir revu l'objet de ses premiers rêves. Il va dans l'appartement de son père et fait part au vieux roi de ce qui lui est arrivé. Plus d'Uglyane à présent : Maleine seule possède son amour. Et il trouve tout naturel de l'épouser, bien qu'elle ne soit qu'une petite fille très pauvre et très chétive. Le roi voudrait bien s'opposer à ce mariage, car il a peur de la reine Anne; cependant il ne résiste pas aux prières de son fils. Les deux jeunes amants sont donc fiancés.

Mais la reine Anne, qui a un très méchant caractère et qui est persévérante dans ses désirs ambitieux, se dit en elle-même : « Non, jamais cette union ne se fera ! » Et elle use de perfidie à l'égard de Maleine. Elle lui adresse des phrases mielleuses où elle distille une fausse douceur, la loge dans une des plus belles chambres du château, puis tente de l'empoisonner. Alors Maleine se sent malade, très malade. Mais les effets du poison sont trop lents au gré de cette reine cruelle. Elle projette de se débarrasser de la princesse par un moyen plus radical. Sa volonté, déjà fort endurcie, devient de plus en plus opiniâtre et tenace dans le crime. Cette femme, qui a tant d'empire sur le roi, s'empare tout à fait de son esprit et, par ses paroles impérieuses, pousse cet homme faible à devenir le complice d'un meurtre.

Une nuit, elle fait venir avec elle le pauvre roi qui tremble et qui voudrait bien ne pas la suivre, et elle le conduit jusqu'à la chambre de Maleine. Et ici se place la scène la plus remarquable de la pièce, la seule qui témoigne de quelque talent. Elle est taillée, d'ailleurs, d'après une scène analogue de Shakespeare, celle où le roi Duncan est assassiné. Mais elle contient quelques détails nouveaux et est réellement impressionnante.

Arrivé devant la porte de la chambre où Maleine repose, Hjalmar hésite : il ne veut pas entrer. L'image du meurtre qui va s'accomplir le fait frissonner : « J'aurais moins peur, dit-il, de la porte de l'enfer ; il n'y a qu'une petite fille là derrière ; elle ne peut pas tenir une fleur dans ses mains ;... et moi... ». Il voudrait attendre jusqu'au lendemain. Il reste éperdu et hagard en présence du crime tout proche.

Mais la reine Anne cherche à dominer le faible potentat ; elle lui dit quelques paroles brèves et autoritaires : « Voyons, sois raisonnable, Hjalmar, et ne fais pas l'enfant ce soir. » Puis, à cette exhortation au courage, elle tâche de joindre quelques caresses. Elle s'approche de lui : « Est-ce que tu ne m'aimes plus ? » murmure-t-elle d'une façon féline. Et elle s'apprête à l'enlacer dans ses bras et à le réconforter par ses baisers. Mais il la repousse : « Non, non, pas maintenant », dit-il.

Elle finit pourtant par venir à bout de ses velléités de résistance. Ils entrent dans la chambre. Quand ils y pénètrent, Maleine est immobile sur son lit, épouvantée et aux écoutes. Le roi n'a qu'un désir : s'en aller. Le cœur de la petite princesse bat très fort : ça l'effraie ; son regard dilaté se fixe sur lui : ça le trouble. Mais la reine Anne entraîne Hjalmar : « Avancez ; — est-ce que vous devenez fou ? »

Elle se dirige vers le lit : « Bonsoir Maleine ». La pauvre enfant ne répond rien. La reine continue : « Est-ce que vous ne m'entendez pas ? » Maleine fait un vague signe affirmatif. « Avez-vous perdu la voix ? » Maleine articule péniblement : « Bon...soir !... » « Ah ! tu vis encore, reprend la reine Anne ; as-tu tout ce qu'il te faut ! — Mais je vais ôter mon manteau. (*Elle dépose son manteau sur un meuble et revient près du lit.*) — Je vais voir. — Oh! cet oreiller est bien dur. — Je vais arranger tes cheveux. — Mais pourquoi me regardes-tu ainsi, Maleine? Maleine? — Je viens te dorloter un peu. — Où est-ce que tu as mal? — Tu trembles comme si tu allais mourir. — Mais tu fais trembler tout le lit! — Mais je viens simplement te dorloter un peu. — Ne me regarde pas ainsi! Il faut être dorlotée à ton âge; je vais être ta pauvre maman. — Je vais arranger tes cheveux. — Voyons, lève un peu la tête; je vais les nouer avec ceci. — Lève un peu la tête. — Ainsi. »

Elle lui passe un lacet autour du cou. Maleine saute à terre vivement et demande ce qu'on lui a mis. « Rien, rien, ce n'est rien! répond la reine, ne criez pas! » « Ah! ah! dit Maleine, éperdue. »

ANNE. — Arrêtez-la! arrêtez-la!

LE ROI. — Quoi? Quoi?

ANNE. — Elle va crier? elle va crier!

LE ROI. — Je ne peux pas!...

MALEINE. — Vous allez me!... oh! vous allez me!...

ANNE (*saisissant Maleine*). — Non! non!

MALEINE. — Maman! Maman! Nourrice! Nourrice! Hjalmar! Hjalmar! Hjalmar?

Elle se traîne sur ses genoux et supplie le roi et la reine Anne de lui faire grâce : « Oh! pas aujourd'hui! — Non! non! pas maintenant!...

La méchante reine tire sur le lacet. La petite

princesse tombe au milieu de la chambre : « Maman ! oh ! oh ! oh ! »

Le roi va s'asseoir.

ANNE. — Elle ne bouge plus. C'est déjà fini. — Où êtes-vous ? Aidez-moi ! Elle n'est pas morte. — Vous êtes assis ?

LE ROI. — Oui ! oui ! oui !

ANNE. — Tenez-lui les pieds ; elle se débat. Elle va se relever...

LE ROI. — Quels pieds ? quels pieds ? Où sont-ils ?

ANNE. — Là ! là ! là ! Tirez !

LE ROI. — Je ne peux pas ! je ne peux pas !

Car le roi Hjalmar, devant cette scène horrible, a perdu ses esprits. Il ne les reprend pas. Il vague dans la chambre ; il ne sait plus ce qu'il fait ; il est comme fou. M. Maeterlinck exprime bien la stupeur du misérable et imbécile monarque. Il ressemble à une chose inerte. Ses nerfs sont profondément ébranlés. La grêle qui crépite soudain contre les carreaux lui fait l'effet de doigts nombreux qui frappent à la fenêtre. Celle-ci, sous l'action du vent, s'ouvre avec violence : un des deux vases de fleurs qui se trouvaient sur l'appui tombe bruyamment. La Reine, apeurée, dit au Roi d'enlever l'autre vase, car elle craint qu'il ne tombe aussi. Le vieillard le prend machinalement et le porte dans ses bras, sans savoir où le mettre... Oui, tel est bien le trouble, l'affolement du complice qui subit l'influence d'une volonté plus forte que la sienne; et c'est bien ainsi que des incidents fortuits qui, dans la vie ordinaire, paraîtraient banals et sans intérêt, prennent des proportions effrayantes, sont même rendus tragiques par les circonstances au milieu desquelles ils surviennent. Un rien fait pâlir le criminel et l'agite jusqu'au fond de son être. C'est ce que M. Maeterlinck nous a dépeint d'une manière saisissante.

Après cette scène de l'étranglement, il n'en est aucune qui mérite d'être signalée. Terminons brièvement notre analyse. Le lendemain du forfait, on découvre le cadavre de la petite princesse. Le Roi qui n'est plus qu'un fou souffrant, perd tout à fait la tête : il fait une confession fébrile du crime. Le prince Hjalmar, déchaîné par la fureur et pris d'un délire de sang, saisit son poignard, en frappe à plusieurs reprises la reine Anne, puis il se tue lui-même. Et le Roi se lamente, se désespère, pousse des cris comme un petit enfant. La nourrice veut l'emmener loin de ce lieu de carnage: « Venez, venez », dit-elle.

Le Roi. — Je viens, je viens ! Oh ! comme je vais être seul maintenant ! — Et me voilà dans le malheur jusqu'aux oreilles ! A soixante-dix-sept ans ! Où donc êtes-vous ?

La Nourrice. — Ici, ici.

Le Roi. — Vous ne m'en voudrez pas ? — Nous

allons déjeuner ; y aura-t-il de la salade ? — Je voudrais un peu de salade...

La Nourrice. — Oui, oui, il y en aura.

Le Roi. — Je ne sais pourquoi, je suis un peu triste aujourd'hui. — Mon Dieu ! mon Dieu ! que les morts ont donc l'air malheureux.

Et il sort avec la nourrice.

Voilà un résumé de cette pièce qui est pleine d'extravagances et de naïvetés singulières. Les symboles s'y entrecroisent. Il s'y rencontre également plusieurs inventions bouffonnes. Je n'en connais pas de plus bizarre que celle des sept béguines qui apparaissent souvent, on ne sait pourquoi, qui évoluent dans les corridors du château, dans la cour, dans les jardins, dans la cuisine, psalmoldiant des prières et marchant d'un pas précipité. Sont-elles un symbole ? C'est possible. Mais elle forment un groupe bien grotesque.

Et constamment les mêmes répétitions de mots qui finissent par devenir très fastidieuses et très agaçantes ! Il n'est pas un personnage qui ne trouve nécessaire de débiter plusieurs fois les mêmes phrases. Quand le prince Hjalmar aperçoit le corps inanimé de sa fiancée, il s'écrie : « Arrivez ! arrivez ! Etranglée ! étranglée ! Maleine ! Maleine ! Maleine ! Etranglée ! étranglée ! étranglée ! Oh ! oh ! oh ! Etranglée ! étranglée ! étranglée ! »

C'est là un exemple, entre cent, du moyen puéril qu'emploie M. Maeterlinck pour rendre les impressions des acteurs de son drame. Il leur place aussi dans la bouche des réflexions bien extraordinaires. En voici une, empruntée au prince Hjalmar : « Allez une nuit dans le parc, dit-il, près du jet d'eau, et vous remarquerez que c'est à certains moments seulement, et lorsqu'on les regarde, que les choses se tiennent tranquilles comme des enfants sages et ne paraissent pas étranges et bizarres, mais dès qu'on leur tourne le dos, elles vous font des grimaces et vous jouent de mauvais tours. »

Je pourrais détacher de l'ouvrage beaucoup d'autres propos incohérents. A quoi bon? Et telle est la pièce que M. Mirbeau a proclamée « la plus géniale de ce temps », « un pur et éternel chef-d'œuvre comme les artistes tourmentés ont rêvé d'en écrire un, et comme il n'en n'ont écrit aucun jusqu'ici ». Je ne veux pas, certes, tâcher de démolir une opinion si bien fondée, et je ne puis que rendre hommage aux éminentes facultés critiques de M. Octave Mirbeau.

VII

Dans le théâtre de M. Maeterlinck, on ne peut rien rencontrer de plus étourdissant que *les Sept Princesses*. Le titre seul est déjà remarquable. Il a d'abord le mérite d'être très clair. *Les Sept Princesses* ! Voilà qui est précis : l'auteur vous fixe tout de suite là-dessus; il y en a bien sept, pas une de plus, pas une de moins. Et au cas où vous n'aimeriez pas ce nombre, vous êtes prévenu : vous n'avez qu'à ne pas ouvrir le livre.

Mais pourquoi, je me le demande, ne l'aimeriez-vous pas? Notez qu'il est symbolique, et que c'est justement son caractère mystique et religieux qui l'a fait choisir par M. Maeterlinck. Car rien n'est laissé au hassard dans ses drames, et les chiffres même, à ses yeux, ont une importance considérable. Il est joli, d'ailleurs, ce chiffre, et il frappe heureusement le regard! C'est presque un trait de génie que de s'y être arrêté! Nous, peut-être, nous n'aurions pas eu cette audace. Mais M. Maeterlinck, qui monte aisément aux cimes de son art, a fait, dans cette œuvre, ce qu'il avait déjà osé pour *les Aveugles* : ceux-ci étaient douze, et nous avons maintenant un septuor de princesses. Sept, c'est très beau. Douze, c'était mieux. Il y a ici une infériorité numérique. Il est vrai que, si l'on en croit un critique très autorisé, ces princesses sont probablement jumelles, ce qui compliquerait d'un phénomène unique de fécondité l'apparition, dans la pièce, de ces charmantes créatures. Jumelles? Ce serait là un coup de hardiesse tout à fait digne de l'illustre écrivain!

Quant à l'œuvre elle-même, elle ressemble aux autres productions du dramaturge, avec une accentuation plus prononcée de ses défauts. Encore de vagues et vaporeuses images qui évoluent en notre présence dans des poses raides et hiératiques, comme des bayadères devant un rajah. Mais, à leur vue, notre âme est déconcertée et n'éprouve que de l'ennui.

Le sujet est très simple. Un jeune prince avait quitté son pays pour des motifs qu'on ignore; il y revient pour des raisons qu'on ne nous dit pas, après avoir séjourné longtemps dans des contrées dont on nous cache le nom. Il rentre dans le château de ses aïeux, situé on ne sait où, mais qui est proche d'un grand canal. Ce château renferme une galerie de marbre, ornée de lauriers, de lys et de lavandes. Au fond de cette salle, se dresse un splendide escalier sur lequel sept princesses sont endormies. Elles sont vêtues de blanc et leurs têtes reposent sur des coussins de soie pâle. Quel singulier endroit pour dormir ! Pour distingué, il l'est, et poétique aussi, mais combien dur et incommode ! Pourquoi se livrent-elles aux douceurs du sommeil sur les marches d'un escalier, c'est ce que l'auteur évite de nous dire. A la fin de l'acte, six des princesses s'éveilleront; la septième sera morte dans l'entretemps. Ce qui la fait mourir ainsi, d'une façon subite, M. Maeterlinck n'a pas jugé bon de nous le faire connaître. Un voile de mystère flotte sur tout cela, et ce sont des secrets que nous ne devons pas pénétrer.

Celle qui est morte était aimée du jeune prince, et, avant que la pièce ne se termine, son corps rigide est porté par les autres princesses jusqu'au sommet de l'escalier. Un rideau noir descend brusquement. Et voilà !

Pas une seule fois les sept princesses n'ouvrent la bouche. Nous n'entendons point le son de leurs voix. C'est dommage. M. Maeterlinck aurait pu les faire parler à l'unisson. Lui qui a des procédés si curieux et si personnels, un faire si spécial et si empoignant, aurait pu produire, grâce à cet unisson, des effets d'une puissante intensité. Il a préféré, dans ce drame d'épouvante et d'horreur, tenir closes les petites lèvres de ses princesses. Peut-être celles-ci sont-elles muettes ? Plusieurs circonstances rendent plausible cette supposition. S'étant réveillées, ces jeunes filles restent silencieuses. L'aimable prince qu'elles n'avaient plus vu depuis des années étant arrivé au milieu d'elles, aucune ne desserre les dents. Ayant découvert le cadavre de leur compagne, elles ne poussent pas un cri. Mais je n'émets là qu'une hypothèse, car l'auteur ne nous apprend rien à ce sujet.

Il n'y a pour interlocuteurs, dans cet ouvrage, que le vieux roi, la vieille reine et le jeune prince qui, pendant tout un acte — fort long —, sont au fond de la scène — fort obscure —, derrière des fenêtres — fort grandes —, par lesquelles ils regardent dans la salle de marbre. Vous vous figurez ça d'ici.

Ce qu'ils disent ? Du commencement à la fin, ils énoncent péniblement des phrases haletantes, entrecoupées, retournées, des phrases à répétition, ainsi qu'en profèrent les personnages de *la Princesse Maleine*. Et ce n'est pas amusant du tout. Jamais les propos que M. Maeterlinck prête aux héros de ses drames n'ont été tissus d'autant de bizarreries et d'enfantillages. C'est une langue toute pénétrée de fausse naïveté. L'auteur s'amuse à des niaiseries, et par excès de délicatesse, pour donner à son style des beautés plus rares, il imite les petits enfants dans leurs conversations. Il exagère ses défauts jusqu'à l'outrance et, si l'on ne savait que *les Sept Princesses* sont bien de lui, on imaginerait lire un pastiche assez réussi de ses œuvres. Car ce n'est presque plus du Maeterlinck : c'en est bien plutôt la caricature. Cet écrivain, dans un moment de gaieté, aurait-il voulu faire sa propre charge ? Jugez-en. Voici ce qu'à son arrivée, le jeune prince dit, posté derrière une fenêtre : « Je vois ! je vois ! je vois ! je les vois toutes les sept !... Une, deux, trois *(il hésite un moment)*, quatre, cinq, six, sept... Je ne les reconnais presque pas... Je ne les reconnais pas du tout... Oh ! qu'elles sont blanches toutes les sept !... Oh ! qu'elles sont belles toutes les sept !... Oh ! qu'elles sont pâles toutes les sept !... Mais pourquoi dorment-elles toutes les sept ? »

Cette énumération pourrait être prolongée à l'infini ; il est bien d'autres choses que les princesses ont sans doute en commun : « Oh ! comme elles ont des cheveux blonds toutes les sept ! Oh ! comme elles ont des poses alanguies toutes les sept! Oh ! comme elles ont des robes blanches toutes les sept ! » Pas de raison pour ne pas continuer longtemps comme ça : il faut être reconnaissant à l'auteur de s'être arrêté si vite.

Le jeune prince désire donc connaître pourquoi les sept princesses dorment. La réponse que lui fait la vieille reine vaut la peine d'être transcrite : « Elles dorment toujours... Elles dorment ici depuis ce midi... Elles sont si malades... On ne peut plus les éveiller... Elles ne savaient pas que vous alliez venir... Nous n'avons pas osé les éveiller... Il faut attendre... Il faut qu'elles s'éveillent d'elles-mêmes... Elles ne sont pas heureuses et ce n'est pas notre faute... Nous sommes trop vieux, trop vieux ; tout le monde est trop vieux pour elles... On est trop vieux sans le savoir. »

Il a des demandes ineffables, le jeune prince, des demandes qui font sourire et qui, contre la volonté de M. Maeterlinck, sont d'un haut comique. Il formule cette question : « Est-ce ici leur chambre à coucher? » Or cela se passe, nous l'avons vu, dans une vaste galerie, où les princesses se sont assoupies sur un escalier de marbre. Aurait-il, dans ses voyages, perdu la notion exacte de ce qui constitue une chambre à coucher?

Maintes fois, il se fait, entre les personnages, des échanges de pensées qui nous plongent dans l'étonnement.

LE PRINCE. — Oh! comme il fait clair dans la salle !...

LA REINE. — Il y fera plus clair encore quand la nuit sera venue... elle est sur le point de tomber...

LE ROI. — Qu'est-ce qui est sur le point de tomber ?

LA REINE. — C'est de la nuit que je parle...

Et quelle stupéfiante étrangeté dans des bouts de dialogue comme celui-ci :

LE PRINCE (qui regarde toujours). — Il y en a une que je ne vois pas bien...

LA REINE. — Laquelle préférez-vous ?

LE PRINCE. — Celle qu'on ne voit pas bien...

LA REINE. — Laquelle ? j'ai l'oreille un peu dure...

LE PRINCE. — Celle qu'on ne voit pas bien...

LE ROI. — Laquelle est-ce qu'on ne voit pas bien ? Je n'en vois presque aucune !

Et dire que toute la pièce est dans ce ton !

Quand ils ont bien regardé dans la salle, tout à coup les vieux s'alarment ; ils s'inquiètent de voir que les princesses sont profondément endormies. La septième surtout leur cause de l'angoisse : elle a une pose raide et peu naturelle. Le jeune prince continue à écarquiller les yeux pour apercevoir, dans la demi-clarté de la nuit tombante, la jeune fille qu'il aime ; le roi et la reine gémissent, s'attristent, laissent échapper des oh ! oh ! oh ! et expriment longuement des craintes qu'il est impossible aux spectateurs de partager. Car, enfin, au lieu de se lamenter dans le crépuscule, ces gens feraient mieux de pousser la porte et d'entrer dans la salle pour se rendre compte de ce qui s'y passe. C'est ce que le public se dit non sans impatience.

Mais il paraît — nous l'apprenons à la fin — que la porte est fermée en dedans. Alors le prince suggère une idée : « Nous pourrions ouvrir une fenêtre... » Mais le roi lui répond : « Les fenêtres ne s'ouvrent pas ». Et comme le prince s'est décidé, après avoir tergiversé longtemps, à pénétrer dans la galerie, le roi lui indique la seule issue qui permette d'y arriver. Il faut se couler par une trappe, traverser des souterrains garnis de croix et de bustes, soulever une pierre tombale et on est enfin dans la chambre de marbre. Comme vous voyez, c'est fort simple. Le prince est tout de même un peu interloqué : « Et c'est par là qu'il faut ?... » dit-il. Le roi lui fait observer que c'est l'unique chemin qui donne accès à la salle. Le prince s'y engage donc ; le roi et la reine restent près des fenêtres, et l'équipage du navire qui a ramené chez lui le jeune prince, dit dans la nuit : « Nous ne reviendrons plus ! Nous ne reviendrons plus ! »

Eh bien, qu'en pensez-vous ? Existe-t-il une fantaisie plus baroque que *les Sept Princesses* ? Au moins, dans *l'Intruse* et dans *les Aveugles*, on se rendait compte de ce qu'avait voulu l'auteur. Il s'agissait bien, dans la première de ces pièces, de nous montrer la mort qui plane sur une maison, et dans la seconde, de nous intéresser aux terreurs de douze aveugles qui ont perdu leur guide. En lisant *la Princesse Maleine*, on pouvait, dans une certaine mesure — oh ! très petite ! — partager les épouvantes de la pauvre enfant, malgré son teint verdâtre et ses cils d'un blanc singulier ; mais, ici, à quoi peut bien se raccrocher l'intérêt ? Tous ces personnages, légers et indistincts comme des ombres, ont une silhouette trop simplifiée et une vie trop incomplète pour que nos regards s'attachent sur eux avec une sérieuse attention. Nous ne savons rien de ces gens-là ; ils n'ont ni allure bien marquée, ni caractère quelque peu fixé. Ils demeurent noyés dans un brouillard.

A défaut de personnages aux traits nettement

accentués, avons-nous une idée fondamentale, un symbole quelconque, que M. Maeterlinck ait tâché de traduire clairement à nos yeux ? C'est très possible, mais nous ne parvenons pas à le saisir.

Alors, je me demande ce qui peut nous attirer dans cette œuvre. Puisque l'auteur ne nous conduit par aucune voie où nous ayons la curiosité de le suivre, puisqu'il n'ouvre à notre esprit aucun horizon de pensées, puisque même, il n'est pas capable de nous incliner à de douces rêveries ou de nous porter à des méditations plus ou moins profondes, que reste-t-il dans cet ouvrage, pour nous charmer et nous séduire ? Serait-ce le style ? Celui-ci aurait-il une magie à laquelle nous ne saurions résister ? Vous avez pu constater, par les petits fragments que je vous ai présentés tout à l'heure, ce qu'est, dans *les Sept Princesses*, le style de M. Maeterlinck !

VIII

Si *les Sept Princesses* sont un rêve obscur qui emplit notre cerveau de visions étranges et irréelles, *Pelléas et Mélisande* sont un drame beaucoup plus clair. Mais c'est toujours dans le même monde fantasque et inconsistant que l'auteur égare sa fantaisie ; il y met en scène les mêmes petits personnages qui semblent s'être détachés, pour vivre et se mouvoir, d'une tapisserie fort ancienne.

Cette pièce est un drame d'amour ; nous y voyons deux jeunes êtres qui sont les jouets de leurs cœurs et qui cèdent aux suggestions violentes d'une passion coupable. Et voici l'histoire que M. Maeterlinck nous esquisse dans une suite de tableaux dialogués.

Mélisande est une petite fille qui s'est enfuie. D'où ? Ah ! voilà ! Elle ne veut pas le dire et l'auteur est aussi discret que cette énigmatique créature. Il faut en prendre votre parti : vous ne le saurez jamais. Elle s'est égarée et pleure, dans une forêt, au bord d'une fontaine. Pourquoi verse-t-elle des larmes ? C'est parce qu'elle a perdu la couronne d'or qu'elle portait sur la tête et qui vient de tomber à l'eau. Passe un chasseur qui s'est égaré, lui aussi. Il aperçoit la pauvre enfant et lui demande le sujet de son chagrin. L'ayant appris, il s'approche de la fontaine et veut en retirer la couronne. Mais Mélisande s'y oppose. Alors il lui dit : Venez avec moi. Et, sans hésiter, elle suit cet inconnu.

Celui-ci est Golaud, petit-fils d'Arkel, le vieux roi d'Allemonde. Il se sent pris de tendresse pour cette jeune fille et ne tarde pas à l'épouser. Puis il envoie une lettre à son aïeul pour le prévenir de ce mariage et lui annoncer son prochain retour. Or Pelléas, demi-frère de Golaud, doit justement entreprendre un voyage lointain. Arkel le force à rester au château jusqu'à l'arrivée des nouveaux époux. Et c'est ainsi que le vieillard, malgré la sagesse amassée en lui par les années, prépare les orages qui vont gronder bientôt sur la tête de ses petits-enfants. Car l'expérience et la sagesse ne servent à rien et nous sommes je ne sais quelles marionnettes aux mains de la Destinée.

Golaud revient donc avec sa femme. Dans la demeure sombre où sa vie s'écoule désormais, Mélisande a du vague à l'âme et n'est pas heureuse. Elle pleure sans motif. Elle n'est qu'une petite fille et Golaud est beaucoup plus âgé qu'elle. Pelléas, au contraire, est jeune et beau. Cela suffit pour que Mélisande s'éprenne de lui. Elle est l'esclave étourdie et irraisonnable de l'amour criminel qui a pénétré dans son cœur. Et Pelléas l'aime également. Ils se donnent des rendez-vous dans le parc et Mélisande, un jour qu'ils sont en tête-à-tête, joue avec son anneau de mariage et le laisse tomber dans une fontaine très profonde.

Cependant Golaud s'aperçoit que la bague a disparu. Mélisande forge aussitôt une histoire pour se disculper : l'anneau a dû s'échapper de son doigt alors qu'elle était dans une grotte où elle ramassait des coquillages. Golaud veut qu'il se retrouve tout de suite, et comme lui-même ne peut aller à sa recherche, parce qu'il est retenu au lit à la suite d'une chute de cheval, il y envoie Mélisande, à qui il dit de se faire accompagner de Pelléas.

Ils arrivent tous deux devant la grotte : ils tremblent. Pelléas veut y pénétrer, car, déclare-t-il, « il faut pouvoir décrire l'endroit où vous avez perdu la bague, s'il vous interroge ». Mais Mélisande, ayant constaté qu'il y a dans la grotte trois vieux pauvres endormis, est envahie par une folle crainte et s'enfuit loin de là.

Pelléas comprend qu'il est pour lui plus que temps de partir. Arkel, à qui il annonce ses desseins de voyage, s'oppose encore à son départ. A coup sûr, ce vieillard manque de perspicacité.

Quelques jours après, Mélisande est occupée à filer sa quenouille : Pelléas se tient à côté d'elle. Il fait sombre et le petit Yniold, un fils que Golaud a eu de sa première femme, est auprès d'eux. Golaud revient de la chasse ; Yniold va chercher de la lumière et Golaud remarque, dans les yeux de Pelléas et de Mélisande, la trace de larmes toutes récentes...

Un autre soir, Mélisande est à sa fenêtre, peignant ses cheveux qu'elle arrange pour la nuit ; Pelléas surgit dans l'ombre et cause avec la jeune femme. Celle-ci se penche vers lui, et sa chevelure qui est très longue, tombe presque jusqu'à terre. Pelléas s'en empare : « Toute ta chevelure, Mélisande, toute ta chevelure est tombée de la tour!..

Je les tiens dans les mains, je les tiens dans la bouche... Je les tiens dans les bras, je les mets autour de mon cou... Je n'ouvrirai plus les mains cette nuit... » Et Mélisande a beau lui dire : « Laisse-moi ! laisse-moi !... Tu vas me faire tomber !...» Le jeune prince s'obstine à tenir les cheveux ; il prétend qu'il ne veut pas délivrer la pauvre Mélisande et qu'elle est sa prisonnière jusqu'au retour de l'aurore. Et il noue l'épaisse chevelure aux branches d'un saule. « Regarde, regarde, j'embrasse tes cheveux... Je ne souffre plus au milieu de tes cheveux... Tu entends mes baisers le long de tes cheveux ?... Ils montent le long de tes cheveux... Il faut que chacun t'en apporte... » Voilà — c'est le cas de le dire — des propos bien échevelés. Golaud survient : il ne se fâche pas ; il murmure sourdement, avec quelque chose de saccadé dans la voix : « Vous êtes des enfants... Quels enfants !... Quels enfants !...» Et il sort avec Pelléas.

Vous comprenez qu'après cette découverte, la jalousie s'est déversée, goutte à goutte, dans l'âme du mari, et une fois qu'il a en lui ce venin terrible, Golaud devient cruel. Il fait épier les deux coupables par le petit Yniold, et cela est une chose atroce. Quoique ce soit l'occasion d'une scène assez dramatique, — la seule qui ait dans l'ouvrage une saveur d'originalité, — on ne peut trop blâmer l'auteur d'avoir oublié dans cette scène le respect que l'on doit aux êtres jeunes et candides, car il est des spectacles qui ne sont pas faits pour des enfants, et les faire servir — ces délicats et tendres lys — à découvrir des fautes infâmes et à pénétrer dans la boue de honteux péchés, c'est une véritable abomination.

Golaud, à mesure que ses soupçons prennent corps et se précisent nettement, éprouve des souffrances bien aiguës. Son âme est en proie à l'inquiétude et est agitée sans cesse par de petits frissons d'angoisse : elle se remplit de désirs de vengeance. La vue de Mélisande met de la rage dans ce cœur torturé. Cette jeune femme a un regard limpide, où se reflète, dirait-on, une âme blanche et belle. Cette pureté des yeux de Mélisande irrite Golaud : « Ah ! oui !... ils donneraient à Dieu des leçons d'innocence !... J'en suis si près que je sens la fraîcheur de leurs cils quand ils clignent ; et, cependant, je suis moins loin des grands secrets de l'autre monde que du plus petit secret de ces yeux... » Poussé par un sentiment de fureur aussi inconscient que rapide, il saisit Mélisande par les cheveux et la traîne dans la chambre. Mais sa colère se calme : il a honte de sa violence. Pourtant, il prévient sa femme que, si jamais il la revoit avec Pelléas, il les tuera tous les deux : « J'attendrai le hasard... et alors... Oh ! alors.. simplement parce que c'est

l'usage ; simplement parce que c'est l'usage... »
Drôle de mot, où il y a une sombre ironie... D'ailleurs, un commencement de démence a envahi le cerveau de cet infortuné : « Voyez, dit-il, je ris déjà comme un vieillard». Et Arkel, qui a été le témoin de cette scène, murmure en secouant la tête : « Si j'étais Dieu, j'aurais pitié du cœur des hommes».

A partir de ce moment, l'action se précipite. Pelléas se décide enfin à s'éloigner de Mélisande, mais, auparavant, il lui fixe un dernier rendez-vous. C'est dans le parc du château que cette entrevue a lieu. Ils échangent de tendres propos, auxquels l'idée de départ, qui plane au-dessus d'eux, donne une grande mélancolie. Pelléas épanche les sentiments de son âme en des couplets passionnés : « Je ne savais pas que tu étais si belle, dit-il... Je n'avais jamais rien vu d'aussi beau avant toi... J'étais inquiet, je cherchais partout dans la maison... Je cherchais partout dans la campagne... Et je ne trouvais pas la beauté... Et maintenant je l'ai trouvée... je l'ai trouvée... Je ne crois pas qu'il y ait sur la terre une femme plus belle... »

Mais Golaud les guette dans l'ombre, épiant tous leurs gestes et tenant son épée d'une main fébrile. Il surgit tout à coup pour venger son honneur, et se jette, farouche, sur le couple adultère. Il tue Pelléas, puis, Mélisande s'étant enfuie, éperdue et glacée d'épouvante, il se lance à sa poursuite. Il la rejoint et lui fait une légère blessure. Un oiseau n'en mourrait pas, déclare le médecin. Pourquoi, alors, la vie de Mélisande s'en va-t-elle par cette blessure si petite ? Le médecin nous l'explique : «Elle est née sans raison... pour mourir, et elle meurt sans raison...» Golaud est auprès du lit de la malade ; il dit à Mélisande d'un ton suppliant: « Pardonne-moi...» « Oui, oui, répond-elle d'une voix faible, je te pardonne... Que faut-il pardonner ? » A ces mots, le mari est remordu par le doute ; il voudrait bien savoir si elle a été vraiment coupable ; aussi se met-il à l'interroger avec insistance, mais il est trop tard, et elle exhale son dernier souffle sans avoir rien dit.

Avant de mourir, elle a mis au monde une petite fille, « une toute petite fille qu'un pauvre ne voudrait pas mettre au monde... une petite figure de cire qui doit vivre dans de la laine d'agneau...» Et le vieil Arkel entraîne Golaud loin de la couche funèbre : « Venez ; il ne faut pas que l'enfant reste ici, dans cette chambre... Il faut qu'il vive, maintenant, à sa place... C'est au tour de la pauvre petite... » Et ils sortent tous deux, en silence.

La pièce, à en juger par ce résumé sommaire, ressemble à un mélodrame romantique que l'auteur aurait découpé en une série de tableaux.

En apparence, elle est très simple. Ce que son intrigue peut avoir, par-ci par-là, d'incertitude et de demi-obscurité, lui vient des procédés dramatiques de M. Maeterlinck et de ses tendances symbolistes. Une action bien conduite a toujours paru à cet écrivain chose insignifiante et négligeable. Il aime le décousu dans l'action : celle-ci, dans ses œuvres, marche au hasard, et les scènes sont unies entre elles par des liens lâches et peu apparents. C'est là un des vices les plus accusés de *Pelléas et Mélisande*.

Les personnages, comme dans les autres pièces de ce dramaturge, sont d'une bizarre imprécision par manque de caractère et par défaut de vie intérieure. Quels affleurements mystérieux font tressaillir leurs âmes ? Qu'est-ce qui pousse leurs cœurs aux résolutions ? Qui le dira ? Car nous ne soupçonnons pas sous quelles influences ces petits êtres 'agissent. Ce sont des mannequins articulés dont nous ne connaissons point les ressorts.

Mais nous avons déjà, ailleurs, développé cette idée. Ne nous y arrêtons pas davantage. Insistons plutôt sur le grand nombre de symboles dont ce drame est surchargé.

On se promène dans cette pièce comme sur un chemin épineux, parsemé de broussailles et de fourrés, d'où se lève, quand on s'en approche, toute une volée de symboles. Parmi ceux-ci, il en est d'assez clairs. Telle est, par exemple, la première scène qui est entièrement symbolique. Au château du vieux roi Arkel, des servantes en costume de deuil arrivent pour laver le seuil de la porte. Et le portier dit : « Oui, oui, versez l'eau, versez toute l'eau du déluge ; vous n'en viendrez jamais à bout. » Cela signifie, vous n'en doutez pas, que, par anticipation, les servantes veulent laver le sang qui doit, plus tard, couvrir et souiller ce seuil. C'est un peu tôt, assurément, et vous trouvez qu'elles sont bien pressées de faire cette besogne. Mais dans un drame symboliste, on ne doit pas s'étonner pour si peu de chose. On en voit bien d'autres !

Un second symbole d'une compréhension très aisée, c'est celui qui nous est figuré par la scène — très courte et très lugubre — dont les souterrains du château sont le théâtre. Golaud y entre avec Pelléas et le conduit au bord d'un gouffre affreux, d'où s'échappe une odeur de mort. Et il dit à son frère: «Penchez-vous ; n'ayez pas peur... je vous tiendrai... Voyez-vous le gouffre?... » ? Et votre perspicacité n'est pas en peine pour se rendre compte de ce symbole. Golaud prévient Pelléas — d'une façon assez singulière et qui ne manque pas d'originalité — qu'il est en train de marcher vers un abîme.

Mais d'autres symboles, par contre, sont assez ténébreux. L'auteur les a peut-être voulus peu intelligibles et enfoncés dans une demi-nuit, afin de permettre au Rêve de se jouer autour. Comme tout ce qui est abstrus et d'un sens difficile à saisir, ils nous agacent, nous énervent et nous rebutent, bien loin de nous intéresser. Ces caprices symboliques d'une fantaisie qui aime à s'entourer de nuées, ne disent rien à notre esprit. Ces symboles peuvent être les plus beaux du monde : ils sont vains et inutiles, puisqu'on n'en pénètre pas la signification. Et c'est ce qui arrive pour un grand nombre de symboles que nous présente *Pelléas et Mélisande.* Ils enveloppent un secret qui nous échappe, et nous n'entrons pas dans la pensée de l'auteur. On se dit : « Ceci doit être un symbole; oui, c'en est un. » Mais rien ne nous y frappe ni ne nous y touche. Ils restent fermés pour nous.

Voyez le tableau où le petit Yniold tâche de soulever un quartier de roc et aperçoit un troupeau de moutons : « Il y en a !... Il y en a !... Ils ont peur du noir... Ils se serrent ! Ils se serrent !... Ils ne peuvent presque plus marcher... Ils pleurent ! ils pleurent ! et ils vont vite !... Ils vont vite !... Ils sont déjà au grand carrefour. Ah ! ah ! Ils ne savent plus par où ils doivent aller... Ils ne pleurent plus... Ils attendent... Il y en a qui voudraient prendre à droite... Ils voudraient tous aller à droite... Ils ne peuvent pas !... Le berger leur jette de la terre... Ah ! ah ! Ils vont passer par ici... Ils obéissent ! ils obéissent ! Ils vont passer sous la terrasse... Ils vont passer sous les rochers... Je vais les voir de près... Oh ! oh ! comme il y en a !... Il y en a !... Toute la route en est pleine... Maintenant, ils se taisent tous ».

Le petit Yniold s'adresse au berger. «Pourquoi, demande-t-il, ne parlent-ils plus ? » Le berger répond : « Parce que ce n'est plus le chemin de l'étable... »

Et, là-dessus, Yniold : « Où vont-ils ?— Berger ! berger ! — où vont-ils ? — Il ne m'entend plus. Ils sont déjà trop loin... Ils vont vite... Ils ne font plus de bruit... Ce n'est plus le chemin de l'étable... Où vont-ils dormir cette nuit ? —Oh ! oh! — Il fait trop noir... Je vais dire quelque chose à quelqu'un. »

Il sort pour aller dire quelque chose à quelqu'un, tandis que le spectateur, troublé dans le serein fonctionnement de son intelligence par l'étalage insolent de ce symbole énigmatique, a l'impression d'errer dans le vide et le désagrément de ne pas comprendre. Mais, pour les adeptes des jeunes écoles, moins c'est précis et plus c'est digne d'admiration. Voilà pourquoi, sans doute, beaucoup de symboles, dans *Pelléas et Mélisande*, ont le même cachet et nous donnent la même déconvenue. Bien souvent, dans cette œuvre, M. Maeterlinck ne nous laisse apercevoir la réalité qu'à travers des voiles symboliques, de teinte grisâtre et de tissu peu transparent, qui obscurcissent le drame et l'alourdissent par endroits. Et, presque toujours, la niaiserie balbutiante et précieuse du style est aussi grande, ici, que dans les autres pièces de cet écrivain.

IX

Dans ses *Trois petits drames pour marionnettes*, M. Maeterlinck s'essaie encore à songer des histoires tristes et à les traduire dans une langue de rêve. Il nous dessine des personnages qui ressemblent à ceux de ses autres pièces et qui expriment leurs sentiments en des mélopées bizarres. Et ces dernières, malgré leur forme gauche et souvent maladroite, ont de temps en temps je ne sais quoi de doux et de fluide qui nous caresse à notre insu.

De tout ce que M. Maeterlinck a produit, ce sont ces trois choses frêles, ces bibelots menus et délicats que je tiens en plus haute estime. Ces ouvrages sont bien, tout simplement, des contes dialogués, destinés, par la sagesse de l'auteur, à de gentils fantoches, et qui désarment la critique par leur absence de prétention. On ne peut se montrer sévère pour des drames de ce genre. Ce sont de petites pièces, écrites spécialement à l'usage de marionnettes ; il ne faut donc pas y exiger la fermeté de style et la puissance d'intérêt qui doivent, au contraire, se trouver dans les œuvres de théâtre, composées pour de grandes scènes. Ce qu'elles ont de sommaire et d'inachevé ne nous choque presque pas. Et nous ne demandons point que ces visions pâles, brumeuses, à demi voilées, de M. Maeterlinck, aient l'air de réalités. Elles ne sont que des songeries dramatiques, d'un charme subtil et un peu vague...

La première de ces pièces, *Alladine et Palomides*, nous enfonce en un lointain vaporeux. On ne sait à quelle époque en rapporter l'intrigue. Celle-ci s'encadre dans un pays chimérique dont on ignore la situation. C'est, sous le rapport du temps et du lieu, l'imprécision voulue qui se remarque aussi chez *les Sept Princesses* ou dans *Pelléas et Mélisande*.

Nous sommes dans un palais mystérieux, entouré d'un parc sombre et sauvage. Ablamore, vieux souverain à barbe blanche, va bientôt épouser Alladine, une petite esclave grecque « qui est venue du fond de l'Arcadie ». Il a une fille, Astolaine, qui est fiancée à Palomides. C'est un jeune et brillant chevalier. Et Astolaine est une créature exquise, d'une grâce et d'une bonté rares. Mais Palomides a le cœur inconstant. A peine a-t-il été mis en présence d'Alladine qu'il commence à s'éprendre d'elle. Alladine ressent pour lui la même passion. Et tous deux s'aiment éperdument, sans oser se le dire.

Plusieurs indices viennent jeter le soupçon dans l'âme du vieux roi. Alladine, habituellement silencieuse, babille devant Palomides, avec un peu de fièvre. Ablamore fait cette réflexion : « Toi qui ne parlais pas, comme tu parles ce soir !.... » Puis il les surprend tous les deux, traversant le pont-levis, qu'on a jeté sur les fossés du palais. Ils s'y disent des choses indifférentes, mais qui témoignent du trouble de leurs cœurs. Enfin il entend qu'ils se donnent un baiser sous les fenêtres d'Astolaine. Le roi le reproche à la jeune grecque : « En ce moment, raconte-t-il, j'étais avec Astolaine dans sa chambre. Elle a une âme qui craint tant de troubler d'une larme ou d'un simple mouvement des paupières, le bonheur de tous ceux qui l'entourent, que je ne saurai jamais si elle a, comme moi, surpris ce baiser misérable. Mais je sais ce qu'elle pourrait souffrir. »

Frémissante, Alladine répond par des mensonges aux questions du roi, qui, furieux et indigné, lui saisit les bras, les lui renverse derrière la tête et fait souffrir la malheureuse enfant. Soudain, il a honte de l'avoir ainsi torturée; il la lâche et la supplie d'avoir pitié de lui et d'Astolaine : « Je n'ai qu'une pauvre fille... Toutes les autres sont mortes... J'en avais sept autour de moi... Elles étaient belles et pleines de bonheur; et je ne les ai plus revues... La seule qui me restait allait mourir aussi... Elle n'aimait pas la vie... Mais, un jour, elle a fait une rencontre à laquelle elle ne s'attendait plus, et j'ai vu qu'elle avait perdu le désir de mourir... Je ne demande pas une chose impossible... " Alladine pleure et ne répond pas...

Cependant Ablamore, qui a résolu de se venger, enferme Alladine dans une chambre : elle y est bâillonnée et enchaînée avec ses beaux cheveux. Astolaine parvient à la délivrer. Mais le roi projette, peu après, de sacrifier à son ressentiment ces deux êtres qui s'aiment : il les fait descendre dans des grottes souterraines qui sont proches de la mer. Par son ordre, ils ont les yeux bandés et les mains liées. Palomides, qui est très fort, brise ses entraves et arrache son bandeau. Puis il s'approche d'Alladine qui a les bras serrés par des cordes de soie. Il la délivre aussi de ses liens et lui ôte le bandeau qui recouvre sa vue. Ils s'embrassent passionnément.

La grotte où ils sont captifs leur apparaît merveilleuse ; elle est inondée d'une lumière douce et bleuâtre qu'y apportent les vagues. Sous cette clarté magique, tous les objets semblent transfigurés. Palomides et Alladine se promènent dans ce jour factice et plein d'enchantement, qui donne une couleur suave à leur rêve d'amour et qui les enveloppe d'une exquise et délicieuse poésie. Ils sont ravis, enivrés, plongés dans l'extase. Mais ils éprouvent une crainte instinctive et angoissante que ces lueurs d'apothéose ne s'éteignent.

Et voilà qu'Astolaine, aidée des sœurs de Palomides, tente de secourir les prisonniers : elle fait un trou dans la voûte et pénètre, par là, jusqu'à eux. Mais, en même temps, le soleil crible la grotte de ses dards les plus aigus ; la lumière surnaturelle se dissout pour faire place aux rayons du grand astre. Plus de songe harmonieusement éclairé par des illuminations chimériques : tout s'est effacé. Le décor de féerie, rempli de végétations fantastiques et de joyaux étranges, a disparu brusquement ; la réalité a surgi soudain, crue et triste.

Désespérés, Alladine et Palomides se précipitent dans les eaux de la mer. On les en retire. Ils sont bien malades tous les deux. On les couche dans des chambres séparées. Le médecin dit : « Il faudrait qu'ils parvinssent à s'oublier l'un l'autre ». Il défend surtout de leur permettre de se revoir, car, si jamais ils se retrouvent ensemble, si même ils entendent le son de leurs voix, ils ne tarderont pas à mourir.

Mais, à travers les portes fermées, ils se disent des choses douloureuses ; ils se rappellent les séductions singulières de la grotte et comment ils y étaient baignés — avec quelle joie surhumaine ! — dans le flot léger des rêves aériens. C'est bien fini, maintenant. «Tu songes à quelque chose que tu ne me dis pas», s'écrie Palomides.— Ce n'étaient pas des pierreries, répond Alladine, en pensant aux joyaux du souterrain. — Et les fleurs n'étaient pas réelles, murmure Palomides avec mélancolie. La petite esclave grecque reprend alors : « C'est la lumière qui n'a pas eu pitié », et elle ajoute d'un ton navré : « Je ne regrette plus les rayons du soleil. » — Alladine ! — Palomides !... Puis un silence de mort règne : les deux amants ont cessé de vivre...

Le symbole est clair, expressif et n'a pas besoin qu'on l'explique. Tout cet azur incomparable, ces douceurs de lumière et de couleur, ces fonds bleus et dorés où nous apparaît l'amour, lorsque nous commençons à aimer, n'existent que dans notre imagination; mais combien ils sont peu durables et comme le contact de la réalité les fait fondre en peu de temps !

D'autres symboles me semblent très enfantins. L'agneau qui, accompagnant partout Alladine, se sauve la première fois qu'elle aperçoit Palomides et qui, à la deuxième rencontre des amoureux, tombe dans un fossé du palais et s'y noie, est un symbole vraiment par trop naïf. L'auteur aurait bien fait de ne pas s'en servir. Il y a aussi trop de puérilités dans les discours que M. Maeterlinck fait tenir à ses personnages, mais dans son ensemble, la pièce ne laisse pas de plaire, grâce à la peinture originale, curieuse, un peu bizarre, qui nous y est présentée des illusions passagères de l'amour.

Intérieur est un drame d'un genre tout différent. Par l'inspiration, il rappelle l'*Intruse* et *les Aveugles*. Il leur est, du reste, bien supérieur. On y suit, non sans intérêt, le courant d'émotions où M. Maeterlinck nous entraîne. Ce n'est point, certes, un ouvrage parfait, et l'on y découvre bien des faiblesses. Il y a là des procédés agaçants, des enfantillages, des puérilités de style, et tout le cortège des défauts coutumiers de cet écrivain. Mais la terreur et la pitié y sont exprimées avec une certaine force poétique qui, à la longue, pénètre le lecteur. Il faut tenir cette pièce pour une esquisse réussie.

C'est un petit drame intime, d'une grande simplicité. Il a pour théâtre un vieux jardin planté de saules. La nuit règne, une nuit sombre et sans lune. Au fond du jardin, se dresse une maison, dont trois fenêtres du rez-de-chaussée sont éclairées. On distingue très bien, dans la chambre, quelques personnes qui font la veillée sous la lampe, et l'auteur nous les décrit avec une complaisante précision. Le père est assis au coin du feu. La mère, un coude sur la table, regarde dans le vide. Deux jeunes filles, vêtues de blanc, brodent, rêvent et sourient à la tranquillité de la chambre. Un enfant sommeille, la tête sous le bras de sa mère. « Il semble que, lorsque l'un d'eux se lève, marche ou fait un geste, ses mouvements soient graves, lents, rares et comme spiritualisés par la distance, la lumière et le voile indécis des fenêtres»!

Voilà, pensez-vous, une maison heureuse. Une sérénité bénie semble flotter dans l'air qu'on y respire. Mais ce bonheur sera de courte durée Un membre de la famille n'est pas là. C'est la fille aînée qui est partie le matin pour quelques jours. Elle allait voir son aïeule et elle est tombée dans un fleuve. Un étranger a repêché son cadavre. Il vient, accompagné d'un vieillard qui connaît les parents, annoncer la triste nouvelle.

Avec précaution et sans faire de bruit, tous deux entrent dans le jardin. L'obscurité est si profonde qu'on n'a pu, de la maison, les apercevoir. Ils voient, par les fenêtres, la famille assemblée. Oh! qu'elle paraît confiante! Quelle douceur et quel calme l'enveloppent! Et alors, ils sont impressionnés; leur cœur est troublé; une appréhension les arrête... ils n'osent plus entrer dans cette maison...

Mais ils ne peuvent demeurer là, indéfiniment. Des gens du village vont apporter, sur un brancard, le corps de la petite morte; ils arrivent par les prairies, en une théorie silencieuse... Et pourtant, tout reste souriant et paisible dans la chambre familiale ; la mère s'est mise à tricoter ; le père songe et suit machinalement des yeux le grand balancier de l'horloge ; l'enfant s'est endormi sur le sein de sa mère. Les jeunes filles ne travaillent plus : elles ont laissé tomber leur écheveau de soie blanche. Elles se lèvent, s'approchent des fenêtres et, appuyant leurs mains sur les vitres, elles semblent regarder au dehors. Le vieillard, devant ce tableau d'une félicité qu'il doit briser bientôt, perd courage, et une épouvante le saisit. Il énonce de tristes pensées et des réflexions mélancoliques : « J'ai près de quatre-vingt-trois ans, dit-il, et c'est la première fois que la vue de la vie m'a frappé. Je ne sais pas pourquoi tout ce qu'ils font m'apparaît si étrange et si grave... Ils attendent la nuit, simplement, sous leur lampe, comme nous l'aurions attendue sous la nôtre ; et cependant, je crois les voir du haut d'un autre monde, parce que je sais une petite vérité qu'ils ne savent pas encore.... »

Et il épanche bien d'autres propos désolés : « Je ne savais pas qu'il y avait quelque chose de si triste dans la vie, et qu'elle fait peur à ceux qui la regardent... Et rien ne serait arrivé que j'aurais peur à les voir si tranquilles... Ils ont trop de confiance en ce monde... Ils sont là, séparés de l'ennemi par de pauvres fenêtres... Ils croient que rien n'arrivera parce qu'ils ont fermé la porte, et ils ne savent pas qu'il arrive toujours quelque chose dans les âmes et que le monde ne finit pas aux portes des maisons... Ils sont si sûrs de leur petite vie, et ils ne se doutent pas que tant d'autres en savent davantage ; et que moi, pauvre vieux, je tiens ici, à deux pas de leur porte, tout leur petit bonheur, comme un oiseau malade, entre mes vieilles mains que je n'ose pas ouvrir... »

Les paysans arrivent, avec le corps rigide... ils s'arrêtent sur la route... L'angoisse de tous est grande. Un enfant voudrait qu'on attendît jusqu'au lendemain. Mais c'est impossible. Il faut se résoudre à faire quelque chose. Et la famille est toujours là, et sur ces visages qui vont pleurer tout à l'heure, se peint une sécurité très douce. L'un des assistants déclare, en regardant ces gens qui sourient : « Oh ! qu'ils sont malheureux ! » Et la petite-fille du vieillard dit, avec une naïveté ingénue : « Quelle patience ils ont ! »

Enfin, le vieillard s'est décidé; il s'approche de la maison et frappe à la porte. On vient ouvrir. Et du dehors, dans une vive anxiété, on assiste à la scène émouvante où il annonce, avec toutes sortes de ménagements, la terrible nouvelle. L'on n'entend rien de la conversation qui s'engage, mais l'on peut suivre, sur les physionomies, ce qui se dit et quelles sensations, d'abord d'inquiétude, ensuite de douleur, causent les paroles du vieillard.

Cela est d'un dramatique assez aigu, et quelques mots justes et bien frappés rendent les sentiments des personnes qui attendent dans le jardin. La mère, soudain, a tressailli et s'est levée. « Oh ! dit quelqu'un, la mère va comprendre !... » Puis, celle-ci a l'air d'interroger le vieillard avec un commencement d'épouvante. Le vieillard fait un lent signe d'affirmation. Et l'étranger qui épie, lui aussi, ce qui se passe dans la chambre, murmure : « Il l'a dit... Il l'a dit tout à coup !.,.. »

Le lecteur lui-même, à ce moment, éprouve une série de sensations courtes et heurtées; il est agité comme on l'est, sur mer, par de petites lames dures et violentes. A coup sûr, ce n'est pas du grand art, et l'on sent ici le procédé, mais c'est tout de même poignant et d'un tragique assez intense.

Dans *la Mort de Tintagiles*, nous avons une aventure sinistre et mystérieuse qui a comme un aspect d'ancienne légende. De même que *la Princesse Maleine*, cette pièce nous offre un étranglement. Elle nous montre un jeune prince assassiné, derrière une porte, par une vieille reine très méchante. Cela est horrible, rapide, brusquement conduit et nous laisse dans l'âme une vague sensation d'effroi.

Ici encore l'auteur s'est débarrassé de toutes

les circonstances de temps et de lieu, qui auraient pu donner à son drame de la précision. Il n'aime pas, en général, de fixer ses intrigues dans un pays connu, ni de les rapporter à une époque déterminée. Ses personnages y perdraient leur apparence lointaine et irréelle. Ils n'auraient pas l'air de surgir, frêles silhouettes, d'un fond de vapeurs...

Une vieille souveraine, dont le nom nous est caché, étend sur je ne sais quelle contrée son autorité despotique. Tout le monde tremble devant elle : personne ne lui résiste. Même les plus vaillants et les plus intrépides ne s'efforcent plus de secouer sa domination. Cette femme, par son pouvoir arbitraire, pèse sur tous ses sujets, fatale et dure comme le Destin. « La reine m'ordonnerait, déclare le vieil écuyer Aglovale, de monter jusqu'à elle ce soir même ; je joindrais mes deux mains sans rien dire ; et mes pieds fatigués graviraient l'escalier, sans lenteur et sans hâte, bien que je sache qu'on ne le descend pas les yeux ouverts... Je n'ai plus de courage contre elle. »

C'est par Ygraine, la petite-fille de cette cruelle créature, que nous avons quelques renseignements sur sa vie et son âge : « Elle ne se montre pas... Elle vit là, toute seule dans sa tour... Elle est très vieille, elle est la mère de notre mère et elle veut régner seule... Elle est soupçonneuse et jalouse, et on dit qu'elle est folle... Elle a peur que quelqu'un ne s'élève à sa place... Ses ordres s'exécutent sans qu'on sache comment... Elle ne descend jamais ; et toutes les portes de la tour sont fermées nuit et jour... » Quant à son physique, il faut s'en rapporter à cette indication sommaire qui nous est donnée par Ygraine : « On dit qu'elle n'est pas belle et qu'elle devient énorme... » Et voilà la reine qui se dresse, monstrueuse, invisible, farouche, au-dessus de son peuple qu'elle asservit par la terreur.

Elle a des petits-enfants : deux fillettes charmantes : Ygraine et Bellengère, et un tout jeune garçon qui s'appelle Tintagiles. Ygraine est l'aînée : elle a dans le caractère quelque chose de résolu et de décidé. Bellengère est plus frêle, plus douce, et elles ont toutes deux la tristesse des êtres dont l'enfance n'a pas connu la joie : « Ma sœur et moi, dit Ygraine, nous nous traînons ici, depuis notre naissance, sans rien oser comprendre à tout ce qui se passe... » Elles n'ont eu, dans leur vie, d'autres événements « qu'un oiseau qui volait, qu'une feuille qui tremblait, qu'une rose qui s'ouvrait... » Il régnait autour d'elles un tel silence « qu'un fruit mûr qui tombait dans le parc appelait les visages aux fenêtres... » Et c'est ainsi que leur enfance, dans un ennui morne et plein d'angoisse, s'est lentement écoulée...

Leur frère Tintagiles est une pauvre petite tête vouée aux aquilons et qui sera brisée de bonne heure. Il vivait loin du château de sa grand'mère, mais celle-ci l'a fait revenir. Un navire l'a reconduit secrètement dans la redoutable demeure de son aïeule. C'est une jeune victime qui est destinée à un prochain sacrifice.

Oh ! oui, très prochain. Bellengère, en poussant doucement au pied de la tour, une porte entr'ouverte, a surpris des mots inquiétants, proférés par des servantes : « Elles parlaient de l'enfant que la Reine voulait voir... » Quel enfant ? Ce ne peut être que Tintagiles. Elle est donc bien pressée de le faire mourir ! Ygraine se révolte et s'indigne : elle tremble à l'idée du meurtre qui se prépare et elle s'apprête, en brave petite fille qui a plus d'énergie que de force, à défendre son jeune frère, contre les noirs projets de cette femme. Le vieil Aglovale veut l'aider. Mais il sait bien d'avance que tous les moyens seront inutiles. D'ailleurs, ses mains tremblantes ne serviront pas à grand'chose : « Fermez les portes, mon enfant, dit-il à Ygraine ; éveillez Tintagiles ; entourez-le de vos petits bras nus et prenez-le sur vos genoux... nous n'avons pas d'autre défense... »

La nuit tombe; les servantes de la reine viennent pour s'emparer de l'enfant. Mais les deux sœurs veillent avec le vieil écuyer, et empêchent les servantes d'entrer dans la chambre. Tous les trois parviennent. en unissant leurs efforts, à refermer la porte que ces méchantes créatures avaient ouverte.

Ce n'est, hélas ! que partie remise. Ygraine et Bellengère se sentent bientôt envahies par le sommeil : on ne peut veiller longtemps à leur âge. Pour éviter toute surprise, elles ont placé entre elles deux le petit Tintagiles, et avec les anneaux de leurs longues et belles chevelures, elles l'ont attaché soigneusement. Elles croient ainsi qu'on ne pourra l'emporter sans qu'elles-mêmes soient réveillées. Mais les servantes ont bientôt fait de déjouer ce plan enfantin; elles coupent avec des ciseaux les cheveux des fillettes; puis elles enlèvent bien vite le jeune prince qui continue à dormir et qui tient dans ses petites mains les boucles d'or de ses deux sœurs.

Au dernier acte, nous sommes sous des voûtes très sombres, devant une grande porte de fer. Elle est tout unie et n'a pas de serrure. Ygraine a monté des marches innombrables, entre de hauts murs sinistres. Sur les escaliers, elle a trouvé quelques mèches blondes que Tintagiles avait laissé tomber... c'est ce qui lui a indiqué le chemin. Mais maintenant, il n'y a plus de marches... elle ne peut plus monter; elle est venue se buter contre cette porte lourde et froide. Avec sa lampe, elle a beau l'examiner, elle n'aperçoit pas de gonds. Elle ne sait par où elle pourrait bien s'ouvrir. Seulement, elle découvre encore, prises entre les battants, quelques soyeuses boucles de cheveux. Elle crie : « Tintagiles ! Tintagiles ! » Et tout à coup, elle entend frapper à petits coups de l'autre côté de la porte; puis la voix de Tintagiles se perçoit, très faiblement, à travers les battants de fer : « Sœur Ygraine, sœur Ygraine, ouvre vite !... Elle est là !... Je vais mourir si tu ne m'ouvres pas... Il n'y a pas de temps !... Elle n'a pu me retenir !... Je l'ai frappée, frappée... J'ai couru... Vite, vite, elle arrive !... »

Et les accents de Tintagiles deviennent plus pressants : « Ouvre vite !... pour l'amour du bon Dieu, sœur Ygraine !... Elle souffle derrière moi... » Mais la jeune fille a beau tâter anxieusement la porte : elle ne rencontre aucune ouverture : « Je ne vois rien », dit-elle. « Si, je vois ta lumière, murmure l'enfant. Il fait clair près de toi, sœur Ygraine... — Tu me vois, Tintagiles ? Où est-ce que l'on voit ? Il n'y a pas de fente. — Si, si, il y en a une. — De quel côté ?... — Ici, ici... Mais elle est si petite !... On ne peut pas y passer une aiguille !... » Ygraine se brise les ongles contre la porte ; elle tâche de la secouer, mais en vain... Et, pendant ce temps, Tintagiles continue à gémir : « Elle arrive !... si tu pouvais ouvrir un peu... un petit peu... car je suis si petit !... » Ygraine frappe la porte furieusement avec sa lampe d'argile qui s'éteint et se brise. « Je ne vois plus, dit l'enfant, la petite fente claire. » Et voilà qu'une main lui saisit le cou. « Elle est là !... Je n'ai plus de courage. Sœur Ygraine, sœur Ygraine !... Je la sens !... — Qui ?... Qui ?... — Je ne sais pas... Je ne vois pas !... Elle... elle me prend à la gorge... Oh ! oh ! sœur Ygraine, viens ici... — Débats-toi, défends-toi, déchire-la !... Je suis là... Tintagiles ?... Tintagiles ! réponds-moi !... Au secours !... où es-tu ?... Je vais t'aider... Embrasse-moi... au travers de la porte... ici... ici... — Ici... ici... répond l'enfant, mais sa voix n'est plus qu'un faible souffle. — C'est ici, reprend Ygraine, c'est ici que je te donne des baisers, tu l'entends ? encore, encore !... — J'en donne aussi... ici... sœur Ygraine !... Oh !... » Et l'on entend la chute d'un petit corps derrière la porte... A ce moment, les spectateurs ont la poitrine oppressée ; ils se figurent cette main de vieille qui accomplit lentement le meurtre ; et, quoiqu'ils ne voient rien, ils sont enveloppés d'une subtile et vague épouvante, parce qu'il y a là quelque chose de mystérieux qui se déroule, parce qu'ils ne savent au juste ce qui se passe, et que leur imagination fait, en grande partie, les frais de leur attendrissement et de leur angoisse.

X

Aglavaine et Sélysette est une pièce de théâtre, taillée sur le même patron que des autres pièces de M. Maeterlinck, mais qui n'a pas, à mes yeux, le mérite des *Trois petits drames pour marionnettes*. Au moins, ceux-ci avaient, dans leur gaucherie et leurs défauts, un certain charme languissant et une grâce un peu flottante. Et puis, en me figurant que des poupées devaient jouer ces minces et légers drames, en considérant qu'ils furent faits expressément pour elles, je trouvais à ces œuvres des qualités mièvres et délicates qui ne m'étaient pas apparues, avec la même netteté, dans *les Aveugles* ou dans *la Princesse Maleine*. Il me semblait qu'une magie animait quelquefois ces trois ouvrages; ils étaient pour moi comme des joujoux précieux et frêles...

Mais la dernière pièce de M. Maeterlinck n'est pas faite à leur image : ce nouvel enfant des rêves confus de cet auteur ne plaît que médiocrement. L'intrigue n'en est pas bien originale. Oh! mon Dieu, non! Il s'agit d'un ménage à trois, transporté dans je ne sais quel monde chimérique et quelle sphère indéterminée. C'est très étrange. D'une donnée de vaudeville, M. Maeterlinck a tiré un drame bizarre, terriblement alambiqué, et parfois obscurci par des symboles d'une compréhension difficile. Il y a là une clef d'or dont on ne saisit pas bien la signification, et un oiseau vert qui, à cause de sa couleur, représente sans doute l'Espérance. Mais je n'en suis pas certain.

La scène a comme décor un vieux château où il y a des corridors nombreux et sombres ; au fond du parc, se dresse un phare qui tombe en ruines et dont les fondements baignent dans la mer.

Les personnages ressemblent à tous ceux que cet écrivain a créés : ils ont des âmes tout ensemble simples et compliquées, subtiles et naïves, et des corps aux formes peu précises. On ne sait trop ce que sont ces personnages : ils ont plus l'apparence de symboles et d'abstractions que d'êtres humains. Et ils tiennent des propos incohérents, d'une contexture extraordinaire, où il y a des ténèbres, des artifices, des raffinements baroques, des choses qu'on n'entend pas, d'autres qui offensent la morale et dont le sens, par malheur, n'échappe point. Il se rencontre là des dialogues qui évoquent certains chapitres de Catulle Mendès, mais filtrés, quintessenciés, et d'une volupté plus éthérée, si j'ose m'exprimer ainsi.

Le fond du drame peut se résumer en quelques lignes : c'est l'histoire d'un adultère et le dénouement est un suicide. Aglavaine, veuve et isolée, vient habiter chez sa belle-sœur Sélysette, qui a épousé Méléandre. Or Aglavaine est une créature comme on n'en voit guère. On n'en peut imaginer de plus étonnante. L'auteur nous la décrit avec un luxe de détails qui ne lui est pas coutumier : « Elle ne ressemble pas aux autres femmes... C'est une autre beauté, voilà tout... une beauté plus étrange et plus spirituelle ; une beauté plus variable et plus nombreuse, pour ainsi dire... une beauté qui laisse passer l'âme sans jamais l'interrompre... »

Ce qu'Aglavaine a surtout de merveilleux, c'est son opulente chevelure : « Elle a des cheveux singuliers; on dirait qu'ils prennent part à toutes ses pensées... Ils sourient ou ils pleurent selon qu'elle est heureuse ou triste, alors même qu'elle ignore si elle doit être heureuse ou s'il faut qu'elle soit triste... Je n'avais jamais vu des cheveux vivre ainsi. Ils la trahiraient constamment, si c'était trahir quelqu'un que de révéler une beauté qu'il eût voulu cacher ; car elle n'a jamais rien d'autre à cacher... »

Une femme ainsi formée et dont la chevelure est si vivante, doit avoir quelque chose de caressant et de magnétique en toute sa personne : elle est faite pour inspirer l'amour. Méléandre ressent bientôt pour elle une passion coupable, Aglavaine ne tarde point à la partager. Et voilà Sélysette bien malheureuse.

Les deux amants savent bien qu'ils torturent la pauvre femme ; ils s'en désolent et essaient de lutter contre la passion qui les attire violemment l'un vers l'autre. Mais ils ne la combattent que faiblement, car ils croient s'aimer de tout leur cœur et pour la vie. Ils sont les esclaves et les jouets de leur amour criminel. Fatalistes comme tous les personnages de M. Maeterlinck, ils sentent une puissance insaisissable, invisible, qui leur est extérieure et qui préside à leur destinée. Ils sont entraînés par elle vers des actes qu'ils réprouvent, mais qu'ils commettent quand même parce qu'ils sont sans force et sans énergie. Ils se disent « qu'il est impossible de plus s'aimer quand on s'aime. » Ils tâchent, pourtant, d'atténuer un peu leur passion ; Sélysette, de son côté, veut étouffer sa jalousie. Vains efforts ! Ils se font souffrir tous les trois, et Sélysette, de plus en plus, se désespère.

Alors Aglavaine comprend qu'elle doit disparaître : elle déclare qu'elle s'en ira le lendemain. Mais Sélysette, qui agit sous l'influence de l'affolement et que le chagrin pousse aux résolutions extrêmes, se décide à mourir : elle se laisse tomber du haut d'une tour. Et, entre les deux amants, comme un remords éternel, se dressera toujours ce cadavre de femme.

Ce qu'il y a de particulièrement admirable dans cette pièce, ce n'est pas tant l'intrigue, peut-être, que certains aphorismes superbes jetés par M. Maeterlinck au cours du dialogue. Quelquefois il éprouve, comme le Figaro de Beaumarchais, le besoin d'agrémenter le fil des discours qu'il prête à ses personnages « par quelque chose de beau, de brillant, de scintillant, qui ait l'air d'une pensée ». Et voici ce qu'il nous donne dans *Aglavaine et Sélysette*. J'enfile au hasard quelques perles : elles sont tout à fait remarquables : « Il n'y a rien de plus beau qu'une clef tant qu'on ne sait pas ce qu'elle ouvre. — Ce n'est pas avec les oreilles qu'on écoute. — A force de se cacher aux autres, on finit par ne plus se retrouver soi-même. — Il arrive parfois que l'âme se croit heureuse quand c'est le cœur qui n'en peut plus. — La vérité ne descend de son ciel le plus beau que lorsqu'elle peut descendre entre deux êtres qui sont seuls ». Cela est tellement profond que c'en est insondable.

Je veux bien que, par-ci, par-là, quelques pensées ingénieuses et curieusement exprimées se rencontrent dans cette pièce et rachètent — en partie du moins — celles que je viens de vous mettre sous les yeux. Citons-en trois ou quatre : « On dirait vraiment que dès qu'on aime un être, on le désigne en même temps que soi-même à des souffrances qui ne l'avaient pas encore aperçu. — Il faut tout avouer... C'est si bon quand il n'y a plus rien entre deux êtres, fût-ce une fleur, derrière laquelle puisse se cacher une pensée qu'on ne partage pas. — Les femmes ne se lassent jamais d'être mères, et elles berceraient la mort même si elle venait dormir sur leurs genoux. — Le bonheur ne se trouve que dans ce qu'il y a de meilleur dans notre âme. »

Mais le drame, dans son ensemble, manque de cohésion ; le dialogue est rempli de mots balbutiés, de phrases où la préciosité des termes et l'obscurité de la pensée s'unissent étroitement pour embrouiller le sens et en ôter la perception; et du tout se dégage un morne et lourd ennui. *Aglavaine et Sélysette* ne peut être classé parmi les œuvres maîtresses de M. Maeterlinck.

XI

Nous sommes arrivés au bout du chemin que nous avions à parcourir. Nous avons terminé cette longue étude où, successivement, les pièces de ce dramaturge sont soumises à l'analyse, jugées et commentées. Il nous reste à tirer de ce travail quelques rapides conclusions.

M. Maeterlinck, dans son théâtre, nous a donné une suite d'épreuves, les unes assez réussies, les autres fort médiocres, de ce genre spécial d'ouvrage qu'on appelle drame symbolique. D'après ses différentes productions, nous pouvons nous former une idée assez précise de ce qui constitue exactement celui-ci. Nous avons constaté que ce drame ne s'attache guère aux accidents de personnes ni aux particularités par lesquelles elles se distinguent; que la peinture des caractères n'est pas son fait; que, lorsqu'il décrit des sentiments humains, il s'efforce d'en esquisser un tableau où seuls les traits les plus généraux sont dessinés ; qu'il néglige toutes les complications de notre âme, ne s'arrêtant, quand il fait de la psychologie, qu'à quelques linéaments rudimentaires; enfin, qu'il déroule son intrigue en de vagues contrées et à des époques inconnues, car, autant que possible, il demeure indéterminé et se tient, pour ainsi dire, hors du temps et de l'espace.

Quant aux intrigues elles-mêmes, elles n'ont rien que de très banal et se signalent seulement par la forme du dialogue et l'appareil obligé de symboles qui, inévitablement, doivent les agrémenter. Et souvent nous sommes surpris et déconcertés devant les bizarreries, les incohérences, les procédés fatigants, les singularités de toute espèce, dont ces intrigues sont surchargées et comme appesanties.

Nous avons également remarqué que le drame symbolique, tel que l'entend M. Maeterlinck, est un drame qui accumule, avec une sorte de plaisir farouche, les moyens violents et les spectacles horribles, capables de nous communiquer le frisson de la peur. Cet auteur déploie, dans ses ouvrages, toutes les ressources d'une sombre imagination où s'assemblent des chœurs de visions sinistres. Il se complaît à jeter ses personnages dans la dernière extrémité de l'angoisse. Il ne néglige rien pour nous épouvanter. Mais il ne réussit pas beaucoup, en général, dans ces jeux féroces de la terreur et de la mort.

Et c'est par ces ouvrages que se laisse séduire actuellement une fraction notable du public lettré. Voyez la sympathie qui monte d'une foule d'âmes jeunes et raffinées vers l'auteur de *la Princesse Maleine*. Il ne faut pas examiner de trop près les choix du public : il en est de détestables. Outre que nous devons faire dans ses préférences la part de la faiblesse et de l'erreur, il faut aussi songer qu'il est capricieux comme une jolie femme, et qu'on ne pourrait guère établir le compte de ses fantaisies. Il a l'air bien souvent de prendre au hasard celui qu'il élève sur le pavois, et ses élus ne sont pas toujours les plus dignes et les plus méritants.

Mais — à y bien réfléchir — il vaut mieux qu'il en soit ainsi. Si ceux qu'il accueille étaient toujours les meilleurs, quel affront ce serait pour ceux qu'il dédaigne ! Sa légèreté est son excuse; ses engouements irraisonnés le sauvent du reproche d'injustice; et c'est ce qui peut consoler de ses mépris les hommes remarquables près desquels il passe sans les apercevoir.

Un certain nombre de nos contemporains

trouvent un amusement frivole à lire et à écouter les extravagances symboliques de M. Maeterlinck. Ils y savourent un goût rare et y découvrent un charme que bientôt ils ne sentiront plus. On aspirera dans peu de temps à autre chose. Si, à l'heure présente, le public est attiré vers de pareilles œuvres, il ne tardera pas à éprouver, devant elles, de la lassitude et du désenchantement; il brisera ses idoles actuelles comme des enfants cassent des jouets dont ils sont fatigués, et il s'étonnera de s'être épris, pendant quelques années, d'ouvrages aussi faux, aussi baroques, aussi artificiels. Et alors, comme je le disais dans le petit apologue qui ouvre cette étude, la Raison aura sa revanche.

PAUL DÉROULÈDE

I

M. Déroulède est tout ensemble une figure et un caractère. C'est le type, vigoureusement accusé et très haut en couleur, du poète patriotique. Vous savez que ses *Chants du Soldat* sont une des œuvres les plus véhémentes qui aient paru à notre époque, que c'est un des ouvrages en vers, où se montre le plus de verve impétueuse, et que ces poésies martiales ont été fort goûtées en France, à cause du chauvinisme ardent, farouche, irrésistible, dont l'auteur les a remplies.

Il faut le voir s'avancer, l'œil fier et acerbe, marchant à grands pas, long, mince, revêtu d'une ample redingote grise, qui a dans la coupe quelque chose de militaire. On remarque en toute sa personne je ne sais quoi de vif et de guerrier, de fantastique aussi, qui fait de ce grand monsieur une sorte de personnage légendaire, échappé de quelque vieux tableau de bataille.

Car c'est — si l'on y songe bien — un homme extraordinaire que M. Déroulède. Son âme a une fleur de bravoure que rien encore n'a flétrie. C'est le paladin et le héraut d'armes de la France. Il sonne, depuis cinq bons lustres, un branle-bas furieux contre l'Allemagne. Une masse d'aspirations belliqueuses gonflent son cœur et la soif de la revanche le brûle. Il attend le jour — qu'il veut croire prochain — des victoires vengeresses.

Ses ouvrages témoignent d'une intensité d'ardeur et d'une flamme de sentiment que l'âge n'a pu éteindre. Elles montrent un état d'âme vraiment rare et merveilleux, dans lequel, par un privilège peut-être unique, M. Déroulède demeure sans effort depuis plus d'un quart de siècle. Il a pu, pendant ce grand nombre d'années, entretenir en lui une généreuse colère. Et il n'a cessé de répandre ses vers, comme une libation pieuse, sur l'autel de sa patrie.

C'est un homme qui, au sujet de ses préoccupations civiques, dit brutalement ce qu'il pense et comme il le pense ; il exprime toutes les imaginations tragiques qui lui montent au cerveau; les idées sanglantes et tumultueuses lui passent par la tête en une longue et sinistre théorie ; au milieu des Français qui cultivent les arts de la paix et ne songent que de très loin aux revanches meurtrières, il se dresse, bizarre, chimérique, impérieux, la menace à la bouche et la haine dans le cœur ; et tandis que tant d'autres écrivains, modérés dans leurs aspirations et sachant, dans leurs livres, garder la mesure, se vouent aux aimables et tranquilles voluptés de l'esprit, fuient tout excès comme un manque de goût et recherchent les belles formes de langage pour en revêtir leurs calmes pensées, lui ne se sert, pour ainsi dire, de sa plume qu'afin d'accomplir la mission qu'il s'est donnée : celle de pousser ses compatriotes à venger les anciens affronts. Tourné, dans une attitude provocante, du côté de l'Allemagne, il a le masque irrité d'une antique Furie.

Et c'est pour cela qu'actuellement il nous paraît un peu étrange. Cet écrivain robuste qui forgea tant de rudes strophes, et qui, depuis si longtemps, appelle la guerre avec tant de frénésie, nous fait presque l'effet d'un anachronisme. Autrefois, au moment où la France, blessée douloureusement et le flanc entr'ouvert, venait de se courber sous les exigences cruelles de son vainqueur, M. Déroulède se trouvait en communication avec tout le peuple quand il exprimait, en termes si véhéments, les souffrances de son pays. Ses paroles avaient de l'écho dans toutes les âmes françaises.

Mais, maintenant que les blessures se sont cicatrisées et que cette nation s'est reprise à vivre ; à cette heure où mille choses détournent son attention de ce qu'elle considérait jadis comme un devoir, M. Déroulède, qui s'est créé une poésie spéciale pour y incarner ses rêves de revanche, continue à se répandre en ardeurs sauvages, à verser au dehors le trop plein de son âme fougueuse, et les Français le regardent un peu étonnés ; ils sont surpris de lui voir prendre des allures si désordonnées ; ils l'examinent presque avec la curiosité qu'on met à contempler, dans les musées d'armes, ces mannequins géants qui sont tout bardés de fer et qui ont un air si héroïque sous leurs pesantes armures.

La France a changé, cela est certain ; mais doit-on lui en faire un grief et faut-il que, loin de s'atténuer, les haines nationales soient éternellement vivaces ? M. Déroulède le pense, car, lui, n'a nullement changé, et, avec un élan de l'âme resté aussi vigoureux, il a toujours les mêmes propos violents et la même gesticulation haineuse. Sa vie, sous ce rapport, offre une remarquable unité. Il ne s'est jamais laissé entraîner que par un sentiment. Il a été l'homme d'une seule idée.

Voyez comme tout s'enchaîne logiquement dans son existence. Dans la campagne de 1870, il se bat avec une grande vaillance et un beau mépris du danger. Il reçoit une grave blessure et son courage lui vaut le ruban rouge. Mais son pays avait éprouvé la honte d'une défaite, et désormais M. Déroulède porta dans son cœur le deuil de la France : il ne l'a jamais quitté. Depuis lors, il promena sur les choses un regard désolé et sombre. La fête de l'existence était pour lui finie: il vécut constamment dans des souvenirs amers et des espérances farouches.

Il se fit de la France une conception très simple. Il la considéra comme une sorte de camp fortifié où les soldats se préparent pour quelque bataille décisive. Il pensa que la lutte contre les Prussiens devait être le but même de la vie de tous les Français et qu'il n'y a pas pour eux d'autre raison d'être sur la terre. Cette lutte, d'après lui, devait commencer le plus tôt possible. D'ailleurs, il en a la ferme confiance, l'armée de son pays sera victorieuse et anéantira ses ennemis.

C'est de cette idée qu'il part : elle lui a dicté ses ouvrages et explique la plupart de ses actes. Elle lui fit prôner une religion civique dans laquelle il voulut faire communier tous les Français. Elle lui inspira la fondation de la célèbre *Ligue des Patriotes* qui, en France, monopolisa longtemps le patriotisme. Au moyen de cette *Ligue*, il s'efforça de réconcilier et d'unir tous ses compatriotes, si divisés d'ailleurs de croyances et d'opinions. Il voulut les rallier sous une même bannière pour les lancer un jour contre les Prussiens. Sa *Ligue* était donc une espèce d'arche d'alliance : elle signifiait union et fraternité; elle signifiait aussi revanche.

M. Déroulède en était le président : bien qu'il fît à la tête de cette Société un étalage insupportable de son patriotisme, et que son enthousiasme fût d'un lyrisme un peu fou, on ne peut nier qu'en créant cette *Ligue*, qui eut bientôt des rejetons dans la France entière, il répondait aux aspirations du peuple. Avec ses ligueurs, il se mit à parader dans les rues, les yeux éclatants, le front inspiré, montrant à la foule ébahie son éternelle redingote grise et organisant de bruyantes manifestations où il exhala ses ardeurs civiques. Ce fut très beau. Les braves gens et les badauds furent émerveillés et tous pensaient en eux-mêmes : « Ah ! le vaillant homme ! le bouillant patriote ! »

Mais le patriotisme de M. Déroulède fut bientôt encombrant et furieux : il s'exalta, vitupéra, se déchaîna comme un mal divin, devint gros de menaces et d'injures. Si l'on avait laissé faire ce poète, lui et ses ligueurs auraient déclaré la guerre à l'Allemagne sans se mettre en peine de consulter la nation et d'avoir l'assentiment des Chambres législatives.

La *Ligue* eut de fréquentes réunions, se répandit en bravades fâcheuses, prêcha une croisade contre la Prusse et se livra à des provocations qui auraient pu avoir des complications funestes. On dut rappeler au calme et à la prudence ces hommes belliqueux, et M. Déroulède, non sans de vifs regrets, abandonna la présidence de la *Ligue*.

Mais il ne perdit pas courage. La fièvre patriotique continua à l'agiter. Et quand, peu après, la France, étonnée, assista aux premières scènes de la tragi-comédie boulangiste, M. Déroulède, peu satisfait des personnages qui tenaient en mains les destinées de son pays, fut emporté vers Boulanger par le sentiment de l'admiration et de la confiance. Il crut avoir trouvé le vengeur attendu. Il s'attacha pieusement aux pas du grand homme et déploya, pour servir la cause de celui-ci, tout ce qu'il y avait dans son âme d'entrain et de générosité. Il avait toujours eu, du reste, des instincts de révolte, et dans bien des cités et des villages, il fit résonner sa voix vibrante pour flétrir les abus du régime parlementaire et la faiblesse insigne des gouvernants. Mais il se dépensa bien en vain; il exhala de vives indignations en pure perte : l'aventure boulangiste avorta de la façon la plus misérable. M. Déroulède demeura quand même fidèle à Boulanger, et cela est digne d'éloges, car ce triste général, dont l'insuffisance a été si notoire, avait détruit, de ses mains tremblantes et malhabiles, les grands projets et les vastes espérances qu'on avait fondés sur lui.

Depuis, M. Déroulède, après avoir, au début des scandales du Panama, énergiquement stigmatisé certains députés influents, compromis dans cette sale affaire, a quitté cette Chambre où, porté par la marée boulangiste, il avait fait une entrée si cavalière et si claquante. N'étant plus absorbé par la politique, il a repris du goût pour les lettres. Ses dernières œuvres ont toujours la même âpreté guerrière. Il continue à montrer, dans ses désirs de revanche, l'entêtement d'une âme haute et forte qui ne veut démordre de rien, ni rien lâcher de ses brutales espérances.

II

M. Déroulède ressemble, dans ses œuvres, aux bardes des anciens temps. Ses livres sont le corollaire inévitable de sa vie. C'est depuis la guerre qu'il se révéla vraiment poète. Il ne pouvait plus pourfendre les Prussiens avec son épée : il essaya de les pourfendre avec sa plume. Et il composa contre eux de petits livres qui soulevèrent grand tapage.

Les sentiments patriotiques, si riches en lui, s'étaient développés soudain avec une puissance tyrannique. Il ressentit toujours, avec une extrême acuité, les troubles et la colère qui remplirent les Français au lendemain de la défaite ; il n'a jamais su, même après bien des années, taire ses regrets, et il pensa que sa Muse, transformée en Bellone vengeresse, devait tenir aux Français de vigoureux discours. Il forgea une longue chaîne de strophes haineuses, et, dans ses poèmes ardents, où revivent les vieilles formes héroïques, il épancha ses alexandrins en flots écumeux et retentissants.

Figurez-vous un émouvant mélodrame découpé en courts morceaux, des tableaux de batailles, lugubres, horribles et sanglants, quelque chose comme une épopée militaire qui serait racontée par un Corneille sans génie ; mettez là-dedans des ressentiments vivaces, des aspirations sauvages, des vers où il y a des gaucheries de forme, mais qui sont tranchants comme des glaives, un bruit assourdissant de marches et de sonneries, des éloges brûlants pour ceux qui sont tombés dans la lutte, des appels énergiques à ceux qui ont survécu, des désirs de revanche poussés jusqu'à la fureur ; figurez-vous tout cela écrit d'une façon bouillante par un poète exalté, fiévreux, enthousiaste, et vous aurez une idée, à peu près exacte, de ce que sont les *Chants du Soldat*.

Dans ses poésies, M. Déroulède obéit à je ne sais quel irrésistible besoin de rappeler les souvenirs sinistres de la guerre franco-allemande, de retourner le fer dans le cœur de la France mutilée, de parler de l'Alsace-Lorraine avec des cris de douleur, et d'exciter tous les Français à vivre dans l'espoir d'une magnifique et prochaine revanche. C'est de la vive passion qui déborde de son âme que viennent la violence, l'émotion, l'allure impétueuse de son style.

Je ne puis croire qu'il compose ses ouvrages comme un autre littérateur, assis à sa table de travail, fait les siens. Quand je me le représente, dans son cabinet, enfantant des poésies patriotiques qui, nouvelles Minerves, sortent tout armées de son cerveau, il me semble qu'il écrit par saccades, avec une sorte de rage convulsive. Ses regards doivent avoir quelque chose d'altier. Je le vois pâle et frémissant ; il y a un sombre rayonnement sur son visage. Oh ! comme il s'irrite contre les vainqueurs de sa patrie ! Son imagination lui crée de beaux drames consolants : il voit l'Alsace-Lorraine reconquise, la France baisée au front par la Victoire, et les hontes d'hier effacées par la gloire de demain. A mesure qu'il s'exalte dans la poursuite de son rêve, les mots arrivent sous sa plume, abondants et pressés; aussi, quand on lit M. Déroulède, pour peu qu'on soit chauvin, se laisse-t-on emporter, malgré soi, par l'énergique véhémence de sa parole.

Il n'a pas à enfler la voix pour débiter des tirades vibrantes ; il l'a naturellement claironnante et forte : il ne déclame pas. Il chante comme jadis il a combattu ; et pour vivifier ses chants, il a le feu de l'enthousiasme et celui de la haine. Par avance, il se donne l'illusion des triomphes futurs : il vit dans un songe prodigieux. Ce robuste rêveur a des visions heureuses. Mais il a un mépris trop hautain des difficultés et des perplexités terribles qu'engendrerait une nouvelle guerre. Il ne veut pas les voir. Il les dédaigne. Il plane au-dessus des difficultés pratiques. Qu'importent celles-ci ? Il veut la guerre, la guerre à tout prix, une guerre féroce et sans rémission ; il l'attend avec impatience, et, par la vigueur de ses aspirations belliqueuses, il s'arrache aux griffes des impitoyables souvenirs :

> Nous les vaincrons ! nous les vaincrons !
> Dix contre un comme des larrons
> Ils nous ont volé la victoire.
> Un contre un nous les reverrons...
> Nous reverrons aussi la gloire.
> Allons, Peuple abreuvé d'affronts,
> Qu'on boucle sacs et ceinturons !
> Voici la guerre expiatoire.
>
> Nous les vaincrons ! Nous les vaincrons !
> Sonnez la charge, clairons !
>
> Nous les vaincrons ! Nous les vaincrons !
> Pour ces princes et ces barons
> Nous sommes peuple de roture...
> Eh bien ! nous nous anoblirons :
> La mort fera l'investiture !
> De pourpre nous nous vêtirons,
> Nos balles seront nos fleurons,
> Notre devise : « Feu qui dure ! »
>
> Nous les vaincrons ! Nous les vaincrons !
> Sonnez la charge, clairons !

Nous les vaincrons : Nous les vaincrons !
Ah ! petits soldats sans chevrons,
Fusils neufs et bravoures neuves,
Au feu nous nous éprouverons,
Ce seront de rudes épreuves.
Mais morts ou vifs, nous coucherons,
Ce soir-là, dans les environs
Du vieux Rhin, le fleuve des fleuves !

Nous les vaincrons ! Nous les vaincrons !
Sonnez la charge, clairons !

Nous les vaincrons ! Nous les vaincrons !
Les éclairs ne sont pas si prompts,
La foudre n'est pas si soudaine
Que l'élan dont nous poursuivrons
Leurs soldats fuyant dans la plaine !
Regardez-les, nos escadrons
Sabrant les casques et les fronts ;
Regarde, Alsace, vois, Lorraine !

Nous les vaincrons ! Nous les vaincrons !
Sonnez la charge, clairons !

Nous les vaincrons ! Nous les vaincrons !
O Dieu juste, nous t'implorons,
Dieu du salut et des naufrages !
Quand l'homme tient les avirons,
C'est ta main qui tient les orages,
Et les projets des fanfarons,
Tu les traverses, tu les romps,
Mais tu soutiens les vrais courages !

Nous les vaincrons ! Nous les vaincrons !
Sonnez la charge, clairons !

Un tel poème produit, sans doute, une impression magique sur les patriotes français. Il doit les griser. Par ses rythmes rapides et ses rimes bien résonnantes, il forme, pour ainsi dire, une fanfare héroïque qui doit leur donner l'envie de se battre et de ferrailler.

D'ailleurs, M. Déroulède qui, comme écrivain, a de grands défauts, possède certaines belles qualités du poète militaire. Il sait ce qui plaît aux soldats. Il est impétueux, entraînant, et a la tournure qu'il faut pour leur inspirer confiance. Il se fait lire par eux : il dit des mots qui les frappent. Il leur communique peut-être ce courage qui fait oublier les dangers ou qui, du moins, les fait affronter en brave. Dans plusieurs de ses pièces, il a des élans furibonds qui sont semblables à des charges de cavalerie, et dont l'effet, probablement, est irrésistible. Les strophes suivantes, qui sont d'un mouvement très vif, peuvent être citées comme un exemple curieux de poésie martiale :

EN AVANT !

Le tambour bat, le clairon sonne.
Qui reste en arrière ?... Personne !
C'est un peuple qui se défend.
 En avant !

Gronde, canon; crache, mitraille !
Fiers bûcherons de la bataille,
Ouvrez-nous un chemin sanglant !
 En avant !

Le chemin est fait : qu'on y passe !
Qu'on les écrase, qu'on les chasse !
Qu'on soit libre au soleil levant !
 En avant !

Allons ! les gars au cœur robuste,
Avançons vite, et visons juste ;
La France est là qui nous attend.
    En avant !

Leur nombre est grand dans cette plaine :
Est-il plus grand que notre haine ?
Nous le saurons en arrivant.
    En avant !

Leurs canons nous fauchent ? Qu'importe !
Si leur artillerie est forte,
Nous le saurons en l'enlevant.
    En avant !

Où nous courons ? où l'on nous mène.
Et si la victoire est prochaine,
Nous le saurons en la trouvant.
    En avant !

En avant ! tant pis pour qui tombe.
La mort n'est rien. Vive la tombe,
Quand le pays en sort vivant !
    En avant !

Lorsque M. Déroulède se met à invectiver les Prussiens, il leur lance l'outrage à grands jets et avec une abondance qui ne s'épuise pas.

Ce sont des vociférations barbares, où il fait preuve d'une étonnante longueur d'haleine. Quel homme violent que ce poète ! Que de fiel dans son encre ! Quel besoin de cracher toujours sur les Allemands ! En parlant d'eux, il faut qu'il bave... et à la fin, on se fatigue de ce flot d'insultes.

Dans le poème *Vae Victoribus*, on lit ces affreuses malédictions :

Eh bien, moi, je le hais, ce peuple de Vandales,
De reîtres, de bourreaux, — tous ces noms sont les siens; —
Je le hais, je maudis dans leurs races fatales
   La Prusse et les Prussiens !

Que leur roi, consacré tyran par la victoire,
Refoulant le progrès jusques aux temps anciens,
Bâillonne dans leur joie, étouffe sous leur gloire
   La Prusse et les Prussiens !

Que la plèbe aux abois s'y déchaîne par meutes;
Que de ces bords du Rhin dont ils sont les gardiens,
Nous puissions voir crouler, sous le feu des émeutes,
   La Prusse et les Prussiens !

Que leurs maux soient sans plainte et leurs morts sans prière;
Qu'ils soient chassés du Temple en vrais Pharisiens !
Qu'aucune foi ne guide, et qu'aucun Dieu n'éclaire
   La Prusse et les Prussiens !

Que le luxe, volé dans nos villes attiques,
Change, sans les former, leurs goûts béotiens;
Qu'elle vive fiévreuse et qu'ils meurent étiques,
   La Prusse et les Prussiens !...

Que tout s'arme contre eux, contre eux que tout conspire ;
Que, quels que soient le chef, la route et les moyens,
La France et les Français n'aient qu'un seul but : détruire
   La Prusse et les Prussiens !

Ces strophes se signalent à notre attention par une frénésie peu commune. L'auteur a tiré de la langue française tout ce qu'elle peut donner pour exprimer une rage intense et des haines vigoureuses. Il a les lèvres riches en mots cinglants. Ce n'est pas lui qui désarmera jamais devant les vainqueurs de la France. Je ne connais pas de plus remarquable exemple de rancune patriotique. Ou plutôt, je me trompe : j'en connais un très célèbre, c'est celui de Caton l'Ancien. Vous savez ? ce vieux Romain qui disait toujours à ses compatriotes : « Il faut détruire Carthage ! »

En l'un des morceaux de ses *Refrains Militaires*, M. Déroulède se compare à l'antique héros. La pièce est intéressante, mais un peu longue : je n'en détacherai qu'un petit fragment. Au cours de ces strophes passionnées, où M. Déroulède, hanté par l'idée fixe qui inspire tous ses recueils, s'efforce d'éclairer les Français sur leurs devoirs, l'auteur nous montre Caton criblant de reproches le peuple de Rome, parce que celui-ci s'est choisi des chefs pacifiques et qu'il ne se soucie plus d'attaquer les Carthaginois. Ecoutez son hardi et véhément discours :

«Ah ! vous ne voulez plus combattre ! Et lorsqu'un homme
Vous montre quel péril s'accumule là-bas,
Vous criez, ô Romains qui déshonorez Rome:
La mort soit pour celui qui nous pousse aux combats !

Eh bien ! vivez ! si rien pour vous ne vaut la vie;
Vivez, en reniant les héros vos aïeux !
Et pour mieux satisfaire à votre lâche envie,
Assurez cette paix qui seule a tous vos vœux.

Vous saurez bien trouver parmi vos nouveaux guides
Quelque humble messager propice à vos desseins
Et qui, vous rabaissant plus bas que les Numides,
Aille à Carthage offrir l'hommage des Romains.

Car, de ce que vos cris affirment votre crainte,
S'ensuit-il que Carthage ait peur ainsi que vous ?
Croyez-vous sa fierté, comme la vôtre, éteinte ?
Non ! non ! Pour vivre en paix vous vivrez à genoux.

Mais si vous comprenez pourquoi je veux la guerre,
Comment ce sort fatal ne peut être évité,
Et que, toujours douteuse, et troublée, et précaire,
La paix n'est pas la paix sans la sécurité;

Si vous repentant tous d'un accès de faiblesse,
Dont je ne veux plus même avoir le souvenir,
Toi, Peuple, tu comprends, tu comprends, toi, Noblesse,
Dans quel espoir commun vous devez vous unir ;

Oh ! alors, poursuivant jusque dans leurs repaires
Ces pirates qui font vos dangers incessants,
Vous mourrez pour vos fils, comme sont morts vos pères,
Et Rome sera libre, et les Romains puissants.

J'ai dit. Et maintenant, que le Ciel vous éclaire ! »
— ....O Puissance de l'âme, ô Vaillance ! ô Vertu !...—
Un an après, le Peuple exigeait cette guerre,
Carthage était détruite, et Rome avait vaincu.

C'est ainsi que, déversant dans ses poèmes les sentiments tumultueux dont son âme est remplie, M. Déroulède exhorte ses compatriotes à ne jamais oublier, aux heures douces et faciles de la paix, qu'il faut toujours se préparer à la guerre, car elle doit être le premier de leurs vœux et le plus ardent de leurs désirs.

Cependant, il ne faut pas croire que dans ce monument poétique, consacré aux divinités martiales, et où il y a tant de fresques militaires, rudement brossées, tout soit dans cette tonalité sombre et ait ces teintes sanguinolentes. Parfois le ton devient moins acerbe et, au lieu des violences accoutumées, l'auteur se répand en pensées plus calmes et plus humaines. Il y a même, en certaines pièces, un petit grain de sentimentalité, qui n'est pas sans faire plaisir. Je citerai, dans ce genre, le *Bon Gîte* dont la tournure est fort jolie :

> Bonne vieille, que fais-tu là ?
> Il fait assez chaud sans cela;
> Tu peux laisser tomber la flamme.
> Ménage ton bois, pauvre femme,
> Je suis séché, je n'ai plus froid.
>
> Mais elle, qui ne veut m'entendre,
> Jette un fagot, range la cendre :
>
> « Chauffe-toi, soldat, chauffe-toi. »
>
> Bonne vieille, je n'ai pas faim.
> Garde ton jambon et ton vin,
> J'ai mangé la soupe à l'étape.
> Veux-tu bien m'ôter cette nappe !
> C'est trop bon et trop beau pour moi.
>
> Mais elle, qui n'en veut rien faire,
> Taille mon pain, remplit mon verre :
>
> « Refais-toi, soldat, refais-toi. »

> Bonne vieille, pour qui ces draps ?
> Par ma foi, tu n'y penses pas !
> Et ton étable ? et cette paille
> Où l'on fait son lit à sa taille ?
> Je dormirai là comme un roi.
>
> Mais elle, qui n'en veut démordre,
> Place les draps, met tout en ordre :
>
> « Couche-toi, soldat, couche-toi ! »
>
> — Le jour vient, le départ aussi. —
> Allons ! adieu... Mais qu'est ceci ?
> Mon sac est plus lourd que la veille...
> Ah ! bonne hôtesse ! ah ! chère vieille,
> Pourquoi tant me gâter, pourquoi ?
>
> Et la bonne vieille de dire,
> Moitié larme, moitié sourire :
>
> « J'ai mon gars soldat comme toi ! »

C'est par de petits poèmes comme celui-là, où M. Déroulède mêle un peu d'attendrissement à son farouche patriotisme, que cet auteur mérite le plus d'être goûté. Mais ces accès d'émotion ne lui sont pas fréquents.

Il faut aussi apprécier dans ses recueils, plusieurs narrations prestement écrites qui semblent de courts fragments d'épopée. Dans un cadre étroit, ce poète renferme parfois des tableaux expressifs et vivants. En un style rapide, mais dur et même un peu brutal, il donne des impressions de guerre et raconte des choses héroïques. Il incarne le patriotisme en quelques obscurs soldats, dont il fait d'admirables modèles de bravoure, et il tire de leurs hauts faits des leçons d'amour civique, capables de retremper les cœurs et de fortifier les esprits. Il nous fait voir des hommes animés d'un courage tranquille et presque surhumain, chez qui l'idée de patrie est vigoureusement enracinée et qui, pour la défense du territoire, sont prêts aux plus grands et aux plus terribles sacrifices. Ils savent mourir pour empêcher l'asservissement de la France. Et l'on ne peut qu'être ému devant la beauté de ces âmes simples et frustes dont le dévouement, le courage, l'abnégation sont à la hauteur de leurs devoirs.

Tel est le sergent dont M. Déroulède nous expose, en quelques pages énergiques, les nobles sentiments et la fin si touchante. Tel est ce vieil officier dont la fière silhouette se dessine dans l'*Arrière-Garde*, et qui nous émeut par la forte trempe de son caractère, par la grandeur chevaleresque de sa mort.

Des soldats français fuient en déroute : il neige, le froid les pique; ils sont harassés de fatigue. Ils s'arrêtent dans un bois et, imprudemment, allument des feux pour se réchauffer. Tout à coup, une colonne de Prussiens arrive à fond de train et se met à tirailler sur eux.

« Ah ! trahison ! » Ce fut le cri de la déroute.
Mais un vieil officier — un Français celui-là —
Rallia les fuyards au milieu de la route,
Fit éteindre les feux sous la neige, et resta.

Alors, sous le ciel noir et sur la terre sombre,
La lutte commença, — lutte d'agonisant ! —
Les fusils jetaient seuls leurs éclairs dans cette ombre,
Et les branches du bois sifflaient en se brisant.
De longs cris dominaient la mêlée incertaine :
« Konig und Vaterland ! » chantaient les Prussiens ;
« Pour la France ! » avait dit notre vieux capitaine,
Et répétant ces mots d'espérance et de haine,
Chacun dans cette nuit reconnaissait les siens.

Au milieu d'un de ces silences pleins d'alarmes,
Comme il en est pendant qu'on recharge les armes
Et que les combattants, par un commun accord,
Suspendant le combat, laissent souffler la Mort,
Un éclair traversa la broussaille voisine ;
Le capitaine mit la main sur sa poitrine :
« Au cœur ! » murmura-t-il déjà mort à demi ;
Mais avant de tomber, plantant son sabre en terre :
« C'est ici, mes enfants, que je veux qu'on m'enterre.
»Honte à qui laissera mon corps à l'ennemi ! »

Il tomba, vomissant le sang à pleine bouche.

Et comme si son âme eût passé dans les cœurs,
Tous ces hommes, saisis d'un courage farouche,
Se ruèrent hurlant au milieu des vainqueurs.

. . . .

Nous avons eu parfois de ces courtes revanches !
Et lorsque le soleil apparut dans les branches,
Comme un masque de pourpre à travers des barreaux,
Tout s'était apaisé dans la forêt meurtrie,
La tombe se creusait au sol de la Patrie,

Et les martyrs avaient dispersé les bourreaux.

Quelle magique évocation que ce récit ! Dans ses *Chants du Soldat*, M. Déroulède est vraiment un incomparable inventeur de faits d'héroïsme, et il sait créer des êtres en qui brille toute la poésie des âmes vaillantes et indomptées.

Seulement, c'est un écrivain bien inégal que M. Déroulède. S'il a des vers robustes, bien bâtis, pleins d'un souffle épique, il en a d'autres qui sont terriblement rocailleux ; à côté de traits heureux, il a d'incroyables négligences. Connaissez-vous beaucoup de vers plus barbares, plus durs à prononcer que ceux-ci :

On n'en a pas plus pris que l'on n'en accordait...
Lorsque les Bavarois, les poings pleins de salpêtre...
Quiconque est un chrétien est bien près d'être un traître...
Les Français fortifient la Prusse en cas d'attaque...

Franchement, peu de vers autant que ces quatre-là, pèchent contre l'harmonie. On pourrait signaler aussi, dans les poèmes de M. Déroulède, des impropriétés de tournures et des figures peu précises. Mais ce que je reproche le plus à cet auteur, c'est d'avoir écrit dans un style qui n'est pas suffisamment artistique. La magnificence des vers n'y correspond pas à la beauté des sentiments. Il faudrait que ces strophes, où tout parle de patriotisme et de courage, fussent pleines de lumière et de couleur, et qu'une eurythmie puissante en réglât la marche. Si les pensées et les choses y sont fières et hautes, les formes qui les enveloppent devraient aussi être rares et belles. Les physionomies des héros devraient surgir sur un fond d'une grande richesse : elles

ne se détacheraient que mieux. Il faudrait
à M. Déroulède, cet éclat superbe dans les images,
ce pittoresque dans l'expression, ce vif jaillissement de poésie et cette splendeur de métaphores,
qui se trouvent dans certaines pièces admirables
de la *Légende des siècles* et qui font que Victor
Hugo, en dépit de ses inégalités, est véritablement épique. Malgré l'élan qui les soutient presque toujours, les vers de M. Déroulède sont un
peu grêles et maigres : ils n'ont pas la large envergure et l'ampleur de style qu'on leur souhaiterait.

Enfin, il y a quelque monotonie dans les chants
guerriers de cet auteur : il ne cesse d'y exhaler
les mêmes plaintes, d'y exposer les mêmes ressentiments, d'y faire vibrer les mêmes espérances ;
et il y garde constamment une pose très noble,
mais qui, ne changeant pas, finit par nous sembler bien uniforme : M. Déroulède nous apparaît,
dans ses quatre volumes de poèmes militaires,
comme une statue de bronze, au grand geste
irrité...

III

Cet auteur, dont l'imagination se complaît aux
choses de la guerre, est malhabile à écrire des
histoires d'amour. S'il a la fougue du poète militaire, il n'a point l'art exquis du conteur. Il n'a
pas une plume qui coure, légère et facile, sur le

papier, pour y tracer d'aimables ou tragiques aventures. Il ne sait point, dans une langue forte, souple et gracieuse, dérouler des intrigues, ni être le peintre des passions humaines. Il est peu capable de dresser, en un roman, des figures qui nous sourient et nous attachent. Il ne se reconnaît pas dans l'infinie complexité des âmes et ne sait point, en créant des personnages, dégager leurs traits essentiels, les faire vivre à nos yeux, leur donner des formes typiques. Il y faut un tour de main et une sûreté de coup d'œil qui manquent absolument à M. Déroulède. Il n'a ni le regard juste ni l'intuition sûre, et la seule tentative qu'il ait faite dans le roman est vraiment malheureuse. Il a jugé sage de ne point récidiver.

D'ailleurs, ça n'a été qu'un intermède dans sa vie littéraire. Une *Histoire d'amour* a été faite pour une dame qui l'en avait prié : c'est ce que nous apprend une dédicace placée en tête de son volume. Là, il rappelle combien les terribles défaites de 1870 ont bouleversé son existence : « J'ai été séparé tout à coup, écrit-il, de mes plaisirs, de mes goûts, de ma jeunesse, de mon avenir même, par cette effroyable secousse. A dater de ce jour, j'ai été pris, je ne dirai pas sans raison, mais peut-être bien sans sagesse, d'une passion qui s'est emparée de tout moi-même. »

Puisque son esprit est sans cesse peuplé d'idées patriotiques, M. Déroulède se trouvait, assurément, dans de mauvaises dispositions pour broder, avec des fils soyeux et jolis, une longue trame amoureuse. Ses doigts de soldat n'avaient nulle aptitude pour des travaux de ce genre. Aussi il nous est impossible de nous intéresser aux héros de son roman. Que Jacques de Lormond ait aimé la marquise Tita et qu'il l'ait poursuivie de sa tendresse, bien qu'elle fût mariée, cela ne nous semble pas très moral, et c'est raconté, de plus, d'une façon peu attrayante. Auprès de ce couple, l'auteur a rassemblé quelques personnages, d'une physionomie pâle et indistincte. Les incidents qu'il noue autour de l'intrigue principale sont médiocres, et le récit, dans son ensemble, est d'une invraisemblance romanesque. Pas de pages fines qui se distinguent par une pénétrante psychologie ; point de grand charme dans le style, ni d'agrément dans le dialogue. Un conteur excellent, pour nous présenter tout cela, se serait servi d'un pinceau aimable, trempé dans de brillantes couleurs : il aurait relevé ses tableaux des plus délicates enluminures. M. Déroulède nous expose une histoire à dormir debout, et il n'était pas l'auteur qu'il fallait pour mener à bonne fin un tel ouvrage.

Il a échoué de même lorsque, dans ses *Chants du paysan*, il s'est avisé de décrire la campagne. La religion patriotique l'a poussé à composer ce petit volume. Cette religion ne va point sans un culte fervent pour le sol natal. Quelques poètes, qui n'ont pas, comme M. Déroulède, de fougueuses et débordantes amours pour la France, ont cependant la superstition du petit coin de terre qui les a vu naître. Et ils l'ont chanté dans leurs vers avec un charme aimable. C'est leur façon à eux d'être patriotes. Elle vaut peut-être celle de M. Déroulède. Ce n'est pas du patriotisme abstrait, semblable à celui que montre ce dernier. Non, leur patriotisme embrasse seulement le morceau de pays avec lequel leurs yeux sont familiers, le pan de territoire où ils ont goûté la douceur de vivre, et où ils ont été séduits par une lumière tendre, par des teintes exquises, par les sourires d'un ciel léger et l'agrément de paysages pittoresques. Il n'y a, dans leur amour, rien de convenu, de général et par conséquent, d'un peu vide. Il est bien circonscrit et délimité. En a-t-il, pour cela, moins de sincérité et d'ardeur ? S'il ne s'exhale pas en effusions passionnées, n'a-t-il pas autant de vie et plus de grâce que le patriotisme dur et intransigeant de notre écrivain ? Et des différentes manières d'aimer son pays, celle-là n'est-elle pas la meilleure et la plus naturelle ?

Moins bien inspiré que Brizeux qui, en de beaux vers, fit surgir la Bretagne; moins fraîchement idyllique que M. Gabriel Vicaire, le poète de la Bresse ; moins champêtre que M. François Fabié qui nous donna des peintures vigoureuses où revit le Rouergue, l'auteur des *Chants du paysan* ne réserve pas ses pipeaux à l'Angoumois, son pays d'origine : c'est la France rustique tout entière qu'il prétend célébrer, les campagnes du Nord comme celles du Midi, celles qui produisent le blé comme celles où mûrit la vigne. Il ne fait pas de patriotisme local. Il ne dit pas, dans ses vers, sa province : il reste toujours le poète de la France. Cette grande contrée qui a des aspects si divers et tant de sortes de beautés, il se la représente comme dans une vaste synthèse; elle reste toujours pour lui, en sa variété, une et indivisible; il la chante dans ses montagnes et ses vallées, dans ses forêts, ses fleuves et ses rivages; et à maintes pages de son volume, il exhale cette tendresse ardente que son âme, rattachée au sol de la patrie par de si fortes et si profondes racines, éprouve pour la douce et gracieuse France. Mais ses désirs de revanche ne le quittent jamais. Il s'écrie au seuil même de son recueil :

O ma France, ma vie est mêlée à ta vie ;
Tes hauts faits ont grisé mon cœur d'adolescent;
Mon cœur d'homme a pleuré sur ta gloire ravie
Et tes blessures même ont fait couler mon sang.

Penché sur les récits de ton antique histoire,
Jour par jour j'ai suivi ton essor radieux,
Et les contours sacrés de ton vieux territoire,
Comme un portrait d'aïeul, sont fixés dans mes yeux.

Et tels je les ai vus avant les jours de larmes,
Tels en des jours vengeurs je veux les voir encor,
A ton premier appel prêt à prendre les armes,
Prêt sur ton premier signe à recevoir la mort.

Car mon amour pour toi, nul amour ne l'égale ;
Car je t'aime dans tes succès, dans tes revers,
Dans ton ardent besoin de justice idéale,
O Martyre du droit, soutien de l'Univers !

Et puis, — pourquoi cacher ma faiblesse païenne ? —
Si de tes dons divins tout mon être est hanté,
Chère France, qu'un Dieu clément a faite mienne,
Je t'aime... oh ! oui, je t'aime aussi pour ta beauté !

. . . .

Et je veux, — attendant qu'un Brennus nous délivre, —
Caché comme un druide au fond d'une forêt,
Chanter ta bonne terre où le ciel m'a fait vivre,
Et tes bons paysans sans qui rien ne vivrait.

Avec quel bonheur il salue le sol de la vieille France qu'il appelle une créatrice d'amour et de joie, un coin enchanté du monde, une terre dont l'air est sans rigueur et le ciel sans frimas, et qui, par sa grâce triomphante, est le plaisir des yeux, l'attrait des sens, le charme du cœur. Il exalte sa patrie en des strophes lyriques où court un vif enthousiasme, et où sonnent des vers francs et robustes :

Un pied sur l'Italie, un pied sur les Espagnes,
Ton corps souple et hardi, dans un geste hautain,
Plongeant sur l'infini, dominant le lointain,
Se dresse, couronné de mers et de montagnes ;
Tandis que, fécondant tes joyeuses campagnes,
Brûle dans ta poitrine un volcan mal éteint.

> Qu'ils sont touffus, les bois formés par tes grands chênes,
> Gauloise chevelue au front mystérieux !
> Qu'ils sont riants et purs, les flots de tes fontaines !
> — Purs comme le cristal, riants comme des yeux —
> Et quel souffle embaumé de suaves haleines
> Flotte en brouillard léger sur tes prés radieux.
>
> Cinq grands fleuves te font de puissantes artères ;
> Pour ossements vivants, ton sol a ses granits ;
> Et ta vigne et tes blés, joyaux héréditaires,
> Pendent en collier d'or entre tes seins brunis.
> Le Seigneur t'a bénie entre toutes les terres,
> O ma terre, et les fruits de tes flancs sont bénis.

C'est là, assurément, un beau cri d'amour patriotique. Mais une fois que M. Déroulède entre dans le cœur même de son sujet, il devient incolore et insuffisant. Il ne parvient pas à cueillir dans les campagnes la fleur de poésie. Ce n'est pas un auteur rustique fertile en ressources, et il ne rend qu'imparfaitement les grandeurs agrestes de la terre nourricière. Il tombe, tout de suite, dans l'amplification banale. Ces minces Géorgiques françaises ne sont qu'un reflet fort affaibli des Géorgiques de Virgile. C'est par des procédés d'école que les choses y sont décrites : rien n'y révèle l'observation directe. L'auteur s'essouffle à célébrer le sol de France, parce qu'il est peu fait pour l'idylle. C'est un barde guerrier ; ce n'est pas un pasteur. Et s'il sait emboucher le clairon des batailles, il souffle maladroitement dans la flûte des bergers.

Dans son recueil, on ne sent pas vivre la nature; on n'y voit point se dresser des physionomies de vrais paysans. Ce qui est la caractéristique de presque toutes les pièces, c'est leur fond poncif. Il n'y a là aucun mot savoureux qui nous donne le goût de la terre, aucune expression pittoresque qui soit évocatrice de paysages. Sur les vers de M. Déroulède, ne flotte point la grande paix des champs. Pour peindre les bonnes ondées, ou les blés, ou la vigne, pour montrer la noblesse austère des travaux rustiques, il a les images ressassées et les lieux communs qui viennent à l'esprit de n'importe quel chansonnier. La grâce des choses de la campagne, la majesté du labeur du paysan, tout cela lui échappe : il ne sait rien en fixer dans son volume. A peine, çà et là, quelques vers sobres et chaleureux, écrits de verve, quelques strophes qui coulent et qui chantent, viennent témoigner d'un certain talent. Le reste est d'une faiblesse insigne.

Le véritable Déroulède nous apparaît surtout dans une petite pièce émue où il parle de l'Angoumois, son pays natal, et dans l'un ou l'autre morceau où vibre la corde patriotique. Car, décidément, le poème patriotique est le seul genre où il rencontre des succès. *En route* nous fait voir un jeune paysan qui est parti pour l'armée et qui, simplement et avec vaillance, y remplit son devoir. Le *Credo* qui termine ce volume a quelque chose de la mâle énergie qu'on remarque dans les *Chants du soldat*. L'auteur s'y plaint de la torpeur qui s'est emparée de la France : il attend le réveil :

> Je crois en Dieu. La France attristée, abattue,
> Laisse opprimer son âme et forcer son aveu ;
> La grande Nation dort d'un sommeil qui tue.
> Mais l'heure du sursaut viendra. Je crois en Dieu !

IV

A part *Juan Strenner*, un petit drame médiocre qui fut composé avant les désastres de 1870, le théâtre de M. Déroulède est la réédition, en dialogues, de ses poèmes militaires, et ses pièces ne sont que la mise en action de ses grands rêves et de ses aspirations brûlantes.

Dans ses drames, M. Déroulède exerce encore, à l'égard des Français, une mission sacrée : il veut toujours leur désigner les chemins qui conduisent à la victoire. Il n'est pas une seule de ses pièces où l'on ne sente les Prussiens dans les coulisses ; quant à lui, caché sous les masques de ses personnages, il vocifère sur la scène des tirades violentes, s'obstine à poursuivre, vis-à-vis des Allemands, son rôle de justicier, et s'escrime contre eux avec toute la véhémence dont il est capable. Semblable au héros espagnol qui combattait les Maures si furieusement, il brandit toujours, au théâtre, un glaive vengeur. Toutes proportions gardées, il est, sur les planches, une sorte de Cid Campeador.

L'Hetman et *Messire Du Guesclin* sont deux drames tragiques, où il a tâché de traduire, en une intrigue expressive, les imaginations guerrières qui lui traversent le cerveau. Il nous montre les étapes par où doit passer un peuple vaincu pour arriver à prendre une décisive revanche. Il nous fait voir comment un pays se régénère et se rend fort pour les luttes futures. Il y faut du recueillement, du zèle, de la persévérance. On ne doit point se laisser emporter dans un tourbillon folâtre de distractions, ni se laisser amollir par les fêtes mondaines et les plaisirs de la vie. N'être distrait par rien du but à atteindre; garder toujours aussi vivaces ses désirs d'essuyer les anciennes injures; être capable de longues préméditations et de projets lentement ruminés et mûris par l'expérience, voilà le devoir de tout patriote qui est digne de ce nom.

Par les lèvres de quelques-uns de ses personnages, M. Déroulède donne aux Français les plus vibrantes leçons de patriotisme. Dans *l'Hetman*, une prophétesse généreuse qui a le cœur haut placé, ranime les courages chancelants des habitants de l'Ukraine et soulève leur haine contre les Polonais qui les ont asservis. Sa bouche souffle sur eux son haleine de feu. Voyez, par exemple, comment elle vient trouver un jeune guerrier qui a déserté le champ de bataille pour aller au secours de sa fiancée. Elle l'enlace dans le réseau serré de ses exhortations et de ses reproches, lui rappelle ses obligations civiques et lui déclare que l'opprobre s'attache à tous ceux qui, sous n'importe quel prétexte, abandonnent la sainte cause de la patrie :

> Les maux de la patrie incombent en partage
> A tous ceux-là qui tous avaient part à ses biens.
> Si vos pères s'en sont montrés mauvais gardiens,
> Il en est du devoir comme de la fortune ;
> De père en fils l'honneur est un, la dette est une,
> Et pour l'acquitter toute en vous affranchissant,
> S'il faut de l'or, payez ; mourez, s'il faut du sang.

Ecoutez aussi ce rude guerrier dont les conseils fermes et sages s'adressent, par delà l'Ukraine, à tous les Français :

> La guerre est une tâche et non une équipée.
> Ce n'est rien que tenir le mousquet ou l'épée ;
> Le fer n'est qu'un métal, la poudre n'est qu'un bruit,
> Si le cœur désarmé meurt d'un espoir détruit.
> Jugez mieux des efforts dont votre œuvre est formée ;
> Ce n'est pas en un jour qu'on refait une armée,
> Que des soldats sont prêts, des chefs bien obéis ;
> Ce n'est pas en un jour qu'on refait un pays.

Enfin, dans *l'Hetman*, il y a des strophes lyriques où la prophétesse, exprimant son admiration pour les soldats de la patrie qui sont morts en la défendant, s'efforce d'imprimer fortement dans les âmes qu'il n'est pas de sacrifices— même celui de sa vie — auxquels on ne doive être prêt pour servir son pays.

> Les loups ont hurlé, les vautours ont faim.
> Oh ! comme la terre est rouge où nous sommes !
> Le vent siffle et crie au creux du ravin.
> En selle, mes fils ! en course, mes hommes !
> Les loups ont hurlé, les vautours ont faim.
>
> O mon cavalier, la course est lointaine ;
> Si le ciel est bleu, l'horizon est noir ;
> Il te faut aller jusqu'où va la haine,
> Et la haine ira tant qu'ira l'espoir.
> O mon cavalier, la course est lointaine.
>
> Pique à ton bonnet ce rameau bénit;
> Le Dieu des combats veille sur qui l'aime.
> Quand le lâche meurt, il se croit puni;
> Mais la mort du brave est l'honneur suprême.
> Pique à ton bonnet ce rameau bénit.
>
> Et gloire à ceux-là que rien n'épouvante;
> Qui, tombés vainqueurs, sont morts réjouis !
> Leur perte qu'on pleure est un deuil qu'on chante :
> O grands cœurs, ils sont l'âme d'un pays.
> Gloire à tous ceux-là que rien n'épouvante !
>
> Q'importent les morts ? La liberté vit !
> Un peuple est sauvé, la patrie est grande;
> Ne mesurons pas la perte à l'offrande :
> C'est un ciel de gloire où Dieu les ravit.
> Qu'importent les morts ? La liberté vit !

Et dans *Messire Du Guesclin*, M. Déroulède exerce encore son action sur les meilleurs instincts de la foule ; il lui enseigne l'histoire de l'avenir par celle du passé et fait retentir dans les esprits de robustes paroles, des appels au courage et au dévouement patriotique. Telle est la scène du premier acte où Du Guesclin, le héros breton, se tourne vers ses trois compagnons d'armes, Olivier de Mauny, Raoul de Caours et Jean Goyon, et les exhorte à marcher vaillamment au combat, sans trouble et sans peur. Julienne, sa sœur, prend part à la conversation; Thiphaine aussi, son épouse, y dit son mot et fait voir que de pauvres femmes, quand elles le veulent, savent asseoir dans leurs âmes la bravoure comme sur un trône solide :

DU GUESCLIN

Car, sachez-le, vous trois que tant d'hommes vont suivre,
Des liens de la peur, c'est le chef qui délivre ;
C'est le chef qui répand son courage en autrui;
Il n'en a pas assez s'il n'en a que pour lui.
(S'adressant aux soldats)
Quant à vous tous, soldats de la lutte future,
Sachez bien que la mort n'est pas dans la blessure,
Mais dans la lâcheté qui fait faiblir la chair,
La peur en a tué beaucoup plus que le fer.

TIPHAINE

La peur ! la peur ! qui donc y pense ?
O fiers Bretons que rien n'émeut,
Qu'ils tiennent la hache ou la lance,
Que ce soit l'épée ou l'épieu,
Tout est une arme à leur vaillance.
Tête de fer et cœur de feu !
La peur ! la peur ! qui donc y pense ?
La Bretagne ne craint que Dieu !

JULIENNE

La peur ! la peur ! je l'ai dans l'âme.
On n'est pas brave pour autrui.
O Vierge sainte ! O Notre-Dame !
Que ma faiblesse ait votre appui !
La gloire que l'orgueil réclame
Est faite de bonheur détruit.
La peur ! la peur ! je l'ai dans l'âme,
Vous qui partez, mon cœur vous suit.

DE MAUNY

La peur ! la peur !... Eh ! que m'importe ?
Mourir aimé, vivre en aimant ;
Chevaucher ayant pour escorte
Le souvenir d'un doux serment ;
Heureux ceux que la mort emporte
Regrettés éternellement !
La peur ! la peur !... Eh ! que m'importe ?
Ce n'est pas là le vrai tourment.

DE CAOURS

La peur ! la peur ! je la défie !
Lance ni glaive ne m'aura ;
Je vivrai, je vivrai ma vie ;
Qui se désespère est ingrat.
Si longtemps que mon cœur battra,
De me battre, j'aurai l'envie.
La peur ! la peur ! je la défie !
C'est vainqueur qu'on me reverra !

DU GUESCLIN

La peur ! la peur ! Dieu vous en garde !
Nul n'est brave qui n'ait eu peur.
Que l'on calcule ou qu'on hasarde,
Tout est aux mains du Créateur :
Force, vertu, courage, honneur,
Mettons tout sous sa sauvegarde.
La peur ! la peur ! Dieu vous en garde !
Veillez sur nos âmes, Seigneur !

Au troisième acte, la note chrétienne éclate harmonieusement. Des prières s'élèvent vers le Seigneur pour lui demander aide et protection dans les batailles. Du Guesclin dit au Dieu des armées :

> Celui-là seul va droit dont vous guidez les pas,
> Celui-là seul sait tout qui croit ce qu'il faut croire.
> Vous soutiendrez leurs cœurs, vous aiderez leurs bras.

LES OFFICIERS

> Ayez pitié de nous, Seigneur, Dieu des combats !

(*Tous s'agenouillent.*)

DU GUESCLIN

> Seigneur, Dieu de bonté, vous aurez pitié d'elles ;
> Les femmes ont aussi leurs batailles mortelles,
> D'où leur cœur sort meurtri sans être ensanglanté ;
> Adoucissez d'espoir leurs angoisses cruelles,
> Mêlez à leurs tourments votre sérénité,
> Les femmes ont aussi leurs batailles mortelles.

JULIENNE

> Ayez pitié de moi, Seigneur, Dieu de bonté !

TIPHAINE

> Gloire au plus haut des cieux, gloire à Dieu notre Père !
> Par lui tout est salut, sans lui tout est péril.
> Frères, courbez vos fronts sous sa main tutélaire ;
> Prions, et que son règne arrive sur la terre,
> Et que sa volonté soit faite.

JULIENNE

> Ainsi soit-il !

DU GUESCLIN (*se relevant*)

> Oui ! qu'il en soit ainsi ! Haut les cœurs ! Haut les âmes !
> Hommes, par nos efforts ; par vos exemples, femmes,
> Sauvons ce peuple encor malade d'un long mal,
> Et que de Cocherel, le clairon triomphal,

Sonne à mon gentil roi son réveil d'espérance.
Allons, Français ! Boutons l'Etranger hors de France !

SEIGNEURS ET OFFICIERS

Hors de France ! Boutons l'Etranger hors de France

Voilà, certes, les vers éloquents, sonores, chaleureux, qui se distinguent par la virilité du style et par une belle intrépidité de sentiments chrétiens. Des préoccupations religieuses, d'ailleurs, peuplent le cerveau de ce poète. Il a même écrit tout un drame pour démontrer que « la liberté n'a rien de contraire aux croyances et que la morale humaine est chancelante qui ne s'appuie pas sur la morale divine ». Voulant une France forte, capable de lutter et de vaincre, il établit, en cette œuvre, que, seule, la religion peut régénérer un peuple. Oui, telle est bien la thèse que M. Déroulède défend dans la *Moabite*, cette pièce biblique où il fait preuve d'une grande bravoure de pensée et d'une passion généreuse pour le bien. Il crie à la France : « Si tu t'écartes des voies du Seigneur, en vain tu te seras efforcée, après tes désastres, de reprendre une nouvelle vie : il n'y aura en toi que des éléments de trouble et des signes de mort. » Il exprime l'avis que les lois religieuses doivent être observées dans une nation, si celle-ci ne veut pas déchoir. C'est ce qu'il fait dire par plusieurs de ses personnages. C'est là, entre autres, ce que le grand prêtre Sammgar proclame hautement devant les Hébreux, qui projettent de renverser les doctrines et d'abolir les préceptes que Dieu leur a sévèrement imposés. Menacé dans son existence, il fait entendre les accents d'une conviction profonde.

> Moi, prendre garde à moi !
> La loi qui s'effrayerait ne serait plus la loi ;
> Vous pouvez l'arracher de ma main impuissante,
> La faire taire avec ma voix agonisante,
> La noyer dans mon sang, la lapider en moi ;
> Mais, eussiez-vous commis l'acte que je prévoi,
> Qu'auront détruit vos coups ? qu'auront brisé vos pierres?
> Les lois pour qui l'on meurt revivent tout entières !
> L'humanité se lève en les reconnaissant ;
> Le bien reste éternel, le crime est un passant.

Ces vers et ceux que j'ai détachés de *l'Hetman* et de *Messire Du Guesclin* sont d'une fière rudesse et sont emportés, presque toujours, dans un rapide mouvement de style. L'auteur, en général, a d'excellents débuts pour ses tirades; il les lance bien; il leur donne l'élan, ce que Sainte-Beuve appelle «le coup de collier chevaleresque». Et elles se soutiennent jusqu'au bout, non sans faiblesses pourtant ni négligences dans l'ajustement que les idées reçoivent ; mais on fait peu d'attention aux plis mal faits des discours : on ne remarque guère que la mâle vigueur et le geste hardi de la pensée.

Il y a donc de réelles beautés de détail dans les œuvres dramatiques de M. Déroulède; mais celles-ci n'en sont pas moins, dans leur ensemble, incolores, languissantes et d'un intérêt presque nul. La plus grande partie de ses pièces n'est qu'une suite de tirades et de récits. Les beaux vers qui jettent leur éclat, de temps en temps, dans ces ouvrages peu remarquables, ne rachètent pas la faiblesse des intrigues et le peu de consistance des drames. Même les quelques scènes émouvantes que l'auteur a su tirer des situations, ne parviennent pas à faire oublier la médiocrité des autres. Ce n'est pas faire une œuvre de théâtre que d'écrire, comme dans *l'Hetman*, des discours patriotiques, reliés entre eux par les nœuds d'une action assez confuse ; ou de remplir de longues scènes, comme dans *Messire de Guesclin*, par des dissertations sur l'histoire de France, par des délibérations sur les moyens de tirer le pays des griffes de l'armée anglaise, et par des allusions, à peine dissimulées, aux événements contemporains. *La Moabite* a des défauts analogues. Aucune de ces pièces n'est vraiment forte et résistante ; aucune ne brille d'une puissante et durable lumière : elles ne sont, dans le ciel dramatique, que des astres passagers, dont les clartés sont déjà presque éteintes...

V

M. Déroulède est un auteur qui m'étonne, et je suis presque tenté de l'admirer. Oui, je vous assure que je l'admire. Seulement il ne faudrait pas sur la terre beaucoup d'écrivains comme lui. Sinon la guerre aurait vraiment trop beau jeu ; et, grâce à ces bardes virulents, le monde deviendrait peut-être un immense échiquier où les pions seraient toujours rangés en bataille.

Vous figurez-vous, par exemple, un Déroulède hollandais qui réclamerait la reprise de la Belgique par ses compatriotes ? ou un Déroulède autrichien voulant à toute force que son pays ressaisisse la suprématie sur l'Allemagne ? ou bien encore un poëte portugais qui parlerait de reconquérir le Brésil ? Chaque nation a ses blessures secrètes, et il est plus sage de chercher à les panser que de s'occuper à les rouvrir...

Et puis... et puis... vous ferai-je part d'une impression que j'ai déjà éprouvée quand je lisais M. Déroulède ? En l'entendant lancer, à pleine voix, ses grands airs de bravoure ; en voyant l'abondance de ses brûlants propos et de ses invectives, il m'a semblé parfois qu'il y a un peu de pose dans son véhément patriotisme. Ce bloc incandescent d'ardeurs civiques que le temps n'a pu refroidir ; ces haines toujours aussi vives ; ces désirs de revanche que rien n'a émoussés, voilà qui me donne à réfléchir. Je me dis que les hommes sont possédés du vain désir de la gloire et qu'ils travaillent à vivre dans la mémoire de leurs semblables. C'est pourquoi ils sont enclins à se répandre, à se faire connaître, à verser leur âme au dehors. Ils mettent le public au courant de leurs amours et de leurs haines : ils s'en font un mérite et un titre à la renommée. Est-on bon patriote ? on n'est satisfait que si l'univers l'apprend. On étale, à tous les yeux, des sentiments qui ne sont vraiment beaux que s'ils sont parés de modestie et s'il ne s'y mêle point d'ostentation.

Un peu après les défaites de 1870, M. Déroulède a voulu, certainement, exercer un apostolat auprès de ses compatriotes. Mais, s'il a commencé par remplir une mission, la faiblesse qui nous est naturelle l'en a fait venir, semble-t-il, à jouer un rôle. Je m'imagine que cet écrivain, dans ses livres, aime à se pavaner devant les Français, et qu'il a souvent l'air de leur dire par ses superbes attitudes : « Regardez-moi bien : je suis le grand Déroulède, si célèbre dans toute la France, pour ses sentiments patriotiques ! » Et alors, malgré moi, il m'apparaît comme un bouillant acteur tragique, la taille haute, les yeux chargés d'éclairs, la tête renfermée dans un casque d'acier, la poitrine serrée dans une cotte de maille, cambré, fier, hardi, jonglant d'une manière féroce avec des poignards et des drapeaux, et n'ayant en bouche que des paroles rudes, d'une forme tout à fait sauvage et guerrière.

Mais parfois je doute de mon impression et je

me demande : « Qu'est donc, actuellement, ce Paul Déroulède ? Est-ce un héros ou un comédien ? » Et, pensant aux fréquentes contradictions qui existent dans les âmes humaines, je finis par me dire : « Qui sait ? N'est-il pas peut-être tous les deux ? »

FIN

ERRATA

Page 22, ligne 28. — Au lieu de : *recouvert d'un manteau d'ombre*, lire : *recouvert d'un léger manteau d'ombre.*

Page 32, lignes 26 et 27. — Au lieu de : *boudhiste*, lire : *bouddhiste.*

Page 89, lignes 19 et 20. — Au lieu de : *abbé d'Antionoé*, lire : *abbé d'Antinoé.*

Page 90, ligne 12. — Au lieu de : *imbécilité*, lire : *imbécillité.*

Page 97, lignes 22 et 23. — Au lieu de : *en sceptique railleur et désabusé*, lire : *en pyrrhonien désabusé.*

Page 203, ligne 28. — Au lieu de : *esprits ingénieux*, lire : *auteurs ingénieux.*

TABLE DES MATIÈRES

PAUL VERLAINE :

I. L'homme 1
II. Le poète. 12

ANATOLE FRANCE :

I. (L'homme) 29
II. (Le poète) 45
III. (Le romancier) 64
IV. (Encore le romancier) 85
V. (Le critique) 111

ANDRÉ THEURIET :

I. Sa vie. 129
II. Ses poésies. 138
III. Ses romans et nouvelles 153

MAURICE MAETERLINCK :

I. (Introduction) 171
II. (L'homme ; le mystique) 175
III. (Le poète 187
IV. (L'auteur dramatique) 201
V. (*L'Intruse ; Les Aveugles*). 211
VI. (*La Princesse Maleine*) 220
VII. (*Les sept Princesses*) 241
VIII. (*Pelléas et Mélisande*) 250
IX. (*Trois petits drames pour marionnettes*) . 262
X. (*Aglavaine et Sélysette*). 279
XI. (Conclusion) 284

PAUL DÉROULÈDE :

I. (L'homme) 289
II. (Le poète militaire) 296
III. (Le romancier ; le poète rustique) . . 311
IV. (L'auteur dramatique) 319
V. (Conclusion) 328

Errata 333